新编高职高专旅游管理类专业规划教材
谢彦君　总主编

LÜYOU XUE GAILUN

旅游学概论

李长秋　主　编
张　琪　副主编

北京·旅游教育出版社

责任编辑:张　萍
部分图片提供:微图网

图书在版编目(CIP)数据

旅游学概论／李长秋主编．——北京：旅游教育出版社,2014.8(2017.9 重印)
新编高职高专旅游管理类专业规划教材
ISBN 978-7-5637-2969-2

Ⅰ.①旅…　Ⅱ.①李…　Ⅲ.①旅游学—高等职业教育—教材　Ⅳ.①590

中国版本图书馆 CIP 数据核字(2014)第 146741 号

新编高职高专旅游管理类专业规划教材

旅游学概论

主编:李长秋

副主编:张　琪

出版单位	旅游教育出版社
地　　址	北京市朝阳区定福庄南里1号
邮　　编	100024
发行电话	(010)65778403 65728372 65767462(传真)
本社网址	www.tepcb.com
E-mail	tepfx@163.com
印刷单位	北京柏力行彩印有限公司
经销单位	新华书店
开　　本	787 毫米×960 毫米　1/16
印　　张	15.875
字　　数	253 千字
版　　次	2014 年 8 月第 1 版
印　　次	2017 年 9 月第 3 次印刷
定　　价	32.00 元

(图书如有装订差错请与发行部联系)

前言

从世界旅游发展的趋势来看，第二次世界大战以后，旅游业持续快速增长，目前已跃居为世界第一大产业。中国的旅游业在改革开放后发展迅速，正在步入发展的黄金时期。世界旅游组织预测，到2015年，中国将成为世界第一大旅游目的地国，将有1.37亿的入境游客，旅游发展前景光明。正是因为旅游业具有这样的趋势，旅游业的产业地位不断升级，政府的重视程度日益增强。同时，旅游业的快速发展对旅游人才的需要越来越迫切，进而促进了旅游学科和旅游教育的发展。

《旅游学概论》是高等旅游教育的必修课和专业基础课，是学习其他课程的基础，对其他专业课程的设置和教学具有导向性作用。本书共分七个项目，主要包括旅游的发展历史、旅游活动的构成要素——旅游者、旅游资源与旅游业、旅游业的基本概念及构成产业、旅游市场、旅游的目的地等内容。本书在编写中，不仅吸引了国内外旅游学教材的优点，还将当前旅游业的最新研究成果和实践经验融入其中，本书具有以下特点：

第一，前瞻性。本书在内容上引入本学科最新的研究成果，同时结合旅游发展中有重大影响力的事件，如增加了新颁布的《旅游法》《国民旅游休闲纲要（2013—2020年）》等内容，从而使本书站在旅游发展的最前沿，使学生掌握该学科的最新资料。

第二，实用性。本书突出了职业教育特点，注重培养学生实际应用能力，充分考虑学生的参与和互动。书中设置了项目分析、情境设计和任务分析，引导学生带着问题去学习，同时，结合案例分享、闯关测试等环节，力图增强学生理论联系实际的能力和自主学习能力。

第三，创新性。本书体例独特，符合学生的认知规律。本书删减了过多的理论，共分七个项目，每个项目首先明确学习目标，接下来对该项目的内容进行分析，并设置情境，提出问题，布置任务，让学生带着问题去学习，调动学生思维的积极性。通过拓展知识并分析行业动态，扩大学生的知识面和对行业的关注度，最后通过案例分享、思考与练习达到学习目标。

第四,生动性。本书编写形式直观、生动,注重运用原创图片、图表来讲述理论知识,力求将枯燥的理论能够深入浅出、通俗易懂地表达,力求激发学生的学习兴趣,提高学习效果。

全书由郑州旅游职业学院的李长秋担任主编,张琪任副主编。全书共分七个项目,第一、六项目由朱琳(郑州旅游职业学院)编写,第二、五项目由李长秋(郑州旅游职业学院)编写,第三、四项目由张琪(郑州旅游职业学院)编写,第七项目由孙忆辛(郑州旅游职业学院)编写。

本教材在编写过程中参考了不少专家、学者的有关旅游概论方面的教材和专著,在此表示感谢。

由于作者学识水平和实践经验有限,书中错误与不足在所难免,恳请各位专家和广大读者不吝赐教,以便充实完善。

编　者

2014 年 4 月

目录

项目一　走进旅游历史 ·· 1
　　任务一　了解古代的旅行活动 ·· 1
　　任务二　熟悉近代旅游和旅游业的开端 ·· 7
　　任务三　掌握现代旅游的发展 ··· 12

项目二　谈谈旅游活动 ·· 21
　　任务一　了解旅游的概念 ··· 21
　　任务二　掌握旅游活动的特点和类型 ··· 31
　　任务三　熟悉旅游组织 ·· 43

项目三　分析旅游者 ·· 54
　　任务一　了解旅游者的概念 ·· 54
　　任务二　理解旅游者的形成条件 ·· 61
　　任务三　掌握旅游者的类型及特点 ··· 75

项目四　感知旅游资源 ·· 86
　　任务一　了解旅游资源的概念 ··· 86
　　任务二　掌握旅游资源的分类 ··· 91
　　任务三　理解旅游资源的评价 ··· 100
　　任务四　熟悉旅游资源开发与保护 ··· 110
　　任务五　了解世界遗产发展概况 ·· 121

项目五　关注旅游业 ·· 135
　　任务一　了解旅游业 ··· 135
　　任务二　熟悉旅行社 ··· 139

· 1 ·

任务三　熟悉旅游饭店 …………………………………………… 147
　　任务四　熟悉旅游交通 …………………………………………… 162
　　任务五　熟悉旅游购物 …………………………………………… 173
　　任务六　熟悉旅游景区 …………………………………………… 182

项目六　聚焦旅游市场 ……………………………………………… 198
　　任务一　了解旅游市场 …………………………………………… 198
　　任务二　熟悉世界旅游市场发展现状及趋势 …………………… 203
　　任务三　掌握中国旅游市场发展现状及趋势 …………………… 207

项目七　探究旅游目的地 …………………………………………… 217
　　任务一　了解旅游目的地形象 …………………………………… 217
　　任务二　掌握旅游目的地的生命周期 …………………………… 224
　　任务三　熟悉旅游活动对旅游目的地的影响 …………………… 230
　　任务四　理解旅游目的地的可持续发展 ………………………… 239

参考文献 ……………………………………………………………… 246

项目一　走进旅游历史

学习目标

1. 了解古代旅行产生的社会条件。
2. 掌握产业革命对近代旅游的影响。
3. 了解现代旅游发展的背景。
4. 掌握现代旅游发展的主要特征。

项目分析

旅游是什么时候产生的？有了人类社会就有旅游了吗？旅游的发展大体经历了哪些阶段？旅游又是什么时候作为一项大众性的社会活动进入千家万户的？是什么推动了旅游的发展和进步？这是本项目主要探讨的问题。通过本项目的学习，有助于扩大视野，加深对旅游的全面认识，从而了解旅游产生与发展的脉络。

任务一　了解古代的旅行活动

情境设计

李刚暑假期间看到一本书《到古代去旅行》，虽然讲述的是人类历史之旅，但是李刚不由自主地想，古代的人们会像今天一样去那些散发着光芒和魅力的城市旅游吗？古代生产力水平低下，经济落后，交通闭塞，他们是怎样外出的？在中国古代，也有一些旅游活动名人，如清乾隆帝下江南、徐霞客学术考察、张骞两次出使西域。他们的活动属于旅游的范畴吗？李刚陷入了沉思中。

根据以上情境，完成下列任务：
1. 原始社会时期的迁徙是旅游吗？
2. 讨论古代旅行的萌芽、产生和发展。

任务分析

人类旅游究竟是从何时开始的,学术界对此有不同的认识。一种观点认为,旅游活动自古就有,而另一种观点则认为真正的旅游是从近代开始的,也就是人类社会跨入文明阶段之后。目前,旅游学界普遍认为,旅游活动作为人类活动的形式之一,是社会发展到一定阶段的产物,就整个人类旅游发展史而言,人类现今意义上的旅游活动是从早期的旅行活动发展而来的。

相关知识

一、古代人类的迁徙活动

在原始社会早期,生产力水平低下,为了生存下去,人类便逐水源和森林迁徙流动。大致在4万年前的旧石器时代,人类已经从他们的起源地迁徙到了亚洲、非洲和欧洲大陆上那些适宜人类生存和栖息的地方。这也是历史上记载的人类第一次大规模的迁徙活动。很显然,这种迁徙行为不是旅行活动,只能算是古代人类生产活动的一部分。

特别提示

迁徙是出于谋生的目的,或者因为自然的原因(如气候、自然灾害等对生存环境的破坏),或者出于人为因素(如部落纷争)的威胁而被迫离开居住的地方,在新的定居点定居下来,不再回到原来的居住地。而旅行则是指人们出于迁徙以外的任何目的,可以是经商学习,也可以是旅游,离开自己的常住地到异地作短暂停留并按原计划返回的行为。

资料来源:魏向东.旅游概论.北京:中国林业出版社,2000:19。

原始社会末期,出现了直接以交换为目的的商品生产。商人的出现和商业的发展,催生了古代旅行的出现。因为人们需要通过旅行活动了解其他地区的生产和需求情况,以物易物,维持自己的生活所需。可见,人类最初的旅行活动是一种现实主义的交换活动,是一种经济活动。综观诸多著名的古老旅行线路,例如"丝绸之路""香料之路""茶马古道""食盐之路"等都是这类活动踏出的踪迹。所以,联合国以及世界旅游组织在很多研究报告中都曾指出,在最初的年代中,主要是商人开创了旅行的通路。

二、古代旅行活动

（一）奴隶社会时期的旅行

奴隶制国家，社会秩序逐步稳定，为旅行活动的发展创造了条件。古代旅行活动首先是在中国、埃及、巴比伦、印度和古希腊、古罗马发展起来的。

1. 古埃及的旅行发展

埃及古王国时代，社会经济发达，历代统治者重视修筑道路，水路交通也十分发达。古埃及灿烂辉煌的文化，吸引了各国学者参观学习。商务旅行在这个时期也相当兴盛。古埃及的宗教旅行很发达。早在4000多年前古埃及为庆祝主神奥塞里斯，就开始举行宗教节日活动。大量的宗教节日活动吸引了大批宗教信仰者前往朝圣、拜佛、求法、考察。

2. 古罗马是古代旅行的全盛时期

古罗马文明是奴隶制文明的最高形态。极度繁荣的社会经济，四通八达的交通网络，使古罗马的旅行活动达到古代世界的最高峰。古罗马以"内湖"地中海为中心建立的海上运输网、陆上交通网、内河运输网已很完善，主要交通沿线上设有驿站，私人旅店也逐渐增多，为人们旅行提供了方便；在语言上，以希腊语和拉丁语为官方语言，消除了语言障碍；在货币上，流通铸币。奴隶主贵族、商人、学者、宗教人士的旅行已十分频繁。公元5世纪以后，罗马帝国衰亡，旅游活动发展进入低谷。

3. 古代中国的旅行概况

奴隶社会时期中国旅行活动的发展与西方大体相同，但中国进入奴隶制社会要先于西方国家。商代是中国奴隶制社会的鼎盛时期，青铜文化促使生产工具和生产技术进步，社会分工细化，劳动生产率提高，使剩余劳动产品增多，以交换为目的的生产活动不断扩大。舟车等交通工具的发明和改进为人们出行提供了方便，以贸易经商为主要目的的旅行活动迅速发展起来。除此之外，奴隶主阶层的享乐旅行也比较盛行。

（二）封建社会时期旅行活动的发展

不管是东方还是西方，旅行活动在这个时期都经历了曲折的发展。在封建时代，生产力发展缓慢，自给自足的自然经济占据统治地位，商业活动受到压制，社会财富积累缓慢。特别是中世纪的欧洲，人们的思想受到禁锢，旅行活动也受到影响。但不可否认的是，社会经济的发展和人们文化生活的日趋丰富仍然促成了旅行活动内容和形式的多样化。

1. 欧洲的旅行活动

从11世纪到14世纪，欧洲封建社会经济有了较大程度的发展，但是无休止的战乱使得这一时期欧洲旅行活动的发展受到严重制约，基本上处于停滞状态，甚至还出现倒退的趋势。

公元11世纪,以威尼斯商人为代表的商人队伍架起了东西方商贸和文化交流的桥梁,其中涌现出一批杰出的旅行家。如意大利商人马可·波罗,他17岁时随父亲、叔父沿着古丝绸之路到达中国,得到元世祖忽必烈的信任,在中国逗留了17年,游览和访问了中国12个省区以及东南亚的一些国家,于1295年回到威尼斯。三年后,他在热那亚战争中被俘,在狱中,由他口述、同狱的作家鲁思梯谦记录写成了著名的《马可·波罗游记》。书中以中国为重点,把东方描绘成一个"遍地是黄金的地方",此书促进了东西方文化的交流,对后来的"地理大发现"也产生了一定影响。

特别提示

地理大发现

地理大发现是指15—18世纪(又称大航海时代,即新航路的开辟),欧洲航海者开辟新航路和"发现"新大陆的统称,它是地理学发展史中的重大事件。

中世纪后期,西方产业革命兴起,资本主义生产关系萌芽,引起了对外扩张和对黄金的需求。《马可·波罗游记》盛赞东方的富庶,促成欧洲封建主、贵族等以淘金为目的的远航探险热潮,加速了"大航海时代"的到来。

2. 亚洲的旅行活动

(1)阿拉伯帝国的旅行。公元7世纪初,穆罕默德创立伊斯兰教以后,建立起阿拉伯国家,公元8世纪达到极盛,形成了地跨亚、非、欧三洲的帝国。首都巴格达是著名的国际贸易城市,以巴格达为中心,阿拉伯帝国广修驿道,密布驿站,形成了四通八达的交通网,驿站备有马匹、骡子和骆驼,方便人们的出行,这些客观条件促进了阿拉伯帝国旅行活动的发展。

阿拉伯帝国通过伊斯兰教维护帝国统治。在伊斯兰教取得合法地位并广泛传播之后,制定了朝觐制度。教义规定,每个有能力的穆斯林一生当中必须到伊斯兰教圣地麦加朝拜一次,因此宗教旅行很盛行。在阿拉伯帝国时期,以求知求学为目的的旅行活动开始出现。穆罕默德曾经说过,"学问虽远在中国,亦当求之。"不少阿拉伯著名的旅行家,如马苏第、白图泰等为了寻求中国的学问,千里迢迢,不畏艰险到访中国,为东西方文化的双向交流作出了巨大贡献,将中国先进的科学技术,如四大发明中的造纸术,经由阿拉伯传入欧洲等地。因此,这个时期的求学、考察旅行十分活跃。

（2）中国封建社会时期的旅行活动。中国封建社会历时2000多年，除了像魏晋南北朝这样分裂和战乱的年代之外，其他统一的朝代里社会政治相对稳定，生产技术和交通条件较之前都有了很大的发展，为当时发展旅行活动提供了良好的物质基础和社会环境，使封建社会时期中国的旅行在当时的世界旅游中最具代表性。

①秦汉时期的旅行活动。秦汉时期以帝王巡游和学者考察旅行为主。据史书记载，秦始皇曾率文武百官五次出巡，周游全国，汉武帝也曾游历泰山等名山大川。秦汉时期学者外出考察很多，其中以西汉历史学家、文学家司马迁的游历最为著名，足迹遍及当时的西汉版图疆域，撰成名垂后世的不朽巨著《史记》。同时，这个时期也出现了公务旅行，如汉武帝两次派遣张骞出使西域，开辟了历史上著名的"丝绸之路"，对东西方经济、文化的交流起了重要的作用，也使旅行活动由国内延伸到了国外。

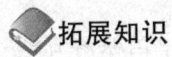 拓展知识

80分钟体验五千年历史兴衰

以泰山历史文化为核心、户外实景为舞台，总投资3亿元的《中华泰山·封禅大典》实景演出在80分钟内精彩再现了泰山五朝帝王封禅场景。演出分为7个篇章，利用现代高科技声、光手段，表现出美轮美奂的朝代特色：秦时的金戈铁马，汉朝的儒风雅乐，盛唐的磅礴气象，宋朝的至真艺术，康乾盛世的繁荣记忆……马鸣声声、舞乐声声、呐喊声声，声音穿透了时空，定格在泰山古老封禅文化的记忆中。

资料来源：大公报2012年6月20日，http://www.takungpao.com/sy/2012-06/20/content_525438.htm。

②封建社会中期的旅行。我国封建社会中期主要是指魏、晋、南北朝、隋、唐、宋、元等朝代更替的1000多年。主要的旅行方式是文人墨客以消遣排忧为目的的士人漫游和以朝觐、求法为目的的宗教旅行。如"竹林七贤"的大量山水诗，陶渊明、谢灵运退隐田园的隐逸闲游。到了唐、宋，这种漫游旅行就更为兴盛，如李白、杜甫、苏东坡、欧阳修等。同时，他们的旅游活动也丰富了中国古代旅游的文化内涵。

西汉末年，佛教传入中国，至隋唐达到鼎盛。这一时期著名的宗教旅行家有法显、玄奘、鉴真等。东晋的法显在印度留学15年后，经海路返国，途经狮子国（今斯里兰卡）、爪哇等，是当时我国的云游僧人中到达目的地并顺利回来的极少数人之一。玄奘是我国唐代最著名的僧人旅行家。他的《大唐西域记》详细记述了玄奘西游路上所经历的国家在地理、交通、气候、物产、风俗、文化等方面的情况。

③明清时期的旅游。明清时期是我国封建社会走向衰落、资本主义萌芽的时期。旅游活动持续发展,其中以明朝郑和"七下西洋"的海上旅行最为著名。郑和奉明成祖之命,7次远洋出航,涉海10万里,遍历亚非30多个国家和地区,成为我国历史上距离最远、历时最长的航海家,对我国和南洋、西亚、北非之间的经济、文化交流作出了巨大贡献。这个时期更显著的是科学考察旅行。明代大医学家李时珍为编写《本草纲目》,到各地采访调查,搜集标本,掌握了丰富的第一手材料。明代大旅行家徐霞客遍游全国名山大川,考察了16个省区的山水,所写的《徐霞客游记》被誉为古今游记第一杰作,后人称这部游记为"奇人、奇事、奇书"。

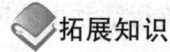 拓展知识

"中国旅游日"进入百姓生活

中国国务院于2011年通过决议,批准每年的5月19日为"中国旅游日"。

5月19日是我国古代"游圣"徐霞客千古名著《徐霞客游记》的开篇日。一方面是因为徐霞客是我国明代伟大的旅行家、地理学家、史学家,《徐霞客游记》不仅是地理名著,更是描绘华夏风景资源的旅游巨篇;另一方面可兼顾中国幅员辽阔、南北气候差异巨大的事实。这一天,无论东西南北中,都是适宜出门旅游的黄金季节。2011年首个"中国旅游日"的主题:"读万卷书、行万里路"。2012年第二个"中国旅游日"的主题:"健康生活、欢乐旅游"。2013年"中国旅游日"活动主题:"休闲惠民,美丽中国"。

资料来源:百度百科,有删减。

三、古代旅行活动的发展特征

古代旅行活动受到当时社会经济条件的制约,有着自身的发展规律和特征:

第一,旅行活动的规模、范围、形式和内容与国家的政治经济状况有着密切的联系。

第二,旅行活动的形式单一,种类较少,以经商旅行和宗教旅行为主。非经济目的的消遣性旅行较少。

第三,参加人数较少,主要是统治阶级、少数富豪和一部分文人学士。

第四,封建社会已经开始出现为旅行活动服务的驿站、旅店、饭馆等服务行业。

任务二 熟悉近代旅游和旅游业的开端

情境设计

某日,李刚在《中国旅游报》上读到一篇文章,上面提到了近代旅游业的奠基者是英国人托马斯·库克。他是谁?为什么被誉为近代旅游业的创始人和奠基者?为什么不是出现在我们中国,而是在西方国家?

根据以上情境,完成下列任务:
1. 讨论是什么原因促使古代旅行向近代旅游转变。
2. 收集托马斯·库克生平事迹。
3. 讨论近代旅游的创始人为什么出现在西方而不是中国。

任务分析

近代社会是旅游发展史的一个非常重要的时期。从19世纪中叶开始,以消遣为目的进行观光度假的旅游活动超过了商务旅游,使旅游活动更具有了现代旅游的意义,这种重大突破和欧美地区的产业革命是分不开的。产业革命促进了生产力的发展,提高了社会化的程度,促进了交通方式的变革,给人类社会带来了一系列的变化,其中对古代旅行向近代旅游的历史性转变产生了重大的影响和推动作用。

相关知识

一、产业革命对旅游的影响

产业革命是指资本主义机器大生产代替工场手工业的过程,是资本主义政治经济发展的必然产物。在18世纪60年代的英国,蒸汽机率先在纺织业中得以应用,开始了产业革命的历史进程。到19世纪30年代末,英国完成了产业革命,美、法、德、日、意等主要资本主义国家也相继在19世纪内完成。产业革命极大地促进了生产力的发展,通过技术领域的革新影响到人类生活的方方面面,对旅游的影响主要体现在以下几个方面:

（一）产业革命带动了交通工具的革新，使较大范围和较远距离的旅行成为可能

产业革命之后，科学技术的进步推动人类社会向前发展，生活质量不断提高。从旅游发展的角度来说，新式交通工具的出现使交通情况大为改观，直接促成了近代社会人们交往范围的扩大和旅游活动的频繁。1769年，詹姆斯·瓦特发明了蒸汽机。作为一种新的动力，这种技术很快被应用到新式交通工具的制造，率先问世的是蒸汽机轮船。但对于近代旅游的诞生影响最大和最直接的，还是铁路运输技术的发展。1814年，英国的乔治·史蒂文森发明了蒸汽机车，1825年，他建造的斯托克顿至达林顿的铁路正式投入运营。此后各地的铁路开始建设起来，并向更远的地区延伸。新式交通工具费用低、速度快、运载能力大、舒适和安全，为越来越多的人提供了便捷的交通服务，对近代旅游活动的开展创造了条件。

（二）产业革命加速了城市化进程，激发了人们旅游的愿望

一方面，工业革命带来的机器化、流程化、规模化的生产方式吸引了大批农村人口涌向城市就业，使得城市的膨胀速度加快，致使人们产生了强烈的度假要求。另一方面，由于人们工作和生活的中心从农村转移到城市，致使人们产生逃避节奏紧张的城市生活和拥挤嘈杂的城市环境，回归自由、回归大自然的追求，从而产生了强烈的旅游需求和动机。

（三）产业革命带来阶级关系的变化，扩大了旅游者的阶层

工业革命之前，只有地主阶级和封建贵族才有金钱和时间从事非经济目的的消遣性质的旅行活动，但是，工业革命造就了工业资产阶级，从而使有财力外出旅游消遣的人数有了明显增加。同时，工业革命也造就了工人阶级为争取自己的权益而不断进行的斗争，使得资本家不得不增加工人的工资以及给予他们带薪假期。这些都在客观上促进了休闲度假旅游活动的开展，也使得参加旅游活动的人员结构发生变化，人数迅速增加。

二、托马斯·库克与旅游业的诞生

随着社会条件的改善，交通运输能力的增加，更多的人外出旅游成为可能。但是由于当时绝大多数人缺乏旅行的经验，如人们对异国他乡的情况不了解，不知道如何办理旅行手续，存在着语言和货币方面的障碍等，都限制了旅游活动的广泛开展。人们迫切需要专业人士或者机构来为他们出游提供服务和帮助。英国人托马斯·库克正是较早认识到这些问题，并提供相应服务来帮助人们解决这些问题的第一人。正是他敏锐的洞察力以及他所做的诸多开创性的工作，使他成为近代旅游和旅游业的奠基人，并开创了人类旅游活动的全新时代。

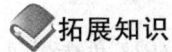 **拓展知识**

近代旅游业与旅行社的鼻祖——托马斯·库克

托马斯·库克,1808年11月22日出生于英国德贝郡的墨尔本城镇,4岁丧父,母亲改嫁,幼年家境贫穷。他10岁时便辍学当了园艺经营者的学徒,后来投奔到当木工的姑父家,当了一名小木匠。17岁时,他加入一个基督教浸信会成为诵经人,后来又当上了巡回传教士。云游四方激发了托马斯·库克对旅游的极大兴趣,同时,长期传教的经历使库克拥有良好的口才,在体验各地民情风俗中,积累了大量的旅行经验。这些都为托马斯·库克之后的创举奠定了基础,使他成为近代旅游业和旅行社的鼻祖。

资料来源:张广瑞,郭凤昌.世界旅行代理商之鼻祖托马斯·库克.世界博览,1988(10)。

(一)组织世界上第一次团体火车旅游

1841年7月5日,托马斯·库克采用包租火车的方式,组织了一次从莱斯特到洛赫伯勒参加禁酒大会的团体旅游活动,参加人数有570人,来回费用是1先令,库克从中获得5%的报酬。托马斯·库克精心组织和策划了这次活动,并亲自随团陪同照顾,提供热情的服务,使参加者十分满意。这是历史上第一次由中间人发起、组织、接待,并通过登载广告方式招徕游客的旅游活动。这次活动的成功举办,被公认为是近代旅游及旅游业的开端。

(二)创立世界上第一家旅行社

"禁酒大会"团体旅游的成功举办,使托马斯·库克名声大噪。在1845年,托马斯·库克旅行社正式成立,总部设在莱斯特。同年8月,他组织了350人从莱斯特出发到利物浦参加为期一周的团体消遣旅游,并亲自编写《利物浦之行手册》发给游客。整个旅游活动中,库克全程陪同并做导游,开创了近现代旅行社业务的基本模式。

(三)举办世界上第一次出国包价旅游

1855年,法国举行巴黎博览会,托马斯·库克安排了从英国的莱斯特到法国的加莱,然后到巴黎的5日游,并一次性收取全程旅行的费用,包括往返的旅费和在巴黎的住宿费,来回36先令。这是世界上组织出国包价旅游的开端,被誉为"铁路旅游史上的创举"。

包价旅游是一种综合性的旅游产品,一般包括从旅游客源地到旅游目的地的往返交通、接待和游览、食宿等相关费用。这种包价代理形式推出以后,库克旅行社业务迅速发展,也被其他旅行社效仿,时至今日,仍然是旅行社产品的重要形式。

（四）创办世界上第一家旅游公司

1865年,托马斯·库克让他的儿子约翰·梅森·库克帮助他经营旅游业务,并将原来的托马斯·库克旅行社更名为托马斯·库克父子公司,将总部迁到伦敦。托马斯·库克父子公司成立后,不断开辟国外市场。1866年,托马斯·库克父子公司组织了第一批从欧洲到美国的团体旅游。同时,他们又组织旅居美国的欧洲移民回欧洲探亲访问,连当时的美国总统格兰特也曾做过库克父子公司的客人。到1890年,公司在全球已有84个办事处、85个旅行社,与美国的"运通公司"、比利时的"铁路卧车公司"成为20世纪世界上最著名的三大旅行代理公司。

（五）首创世界上第一次有组织的环球旅游

1872年,托马斯·库克为扩大公司的影响,决心亲自组织一次环球旅行。参加这次环球旅行的共有9人,分别来自英格兰、苏格兰、俄罗斯、希腊、美国,历经222天。这一次的团体环球旅游使他的旅游公司声名远播,托马斯·库克也成为旅游的代名词,在欧美地区尽人皆知。

（六）首创旅行支票的前身——旅游代金券

考虑到游客在旅途中携带大量现金既不安全也不方便,托马斯·库克于1867年就设想发行一种可以代替现金并被饭店接受的凭证,让旅行者事前付款取得保证书用于在指定的饭店支付费用,最后由库克公司与饭店统一结算。于是在1874年,正式推出了旅行支票的前身——流通券,在饭店、商店、外国银行都可以使用。这些措施,极大地方便了旅游者,促进了旅游业的发展。

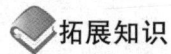
拓展知识

探秘旅游学研究的前世今生

人类对旅游现象的研究始于1899年。意大利人博迪奥发表的《关于意大利外国旅游者的流动及花费》一文被认为是近代旅游研究的开端。随后,德国、瑞士、奥地利等欧洲学者在旅游学研究中做了许多开创性工作。但由于这一时期研究的学者都是经济学专家,对旅游现象的研究还主要局限在经济学领域。"二战"后,旅游研究中心由欧洲转向北美洲,其他学科的学者也参与到旅游研究中来,呈现出多学科研究的特点,出现了"旅游社会学""旅游人类学"的概念。20世纪80年代,学者们又提出旅游研究要多种学科融合在一起,形成跨学科的研究方法。在多种学科的交叉融合下,旅游现象的本质得到挖掘,但人们对于旅游学科的性质看法并不统一。

表1-1 旅游学的不同研究阶段

旅游学研究的阶段	时间、代表人物	研究进展
起步阶段	19世纪末,博迪奥	旅游学研究的开端。
功利阶段	1928年意大利马里蒂奥《旅游经济讲义》;1935年德国葛留克斯曼《一般旅游论》;1942年瑞士汉泽克尔和克拉普夫	马里蒂奥从经济学的角度进行研究,后三位学者对旅游的研究超出领域,提出多学科、多角度广泛研究,但与当时功利性思想相差甚远。
综合化阶段	"二战"后到20世纪60年代,1972年,英国梅特里克和波卡特《旅游学的过去、现在和未来》	旅游活动涉及多领域,引起了经济学、社会学、政治学、心理学、市场学、管理学、生态学、地理学、规划学、历史学等学科与旅游学的综合和深化。
前学科阶段	20世纪80年代,1981年美国利珀《旅游学发展趋势》;1988年英国库珀与弗瑞奇尔《旅游学原理与方法》	理论体系的尝试性研究取得了阶段性成果;旅游学的方法论研究成为热点;学术性旅游期刊出现并发挥重要作用。

旅游学要成为独立学科,必须首先确立本学科的研究对象。经过几十年的发展,人们对旅游研究认识逐步提高,对旅游学研究对象有了准确定位:旅游学的研究对象就是旅游活动、与旅游活动有关的各种社会现象及其相互关系。

三、中国的近代旅游

中国的近代旅游是指从1840年鸦片战争到1949年新中国成立以前这段时间的旅游发展。与封建社会时期的旅游发展情况相比,近代中国的旅游已远远落后于西方国家。这与中国社会的发展状况是分不开的,一方面,近代中国始终处在战争的状态下,失去了旅游发展所需要的稳定的社会环境;另一方面,闭关锁国的政策使新式交通工具在中国出现的时间也比西方晚了近百年。20世纪初,一些外国旅行社,如英国的通济隆公司(其前身即库克父子旅游公司)、美国运通旅游公司,开始在上海等地设立旅游代办机构,总揽中国旅游业务,雇用中国人充当向导。直到1923年8月,爱国人士陈光甫先生在其同人支持下,成立了上海商业储备银行旅行部。1927年6月,该旅行部从银行独立出来,成立了中国旅行社。我国近代旅游业诞生了,但在半殖民地半封建社会的背景下,外有列强侵略,内有政府(朝廷)腐败,加上战乱不断,旅游业没有全面发展起来。

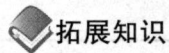拓展知识

爱国人士陈光甫与中国近代旅游

陈光甫,原名辉祖,后名辉德,字光甫,以字行世。1881年12月17日出生于江苏镇江一商人之家,是我国著名的银行家。1915年,年轻的陈光甫与庄得之等志同道合之士创办上海商业储蓄银行,陈光甫任总经理。1923年8月,上海商业储蓄银行设立旅行部,作为该行的附属事业。到1927年6月旅行部发展成为中国旅行社(China Travel Service)。这是陈光甫对近代中国的一大贡献,也是中国旅游发展史上浓重的一笔。

陈光甫创办中国最早的旅行部,在当时是为国人争光的举动。20世纪20年代初期,中国的旅游业还处于空白,其时旅游业务皆由外国在中国的金融机构包揽,当时政府对旅游业素不注意,更无人想到收回此项外溢之利权。陈光甫创办的旅行部,对外资旅行社给予有力的打击,也向世界宣布:中国人依靠自己可以做成任何事情。

资料来源:姚会元,操玲姣.陈光甫开创中国现代旅游业.旅游科学,2002(2)。

任务三　掌握现代旅游的发展

情境设计

智慧旅游,改变我们的旅游生活

2014年,国家旅游局将旅游业发展主题定为"智慧旅游",进而引导智慧旅游城市、景区等旅游目的地建设,以信息化技术带动旅游业发展。什么是智慧旅游?就是利用云计算、物联网等新技术,通过互联网、移动互联网,借助手机、电脑等设备对旅游景点、旅游地图等方面的信息智能感知、方便利用。信息技术迅猛发展,给我们的产业格局、经营模式、生活方式带来根本性变化。中国旅游进入散客时代,自助游、个性游成为主流,人们对旅游信息的便捷化、个性化、智能化有了更高的要求。目前,我国已有19个省,43个市提出智慧旅游发展计划,北京、浙江、江苏等地率先开展了一批智慧旅游示范项目。智慧旅游是顺应时代发展的要求,是未来行业的发展趋势。智慧旅游将开启旅游生活的新篇章。

资料来源:吉林日报2014年3月27日,有删减。

根据以上情境,完成下列任务:
1. 智慧旅游的出现,反映出现代旅游发展的哪些特点?
2. 中国现代旅游业的发展有哪些特点?

任务分析

现代旅游是指第二次世界大战结束以后,尤其是20世纪60年代以来迅速发展起来并普及到世界各地,社会各个阶层普遍参加的大众化旅游活动。作为当今世界参与人数最多的活动之一,旅游对加强各国人民之间的友好往来、维护世界和平,起到了积极作用。旅游业已成为当今世界最大的产业之一,对现代经济和社会的发展产生了深刻影响。

相关知识

一、现代旅游发展的背景

第二次世界大战以后,资本主义国家忙于医治战争创伤,稳定和恢复经济。社会主义国家的建立和第三世界的崛起,使世界出现了相对和平的国际环境,特别是20世纪60年代科技革命有了重大突破,和平发展成为世界的主题,这些为现代旅游的高速发展创造了前所未有的良好条件。

(一) 国际政治环境相对稳定,国际联系不断加强

半个多世纪以来,虽然出现了"冷战"的国际政治局面,并且不时有局部地区战争、边境纠纷,但并没有形成大规模战乱。从全球整体来看,世界处在相对和平稳定的状态。和平与发展成为世界人民的共识和国际政治形势的主流,为世界旅游发展提供了必要的前提和保证。

(二) 经济迅速发展,人们的支付能力显著提高

在相对稳定的国际环境下,各国都致力于经济的恢复与发展,生产力水平不断提高,全球生产总值迅速增长,众多国家的居民家庭收入水平不断提高,造就了大批有旅游消费能力的普通劳动民众。发展中国家工业化取得进展,国民经济也有了迅速发展。人们的旅游消费支付能力大大增强,直接促成了大众旅游时代的到来。

(三) 科学技术促使交通工具进步,缩短了旅行的时空距离

科学技术的进步,促使交通运输工具和设施得到改进,运量增大,速度加快,价格降低,大大增强了运输能力,直接缩短了旅游者旅行的行程和时间。长途公共汽

车运营网络也不断扩大和完善,高速公路网络四通八达,汽车成为许多国家尤其是欧美发达国家人们中短程旅游的主要交通工具。火车、轮船在竞争压力下不断改进技术,如欧洲和日本的磁悬浮和轮轨技术使列车速度达到 400 千米/小时以上,巴黎到里昂的高速铁路已达 500 千米/小时,甚至更快。高效、安全、便捷、舒适的火车运输极大地方便了中程旅行。在远洋运输方面,巨型豪华游轮这种古老而现代化的运输方式"寓游于旅",吸引了不少游客。

目前,水陆空各种交通运输方式在世界范围内已形成网络,各种交通网相互衔接,连成一体,极大地方便了游客,促进了现代旅游业的快速发展。

(四)世界人口迅速增加,扩大了潜在旅游者的规模

旅游者规模扩大的基础是人口基数大幅增长。20 世纪以前,世界人口增长相当缓慢,第二次世界大战结束初期,世界人口仅 25 亿,2003 年达到 61.5 亿。据联合国人口调查研究所估计,全球第 70 亿人应该在 2012—2013 年间出现,庞大的人口基数成为世界旅游人数增长的基础。

(五)生产自动化程度提高,人们的闲暇时间增多

高科技的发展使生产自动化程度不断提高,劳动生产效率不断提高,人们的闲暇时间普遍增加。过去工人平均每天要工作 10～12 个小时,1933 年美国率先实行每周工作 40 个小时,到现在,包括中国在内的 140 多个国家实行了每周 5 天、每天 8 个小时的工作制。世界范围的劳动时间缩短和带薪假期的延长,促进了大众旅游的实现。

(六)城市化进程加快,人们的旅游意识和需求不断增强

城市化进程的加快使人们的生活方式发生变化,人们产生了逃避紧张节奏的城市生活和拥挤嘈杂生活环境的愿望,通过旅游调节生活节奏成为一种普遍需求。

(七)教育的发展改变了人们的生活观念,旅游者范围不断扩大

第二次世界大战后,世界各国都普遍重视教育,而教育事业的发展使个人素质得到提高,人们的求知欲增强,人们的生活观念也随之发生了变化。人们越来越注重追求精神生活的充实、身心的健康发展,而旅游恰好满足了人们的这种需求。教育事业的全面发展促使旅游者范围不断扩大。

(八)政府的支持和鼓励,促进了旅游的加速发展

旅游活动带来的巨大经济效益和社会效益,使许多国家和地区的政府都在不同程度上推动与支持本国旅游业的发展。世界各国普遍设立了不同形式的全国性旅游管理组织,地方政府也设置了旅游管理机构,对旅游和旅游业采取了积极的干预政策,制定了许多有效措施。

二、现代旅游发展的主要特征

随着世界经济的恢复和发展,人民生活水平普遍提高,旅游成为群众性的活动

普遍开展起来，从而促使旅游业飞速发展，并已形成一个完整的旅游经济体系，成为国民经济一个重要的组成部分。

（一）旅游发展的持续性

20世纪70年代末，旅游产业超过了传统的钢铁、石油和军火工业，成为世界第一大产业。据世界旅游组织统计，世界国际旅游人数从1950年的2 528万人次增至2008年的92 400万人次，增长35.5倍。国际旅游收入从1950年的21亿美元增至2008年的9000亿美元，增长428倍。在近60年的发展中，个别年份由于一些特殊事件导致国际旅游略有波动，但总的趋势是持续增长的。2009年，全球经济危机对旅游业造成了巨大冲击，但与其他产业不同的是，旅游业率先在全球实现复苏，并成为世界经济整体复苏的拉动力量。2009年年底已经开始止跌回升。2013年，国际旅游人数达10.87亿，同比增长5%。今后，旅游业将继续保持温和的增长趋势。

（二）旅游主体的大众性

所谓大众性，一是指旅游已成为全体社会成员包括普通劳动大众人人都能参与的活动；二是指参加的人数越来越多，所去的地方越来越远；三是指群体性、规范性旅游活动增加。规范化旅游模式消除了人们外出旅游的诸多障碍，促成了世界旅游人数的迅速增长，促进了大众旅游时代的到来；四是指旅游作为一种激励员工的手段，已被企业和各种组织广泛采用，增加了普通劳动者的旅游机会。"大众旅游"成为现代旅游的代名词。

（三）旅游地域的广泛性

旅游业首先是在西方经济发达国家兴起。国际旅游业在世界经济萧条时期能排除困难而保持持续增长的势头，使广大发展中国家注意到旅游业的活力和发展前途，并开始重视发展本国的旅游业，使国际旅游业在发展中国家也普遍发展起来。由于旅游业在世界各地的普及，旅游客源地的地域范围越来越广，使旅游者的足迹遍及全球各地。

（四）空间范围的集中性

随着现代科学技术的发展和交通运输工具的进步，大大缩短了旅游的时空距离，旅游者的足迹遍布世界各地，但却表现出分布的不平衡。全世界90%以上的国际旅游者来自经济发达的国家和地区，同时这里又接待了80%的国际旅游者。以2007年为例，美洲和欧洲的国际旅游接待人次占全球国际旅游接待人次的70%。由此可见，由于社会经济区域发展不平衡，世界的旅游客源地、旅游接待量和旅游开发状况在区域上也不平衡，旅游的地域集中性表现比较明显。即使在一个国家或一个地区，旅游发展也是不平衡的，同样呈现相对集中的特点。如来到我国的国际旅游者主要集中在一定地区，特别是北京、上海、广州、苏州、南京、桂林和西安等一些知名度高的旅游区和旅游城市。

（五）旅游时间的季节性

自然因素和体制因素是形成旅游时间季节性的基本因素。自然因素季节性是气温、降水、降雪和昼长等气候、地理条件规律变化的结果。体制因素季节性指的是由于人类决策产生的社会活动的暂时性变化。公共节假日是体制因素季节性的主要形式。一般来说，主要依赖自然旅游资源吸引游客的国家和地区，旅游接待量的季节性波动比较大。如哈尔滨的冰灯、吉林的雾凇等景观只能在冬天欣赏，北京香山的红叶也只有在深秋时节才能看到。主要依靠人文旅游资源吸引游客的国家和地区，旅游接待量的季节性波动就比较小。

 特别提示

现代旅游活动的季节性，是指大众旅游者活动时间在分布上具有不均衡性，导致市场出现明显的淡旺季差异。在旅游经营中，人们一般把一年中旅游者来访人数（或某地人口中外出旅游的人数）明显增多的时期称为旺季，明显减少的称为淡季，其他时期称平季。

资料来源：徐克帅，朱海森. 国外旅游季节性现象研究述评. 人文地理，2010（1）：12-17。

（六）旅游类型的多样性

由于旅游者数量迅速增加，不同层次、不同水平和不同类型的旅游者对旅游产品的品位和类型要求更加广泛、更趋个性化，使现代旅游的形式和内容越来越丰富。传统的观光、宗教、商务等旅游形式继续存在和发展，许多富有特色的新的旅游形式也出现了，如生态旅游、民俗旅游、寻根旅游、体育旅游、红色旅游、黑色旅游等，极大地丰富了现代旅游。随着对旅游资源的深度开发和旅游地域的不断拓展，旅游的形式和内容在旅游业的竞争中推陈出新，使现代旅游更具有多样性的特点。

三、中国现代旅游业的发展

新中国成立以后，我国旅游业的发展进入了新的历史阶段。虽然起步较晚、起点较低，但经过60多年，尤其是改革开放之后30多年的持续快速发展，旅游业已经成为国民经济的战略性支柱产业，也成为引领世界旅游业复苏、持续增长的中坚力量。纵观新中国成立至今旅游业的发展历程，可以划分为四个阶段：

（一）初创阶段（1949—1965年）

1949年11月19日，厦门市军管会接管了旧"华侨服务社"，于同年12月成立了厦门华侨服务社。1954年3月,中央批准成立中国国际旅行社,标志着中国现代旅游开始萌芽。1957年4月,国务院又批准在北京成立中国华侨旅行服务总社。这一阶段,旅游业主要是接待外宾和访华团为主的政治接待任务。1964年12月,中国旅行游览事业管理局正式成立,直属国务院领导。国家明确了发展旅游事业的方针和政策是"扩大对外政治影响""为国家吸引自由外汇",中国旅游事业开始发展。此阶段以政治接待为主,基本不注重旅游的经济作用。在国内旅游方面,依然没有起色。

(二)停滞阶段(1966—1977年)

1966年下半年文化大革命开始,受政治冲击,中国旅游业处于停滞甚至倒退阶段。一方面是因为政治性接待过多,另一方面是由于国务院对接待来华的国际旅游者数量规模有所限制。

文化大革命时期,从国旅总社到分社,业务一度停止,大批翻译和业务骨干遭到迫害,旅游工作一度处于瘫痪状态。1972年,被迫取消的"华侨服务总社"得以恢复。同年,中美"上海公报"发表、中日建交等一系列重大国际关系的发展,为我国旅游业的恢复和发展提供了有利的国际环境。1974年经国务院批准,中国旅行社成立。

(三)稳步发展阶段(1978—1991年)

1978年党的十一届三中全会以后,我国旅游业摆脱了文化大革命的影响,进入了新的发展阶段。1980年,中国青年旅行社正式成立。1982年,"中国旅行游览事业管理局"更名为"国家旅游局"。1986年,我国旅游业正式列入国民经济和社会发展计划。

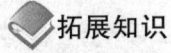 拓展知识

中国旅游教育的发展

中国的旅游教育始于20世纪70年代。改革开放之后,随着我国旅游业的稳步发展,中国旅游教育随之展开。1978年,江苏省旅游学校成立,后更名为南京旅游职业学院,标志着我国旅游中等职业教育的起步。1979年,国家旅游总局创建我国第一所旅游院校——上海旅游高等专科学校,标志着旅游高等教育的开端。1982年,杭州大学率先开办旅游本科专业。同年,南开大学也设立了我国第一个旅游系。随后,国家旅游局还与各地旅游行政管理部门联合开办专科、成人教育及培训。旅游教育的结构体系雏形基本完成。

1996年,我国进入世界旅游大国行列,旅游教育也飞速发展。全国兴起举办旅游教育的热潮,开设旅游专业的院校数量急剧增加。以中科院为代表的教育机

构开始招收旅游专业的硕士和博士研究生。据不完全统计,截至2013年,全国旅游院校已经达到2236所,其中高等院校1097所,中等职业学校1139所,在校生总数107万人。

随着与世界旅游业的接轨,跨国、跨文化的旅游活动日益频繁,旅游服务对象的国际化也促使我国的旅游教育开始走向规范化、标准化、国际化。

资料来源:中国旅游教育网,http://www.cteweb.cn/View.asp? Aid=A2013129 1235374533798。

(四)全面发展阶段(1992年以后)

进入20世纪90年代,我国旅游业进入了全面发展阶段,出现了空前的繁荣。1992年是中国旅游业转向更高发展阶段,步入快速和良性发展轨道的一年。人们的旅游观念更为开放,旅游市场经济意识逐步增强,入境旅游市场逐渐成熟。2001年,中国正式成为世界贸易组织成员,为中国旅游业的突破性进展带来了机遇。2002年,中国颁布并实施《中国公民出国旅游管理办法》,标志着中国旅游业进入一个全面发展阶段。截至2013年10月,中国公民出境旅游目的地已达150个。

中国政府高度重视发展旅游产业并给予大量政策支持,使旅游业已经成为中国第三产业中最具有活力和潜力的产业,并升级为中国国民经济战略性支柱产业。中国政府明确提出到2020年使中国旅游产业的规模、质量、效益基本达到世界旅游强国水平。

☞ 案例分享

黑色旅游:噱头还是潮流

黑色旅游这一概念最早产生于1996年,是一种通过对灾难事件发生地或模拟灾难情景地的游览,使旅游者达到获得教育、满足好奇心等目的的体验活动。近年来,黑色旅游成为国外特别是北美地区旅游学界新兴的热点研究领域,也是一个颇具争议的领域。

陕西师范大学旅游与环境学院孙根年教授介绍说,黑色具有两方面的属性,一是旅游地的悲哀性质;二是游客在旅游中的黯然感情,包括缅怀和悲痛。他举例说诸如重庆渣滓洞、白公馆,南京大屠杀纪念馆等都属于黑色旅游。"红色旅游是正面的教育,黑色旅游就是从反面给游人以警示,也有很强的教育意义。"南京大屠杀纪念馆馆长朱成山说,相比"红色旅游","黑色旅游"的悲剧色彩更具力量,也更能打动人。据了解,基于黑色旅游的历史反面教育意义,爱尔兰地区将黑色旅游冠以"复兴之旅"的称谓,而朝鲜官方一直将黑色旅游称为"历史教训旅游"。

对于黑色旅游,各方意见不一。支持者称"现实生活提醒我们不能一味地沉醉在苦难中。'黑色旅游'所获得的资金,可以用来进行灾区重建",反对者说"不希望看到黑色旅游这样不安的字眼出现在灾区,也不希望在灾区看到车水马龙穿红穿绿的游人。"

黑色旅游将经济价值置于人性道德之上,是从死难者身上聚敛财富,这是黑色旅游遭人诟病的原因。黑色旅游景点的商业包装和过分宣传,甚至渲染是否会让黑色旅游变味?如何平衡黑色旅游尤其是灾难性旅游的商业性与公益性之争是值得思索的问题。

分析:

从旅游的发展史来看,随着旅游活动的深入开展,人们对旅游概念的认识不断加深,旅游的外延越来越大。尤其是进入 21 世纪以来,旅游类型更加多样化。黑色旅游就是在这样的历史阶段出现的。黑色旅游因强调死亡、灾难、战争、暴力等悲伤的情感色彩,目前存在很多的争议,学者和专家的部分观点是:

①开发地震灾区"黑色旅游"有利于其经济的恢复和发展,是一种自我造血方式。

②黑色旅游的开展应该以教育为目的,告诫人们别忘记历史,纪念逝者,规避战争,热爱和平,而不是简单地满足游客的好奇心。

③可以将黑色旅游变身成慈善或者公益的行为,做慈善旅行。

资料来源:中国新闻网 2010 年 3 月 29 日。

 思考与练习

一、填空题

1. 英国人_____开创了旅游业的先河,被誉为近代旅游业的创始人。

2. 世界旅游历史发展大体分为_____、_____、_____三个时期。

3. 现代旅游是指第二次世界大战结束后,特别是 20 世纪_____以来,迅速普及于世界各地的社会化旅游活动。

二、选择题

1. (　　)开创了旅行的先河。

A. "采猎人"　　　　B. 奴隶主　　　　C. 商人　　　　D. 统治阶级

2. 古代学术考察旅行的代表人物是(　　)。

A. 麦哲伦　　　　B. 李白　　　　C. 徐霞客　　　　D. 鉴真

3. 托马斯·库克于1841年组织的禁酒活动标志近代旅游开端,这次活动较前的不同之处在于( )。

A. 消遣性　　　　　B. 营利性　　　　　C. 公众性　　　　　D. 观光性

三、判断题

1. 原始社会的迁徙不属于真正意义上的旅游活动。
2. 西欧封建社会时期旅行的发展落后于当时的中国。
3. 中国的近代旅游活动要先于西方国家。
4. 在奴隶社会时期,旅游活动具有大众化的特征。

四、问答题

1. 迁徙与旅行的区别有哪些?
2. 现代旅游的特征是什么?
3. 论述产业革命对近代旅游的影响。
4. 试论述现代旅游迅速发展的原因。

五、实训项目

请列举当地一旅游景点,结合旅游发展的历史谈谈该景点的发展情况。

项目二　谈谈旅游活动

学习目标

1. 掌握旅游活动的定义、特点和类型。
2. 了解旅游活动的属性和构成。
3. 了解国家旅游组织和旅游行业组织。
4. 掌握我国旅游组织的基本状况。

项目分析

人类的旅游活动发展到今天已有相当长的历史,作为一种广泛的社会现象已有170多年了,国外对它的研究有100多年的历史。旅游活动在我国成为一种广泛的社会现象则出现得较晚,至今仅有30多年的历史,对它的研究几乎是与其出现同时进行的。多年来,人们对旅游的认识和理解在逐步地扩大和深入,同时旅游理论也在逐步发展和成熟。旅游是一个内涵非常丰富的概念,人们对于旅游给予什么具体的规定性,旅游活动如何构成的,有哪些特点和类型,这是旅游学中最为基本的问题,也是本项目要着重探讨的问题。其次,旅游事务管理机构,即旅游组织也是我们需要了解和掌握的。

任务一　了解旅游的概念

情境设计

李刚是一所大学旅游管理专业的大学生,暑假期间,他准备和同学王强一起去西藏旅游,王强说:"李刚,你是学旅游的,你来设计旅游线路吧,让我们能更经济、更舒适地旅游。"李刚义不容辞地承担了这个任务,规划好了吃、住、行、游等项目。他们顺利地完成了西藏之旅,王强满意地说:"你不愧是学旅游的,规划得非常好,将来你干旅游一定没问题!"李刚也非常高兴。

根据以上情境,完成下列任务:
1. 讨论上文中提出的"学旅游""旅游""干旅游"各是什么含义。

2. 讨论吃、住、行、游和旅游是什么关系。

任务分析

旅游是什么？这是旅游研究中首先要面对的问题。然而由于种种主客观原因，国内外学者对旅游的研究可谓见仁见智，至今仍未达成共识。当前，随着旅游活动在人类日常生活中的地位与作用日益凸显，明确旅游的概念更为迫切，而探讨旅游的构成要素，也是我们本项目重点解决的问题。

相关知识

一、什么是旅游

（一）"旅游"一词的出现

现代英语中 tourism 一词，出现在《牛津字典》中是 1811 年的事，即离家远行，又回到家里，在此期间参观游览一个地方或几个地方。而以前用的是 travel 一词。汉语的"旅游"是由 tourism 翻译来的，"旅游"一词是在第二次世界大战之后才被广泛使用的。

拓展知识

Tour，Travel，Tourism 的词义

Tour 其含义是圆圈或圆周，引申为围绕一个中心点或轴的运动。美国学者威廉·瑟厄波德认为，圆圈就是从一点出发，最终回到起点。tourism 意指一种往复的行程，即离开后再回到起点的活动。在我们日常生活的口语中，也会将出差返回的整个过程说成是到某地转了一圈，这和 tourism 的说法相近似。所以旅游是指一种往复的行程，即指离开后再回到起点的活动，完成这个行程的人也就被称为旅游者（Tourist）。

Travel，中国旅游学界通常将它译为旅行。在表示离家出行、人员流动这一意义上，其与现代汉语旅行具有相通之处，彼此可以对译。travel 原义经常用来指繁重而艰苦的工作，故而说它内含阵痛、艰苦、苦难和危险之类的意思。此类情况在我国历史上同样存在过，当时人们总是把外出旅行看成一件困难和危险的事情。在家千日好，出门一时难，故亲朋好友总祝愿一路平安、一路顺风等。18 世纪中叶以后，肇始于回归自然需求的游览休闲活动已经在西方知识分子和上流社会中蔚

然成风,它是近代西方出现的第一次旅游浪潮。由于旅游的主体是贵族,这一旅游浪潮造成了一种新的生活时尚,改变着古典旅行观以及传统的生存意识和生活方式。与此同时,贵族游客在旅途上展现出来的风度气派、文化品位、欢乐情趣,也在更新 travel 的传统价值观,travel 不再是一种阵痛、一条畏途,其中也包含寻求人生愉悦的积极意义和价值。当 travel 濡染贵族气以后,tourism 开始在英国社会悄然出现。

Tourism 问世之初还不具备现代汉语所说的旅游意义。那时西方盛行的仍然是贵族旅游热,仍与 travel 相伴为伍。历史发展到 19 世纪中叶,团队旅游服务模式在英国面世,它以中产阶级为主体、以团队旅游为主要模式,标志着平民旅游客源市场的形成和近代旅游业的诞生。平民旅游热的兴起,是近代以来西方出现的第二次旅游浪潮。与贵族化的 travel 相比,团队旅游 tourism 属于贬义词。尽管如此,平民旅游热毕竟开始改写 tourism 的历史。英国旅游发展到 20 世纪初期,平民旅游热的背后出现了新趋势,出现了以普通劳动大众为主体的大众旅游热,这也是近代以来西方第三次旅游浪潮,tourism 也随之完全中性化,不仅成为英语世界的旅游的通用名,而且上升为西方主流旅游理论的基本概念。

资料来源:陈道山.旅游的概念研究:回顾与展望[J].许昌学院学报,2010(4):42-44。

在中国古代,"旅"和"游"是两个各自独立的概念。旅,客寄之名,羁旅之称,失其本居而寄他方。是中国最早的关于"旅行"的定义,它指人们在空间上从一个地方到另一个地方的移动过程。游,即游览,就是外出游览、观光、娱乐的意思。《礼记·学记》中有"息焉游焉",古人把游,解释为"谓闲暇无事之为游",表明中国先民对于外出游览活动必须是在业余时间进行的观念是很强的。旅和游连用便组成旅游。仅就"旅游"一词,从现有的文献资料来看,最早出现在南朝梁诗人沈约(441—513)的《悲哉行》一诗:"旅游媚年春,年春媚游人。徐光旦垂彩,和露晓凝津。时嘤起稚叶,蕙气动初频。一朝阻万国,万里隔良辰。"此诗句中的旅游已含有外出旅行游览的意思,与当今人们对旅游的概念理解非常相近。

总而言之,从旅与游的分别表述,到旅与游的连用,便为我们提供了一个具有历史意义的信息,即旅游一词的出现,不但标志着人类游览空间的拓展,同时表明古人已经形成旅行、游览、旅游三个不同概念,明确了旅游必须是通过旅行并在异地进行游览活动的内涵,并延伸至今。

特别提示

"旅游"和"旅行"、"游览"的关系

旅游是有动机内涵的,是旅行和浏览的统一体,而旅行只是一个为完成某个动机的一般空间流动过程。因此,有旅游必定有旅行,有旅行就一定有旅游。在旅游这个范畴里,旅行只是游览所凭借的手段和形式,而游览才是旅行的目的和内容。游览只是旅游的一部分,游览只有和旅行结合起来才能被称为旅游。所以,尽管现代化交通工具日渐舒适,但绝大多数旅游者仍希望把更多时间花在游览目的地而不是旅途中,故旅游界有句话叫作"旅速游缓",这是处理旅行与游览两者关系的正确原则。

(二)国际上比较有影响的旅游定义

关于旅游,国内外学术界对其内涵和外延有着不同的理解。因此,对旅游的定义或解释也各有侧重。对于旅游的定义基本上可分为两类,一类是概念性定义或称理论性定义;另一类是技术性定义或称实践性定义。下面介绍两个有代表性的定义。

1. "艾斯特"定义(概念性定义)

旅游是非定居者的旅行和暂时居留而引起的现象与关系的总和。这些人不会导致永久居留,并且不从事任何赚钱的活动。

这是瑞士学者汉泽克尔(Hunziker)和克拉普夫(Krapf)于1942年合著的《普通旅游学概要》中对旅游的定义。由于这一定义概括全面,表述精练,得到了较为广泛的认同。后来在20世纪70年代为"旅游科学专家国际联合会"(Internationale Association of Scientific Experts in Tourism)所采用。英文缩写"AIEST"的中译文为"艾斯特",故称。这是目前在旅游学界影响较大的一个定义。

"艾斯特"定义深刻之处在于,它较全面地揭示了旅游的内涵和基本特征。旅行和逗留"引起的现象和关系的总和"的表述不仅包括了旅游者的活动,而且也涵盖了由此产生的各种社会现象和社会关系,反映了旅游活动的综合性;"非定居者"的表述体现了旅游活动的异地性;"旅行和暂时居留"及"这些人不会导致永久居留"说明了旅游活动的暂时性,并且规定了旅游活动的非定居性或非移民性;"不从事任何赚钱的活动"说明了旅游活动的非就业性。

2. 世界旅游组织关于旅游的定义(技术性定义)

旅游是指人们为了休闲、商务或其他目的离开他们的惯常环境,去往他处并在那里逗留连续不超过一年的活动。

这一定义有三个要点：一是规定了外出目的，包括休闲、娱乐、度假，探亲访友，商务、专业访问，健康、医疗，宗教/朝圣及其他；二是离开其惯常环境到其他地方的旅行；三是在外连续停留时间不超过一年。

世界旅游组织于1991年6月25日在加拿大渥太华召开了"旅游统计国际大会"，会上通过了一系列决议。会后，世界旅游组织又成立了由政府、国际组织和旅游业代表组成的指导委员会，负责制定具体贯彻渥太华会议决议的计划，并于1993年2月在纽约召开的联合国统计委员会第27次会议上通过了世界旅游组织的报告——《对旅游统计的建议》。根据这一决定，世界旅游组织制定了相关技术手册，其中提到了旅游的技术性定义。

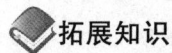 拓展知识

我国学术界关于旅游的一些代表性的定义

《中国百科大辞典》中"旅游学"部分指出："旅游是人们观赏自然风景和人文景观的旅行游览活动。包含人们旅行游览、观赏风物、增长知识、体育锻炼、度假疗养、消遣娱乐、探亲猎奇、考察研究、宗教朝觐、购物留念、品尝佳肴以及探亲访友等暂时性移居活动。从经济学观点看，是一种新型的高级消费形式。"

李天元在其《旅游学概论》中认为："旅游是人们出于移民和就业任职以外的其他原因离开长住地前往异地的旅行和暂时逗留活动，以及由此所引起的各种现象和关系的总和。"

谢彦君在《基础旅游学》中的定义为："旅游是个人以前往异地寻求愉悦为主要目的而度过的一种具有社会、休闲和消费属性的短暂经历。"

申葆嘉在《旅游学原理》中提出："旅游是产业革命以后分化自旅行的非定居者在地域上的移动和暂时逗留所引起的关系和现象的总和；他们不会导致长期居留，并且不利用旅游从事任何赚钱活动。"

魏向东在《旅游学概论》中提出："旅游是旅游者在自己可自由支配的时间内，为了满足一定的文化享受目的，如休憩、娱乐、保健、求知、增加阅历等，通过异地游览的方式所进行的一项文化体验和文化交流活动，并由之而导致的一系列社会反应和社会关系。"

资料来源：李肇荣，曹华盛. 旅游学概论[M]. 北京：清华大学出版社，2006。

（三）旅游的定义

综上所述，依据现代旅游发展的客观实际，我们将旅游的定义归纳为：旅游是人们为了审美、愉悦、休闲、商务和其他目的，离开惯常环境到异地的旅行和暂时停

留,时间不超过一年,而且不导致定居和就业的一种活动。

我们可以看到人们至少在以下三个方面已经达成共识:

第一,旅游是人们离开自己的惯常环境到异地的旅行,指明旅游活动是针对人类移动行为而言的,反映了旅游活动的移动性。

第二,旅游是离开人们的惯常环境去异地访问的活动,这反映了旅游活动的异地性。

第三,旅游是人们前往旅游目的地,并在那里作短暂停留的活动。这种短期停留有别于移民性的永久居留。这反映了旅游活动的暂时性。

 特别提示

惯常环境即人们日常居住、工作或学习的地方。人们在家庭或社区内的活动(如在家看电视或日常购物等),以及日常上班、上学都不是旅游活动。

二、旅游的基本属性

旅游作为一种复杂的社会现象,本质上具有特殊的属性,具体表现如下:

(一)文化属性

旅游的需求是在满足人类最基本的生存和安全需求以后产生的一种享受和发展的需求。这种需求既有精神的,也有物质的,但更多地表现为人们对增长见识、陶冶情操,充分获得个性满足的需求。因此,旅游需求是一定文化背景下的产物,是文化驱使的结果。没有文化的发展,就不可能激发人们的旅游动机,也就不可能产生旅游。旅游资源是旅游的吸引物,不可避免地反映了一定的社会文化环境,特别是人文旅游资源,譬如文物古迹、民族风情,都是人类生产、社会生活的产物,属于文化的范畴。所以,旅游资源自身就凝聚着人类精神文化神韵,是旅游地社会文化环境的体现。旅游设施和旅游服务则在内容和形式上也体现了鲜明的文化特色,譬如风俗习惯、文学艺术、建筑、服饰、饮食等。因此,旅游业既是一定社会文化环境创造出来的物质和非物质的旅游媒介,又是一定社会文化环境的自我表现形式。

(二)社会属性

大众旅游发端于英国的产业革命,伴随着中产阶级和相对便宜的交通方式的出现而兴起,随着社会经济的发展和现代交通工具的日新月异,旅游获得快速的增长和扩展。然而,现代科技的发展、高度的城市化以及高耸的居住形式也导致了社会关系的缩减,劳动分工和由此引起的过分专业化使人际关系交流贫乏,人与人变得较过去分隔和孤立,旅游显然适应了这一普遍的社会演变。在不同的社会条件下,人们的旅游需求受时代的强烈影响,人们的旅游消费方式也随着社会的变化而发生了很大改变。比如,过去是以集体形式为主的消费方式(乘坐公共交通车旅行),而消费品的批量生产导致了个人消费方式(驾驶私人汽车旅行)的产生。20世纪60年代,在西方兴起的3S模式——sea、sun、sand,随着人们价值观方面的变化,今天已经被崇尚个性充分发扬和实现的旅游所替代。除了旅游需求和旅游消费方式表现出社会性以外,旅游行为也体现了一种社会象征意义。20世纪中叶以前,旅游通常是那些既拥有时间又拥有金钱的上层人物从事的活动,因为这是社会地位高的标志和象征,他们花费奢侈,显示自己的社会知名度。如今这种象征性虽然有所改变,但并未完全消失。旅游不再简单地化为阶级的象征,而是通过消费和参与某些娱乐活动,归属于某一社会类别,如购买大功率的越野车等,所有这些都是一种社会类别的象征。社会的评价不仅仅限于个人所从事的职业和收入,同时也体现在他利用休闲时间的方式上。

(三) 休闲属性

从主观上来讲,人们外出旅游旨在借助各种休闲活动来调节原有的程式化生活。在旅游观光与体验的过程中,人们短暂地进入一种相对自由状态,没有了生活与工作的压力,也无须劳作,真正达到了"身"与"心"的双重休整。在旅游中所体现的休闲,是自然的、随意的、新奇的、完美的和轻松愉快的,这与日常的生活和工作相比,多的是欢快,少的是责任和压力。

从旅游的活动结构上看,旅游的休闲性主要体现在多功能娱乐的集中体现方面。在日常的社会生活中,人们在工作和劳动之余,也会有休息和休闲的时间,参加诸如观光、游览、体育健身、看电视、听音乐、访友等活动。旅游活动的休闲则是把这些休闲活动的精华集中起来,再次展现在旅游者的面前,使其在较短的时间内充分体验到休闲的欢愉性。

旅游还是人们打发闲暇时间的一种积极手段。不同于其他的一些休闲方式,旅游既可以增加知识见闻,又能扩大社会交往,许多健康身体性质的旅游活动还有益于生命机体的调适,因而备受人们的青睐。在我国,周末双休日和春节、"五一"、"十一"等法定假期是旅游的高峰期,前者适于近程旅游休闲,后者则适于到较远的距离之外去体验异域风情。

(四) 消费属性

人类的活动包括生产和消费两大领域。生产领域肩负着物质生活资料和精神生活资料的生产的使命,消费活动是指出于维持个体生存、保证劳动能力的再生产乃至实现个人的社会发展的目的而对物质生活资料和精神生活资料的耗用。就旅游而言,它不为社会也不为旅游者创造任何外在的可供消费的资料;相反,它耗费着旅游者的积蓄和他人的劳动成果。即使仅限于个人的流连山水,陶醉于大自然(而非人化)美的恩赐,他也是在消磨本可以用于创造财富的生产时间。旅游者的消费不仅贯穿于旅游者的食、宿、行、娱、购的整个过程中,同时还包含在娱乐、游览过程中所享受到的具有无形效用的精神价值中。所以,旅游不是生产行为,而是消费行为,并且是在满足了基本的生存和生活需求层次之后的高级消费形式。

三、旅游活动的构成

(一)"三要素"说

从旅游活动的角度说,旅游是涉及多方面的综合性社会文化现象,它由旅游者、旅游资源和旅游业组成。其中旅游者是旅游的主体,旅游资源是旅游的客体,旅游业是媒体。主体、客体和媒体之间相互依存,相互制约,紧密结合,共同构成旅游这一复杂的综合体,并产生经济效益、社会效益和环境效益。

1. 旅游者

在旅游活动的构成要素中,旅游者是旅游活动的主体。旅游者是旅游活动的首要条件,一切旅游活动都是围绕旅游者而进行的,没有旅游者就没有旅游活动,也就没有由旅游活动而产生的各种经济或社会现象。在旅游活动构成中,旅游主体以个体行为意向和群体市场特点向其他要素提出要求,即产生旅游需求,由此产生旅游活动的运转。旅游活动的发展历史表明,旅游实践乃是先有旅游者的活动,后有为旅游者服务的旅游从业队伍的。旅游者是旅游活动的主导性因素。他们的数量、消费水平、旅游方式等,是决定旅游业内部各种比例关系及其相互协调的主要因素。旅游资源的开发和利用,旅游业的发展规模和速度,都直接受旅游者的客源结构、旅游流向和活动变化规律的制约和影响。一个地区的旅游开发通常就是以客源市场为导向的开发。因而,旅游者是旅游活动的主体。

一个人能否成为旅游者还受多种主客观条件制约。就主观因素而言必须具有旅游动机,而客观因素则包括必须具有一定可随意支配的收入和闲暇时间,此外还有其他一些客观条件。一个人只有同时满足个人旅游需求的主观条件和客观条件才能成为现实的旅游者,实现其旅游活动。

2. 旅游资源

在旅游活动的构成要素中,旅游资源是旅游活动的客体。旅游资源是吸引旅游者、激发旅游者旅游动机的直接因素,也是旅游业借以创收的前提。因此,旅游资源是一个国家和地区旅游业赖以存在和发展的最基本条件。就旅游者的旅游活动来看,当一个人具备了外出旅游的客观条件,并且也产生了旅游需求的时候,他首先考虑的是到何处去,做何种旅游才能满足自己的旅游需求。而此时,异国他乡的自然因素、人文因素,不同的地域组合和表现特征就成为吸引旅游者前往的决定性因素。显然,如果没有旅游资源所构成的具有吸引力的环境,旅游者便不会前来访问,旅游活动也无从开展。尽管旅游者也会考虑旅游地的生活条件和服务水平,但这些都是旅游者旅游活动所派生出来的次要需求。而旅游资源由于自然和人文要素的组合不同而各具特色,既不可移动,又不可替代,只有亲临其境、亲历其事才能真切感觉,获得真正的精神满足。

所以,旅游资源是旅游活动的客观对象。一个国家和地区,旅游资源的特色和丰富程度是其旅游业发展成功的客观基础。而对旅游资源的利用与开发水平也直接影响到一国或一地区的旅游活动的规模、类型以及发展水平。

旅游资源作为旅游活动的客体,其构成要素多种多样。自然因素、人文因素或其他任何因素以及由它们共同组合所形成的综合体,均可构成对旅游者具有吸引力的环境,成为旅游资源。旅游资源的表现形式也是多种多样的,它广泛存在于客观世界中。

3. 旅游业

旅游活动的构成要素中,旅游业是旅游活动的媒体。旅游业把旅游者和旅游资源联系在一起,使旅游活动顺利开展,成为实现旅游活动的条件和手段。旅游业是旅游发展的产物,也是旅游发展的推动者。在近代旅游业产生之前,旅游活动主要是一种自发的、少数人参加的活动,旅游主体和客体直接联系;旅游者外出旅游活动大多表现为漫游探险等方式,缺乏对旅游客体的了解和认识;同时也没有基本的旅游设施和旅游服务,旅游者的旅游活动缺乏组织性并且存在诸多不便。因此,早期旅游活动规模小、范围小。而旅游业诞生之后,它在旅游者和旅游资源之间起着一种媒介和桥梁的作用,通过旅游业提供各种旅游供给以及对旅游市场进行组织,使得旅游活动方便易行。在现代大众旅游中,几乎没有旅游者不再利用旅游业提供的旅游服务。这对旅游活动的发展起了重要的刺激与促进作用,使旅游活动的规模越来越大,并使人们外出旅游的距离也越来越远。

不难看出,旅游业诞生之后,完成旅游活动的要素已不再只是旅游者和旅游资源,旅游业在客源地与目的地之间以及旅游动机与旅游目的的实现之间架起了一座便利的桥梁。利用旅游业提供的规范化的旅游模式完成旅游活动,已成为广大民众中占支配地位的旅游形式,而旅游业的发展和规划,也成为旅游目的地旅游开发的重要组成部分。旅游业作为旅游活动的媒体,已经成为推动旅游活动开展最积极、最活跃的一个因素。

旅游的主体、客体、媒体是相互联系互为制约的,它们共同构成了旅游的统一体,其中一个要素变动必然引起其他要素的相应变动。如旅游者的旅游兴趣和决策,直接影响到旅游地的选择,旅游者的客流量和流向以及旅游者的时空变化,会影响旅游地的开发规划和规模、服务设施的规模和档次需求。如果旅行社的旅游宣传很有特色,旅游地本身也具有吸引力,就会反过来影响游客流向和流量的变化,旅游地开发规划、环境保护、旅游媒体的交通运输、服务会相应受到影响,因此三者构成了一个旅游的整体。

(二)"六要素"说

从旅游者的角度看,旅游是集食、住、行、游、购、娱于一本的综合性的社会活动,这六个要素是旅游者在旅游活动中必须涉及的,是旅游者的基本旅游需求。

六个要素的地位和作用各不相同。行是六要素中非常重要的条件,它是帮助旅游者完成空间转移,从居住地到目的地的必要条件。游是六要素中最主要的环节,是旅游者最期待的内容,也是旅游者外出旅游的目的,其他五个要素都是围绕游览这个中心衍生的辅助条件。旅游质量的高低,很大程度是看游的质量如何。住是旅游者在旅行游览过程中非常重要的一个方面。旅游者通过休息放松,及时恢复体力和精力,顺利地进行第二天的游览活动。食是一种文化,也是旅游的一个重要内容。人们在旅游过程中享受各地的风味小吃、特产瓜果等,既满足了胃口,又领略了不同地区的饮食文化。通过购,旅游者可以买到有意义的旅游纪念品,馈赠亲朋好友,或是留作纪念。娱包括休闲、游戏、健身等活动,通过娱乐既丰富了旅游内容,又增加了旅游体验。

旅游六要素结构上的差异决定了产品的差异。旅游产品之所以分为观光、度假、商务等类型,与旅游六要素内部结构中哪个要素所占的主导地位相关,主导因素就是牵动旅游产品发展的内在主动力。在观光旅游产品中,"游"是主导因素,其他五个要素是为"游"配套的。在度假中"娱"为主导因素,游的地位没有观光产品那样突出。在专项旅游产品中,六要素的任何一项都可能换位为主导因素,如自驾车旅游是"行"成了主导因素,美食旅游以"食"为主导因素,购物旅游以"购"为主导因素,等等。

图 2-1 郑州方特游乐园

图 2-2 维也纳街头的马车

图 2-3 西餐

任务二 掌握旅游活动的特点和类型

情境设计

海南影视旅游红红火火

2010年,《非诚勿扰Ⅱ》带旺了三亚亚龙湾鸟巢度假村。2013年12月19日上映的《私人订制》,取景于海口观澜湖、三亚蜈支洲岛等地,无疑又为海南红火的影视旅游加了新料。

冯小刚导演拍摄《私人订制》时留下的电影道具——成人礼帐篷,现已成为新人拍摄婚纱、举办婚礼的场地,海口观澜湖特别制定了"云生活·微度假""私人订制"婚庆套餐,并为新婚爱侣们策划蜜月旅程。

据了解,当年《非诚勿扰Ⅱ》电影拍摄之后,石梅湾艾美度假酒店的知名度大大提高。酒店相关负责人表示,电影播出后,许多游客"按图索骥"前来入住或在影片拍摄地点拍照。客人在网络上寻找电影中的酒店,还致电酒店咨询拍摄电影的相关事情、预订酒店。酒店积极与旅行社合作,开发了与电影相关的套餐,该晚餐的菜单正是《非诚勿扰Ⅱ》剧中"秦奋"和"笑笑"在酒店用餐时的菜单,受到了客人的热捧。电影热映后酒店入住率有明显提高。

电视剧《爱情睡醒了》以香水湾君澜度假酒店为主要景点。有的年轻人看了电视剧后特地预订入住酒店,客人到酒店后看到电视剧照,觉得很有吸引力。电视剧播出后酒店也及时在微博和微信上进行了宣传。

三亚海棠湾康莱德酒店是《冲上云霄Ⅱ》在三亚的唯一取景酒店,酒店通过官方微博、微信等方式进行配套宣传,并在酒店官方微博上开展相关的微博互动活动。有些客人特别指定入住当时剧组取景所用的极致海景别墅。

《hold住爱》《天使的幸福》《真爱找麻烦》等影视作品都在呀诺达取景拍摄。《hold住爱》拍摄过后,很多旅行社帮助景区推动婚庆游产品,现在很多游客来景区,都到《hold住爱》主场地观海平台探寻电影的足迹,现场感受呀诺达哇哎鲁的婚庆文化。

影视作品可以通过直观化的形象,展示旅游地的美,对旅游市场产生强烈的吸引力;影视作品的艺术魅力可以激发人们的情感和情绪,使旅游地的形象诗意化。

资料来源:吴婷婷.中国旅游报,2013年12月20日,有改编。

根据以上情境,完成下列任务:
1. 讨论影视旅游属于什么类型的旅游,以及它具有哪些旅游特点。
2. 你还能举出哪些旅游形式?

任务分析

由于旅游的迅速发展,旅游的形式也随着时代的发展而变化,既有传统的观光旅游、度假旅游,也出现了许多新型旅游。不同类型的旅游活动之间也存在大量的交叉和联系。关于旅游的类型,目前尚无统一的划分标准,但旅游活动还是存在一些共性。

相关知识

一、旅游活动的特点

旅游活动是一种内容丰富、类型多样、涉及面极广的社会经济活动,是现代社会中人类的一种短期性的特殊生活方式,因而现代旅游活动与一般的社会经济活动相比有着不同的特点。

(一) 审美性

旅游是一种综合性的审美活动,它集自然美、艺术美、生活美为一体,融风光、文物、古迹、建筑、雕刻、绘画、书法、音乐、戏剧、风情、美食等于一体,可以满足人们多种多样的审美情趣。而且旅游活动本身就是一种审美的社会实践,是一种生动形象、自然具体的审美教育活动。审美性贯穿于旅游活动的各个要素。

从旅游主体看,审美追求是旅游者普遍的旅游动机之一。旅游者的旅游形式和内容可能会千差万别,但有一个共同点就是为了陶冶情操、愉悦身心,获得美的享受。旅游活动的行、游、住、食、购、娱等每一个环节都能给旅游者以美感。

从旅游客体看,旅游资源是美的载体。旅游资源同其他资源的区别,就在于它有着美学的特征,具有观赏价值。旅游资源蕴含着丰富的自然美、社会美和艺术美,对旅游者产生极大的吸引力。如图 2-4 所示。

图 2-4　长白山天池

从旅游媒体看,旅游业是创造美和生产美的行业。旅游业不同于一般产业,它生产以服务为核心的综合性产品,通过生产和提供美的景观、美的商品、美的艺术、美的服务,而以满足旅游者的高层次的物质文化需求——审美需求。

(二) 异地性

旅游是人们离开日常生活环境到另一个地方作短时期停留,欣赏异地风光,体验异族风情,身心得到充分的放松和休息。每个人都生活在一定的时间和空间,这一定的时间和空间既是人们认识客观世界的基础,也是其认识客观世界的限制。出于"求新、求乐"的心理动机,人们借助旅游以开阔眼界,增长知识,这是旅游异地性产生的主观基础。而另一方面,对旅游者产生吸引力的旅游资源,由于与旅游目的地的时空环境紧密相连而具有地理上不可移动的特点,旅游者只有克服空间障碍,离开其常住地前往旅游目的地才能实现旅游活动,这是旅游异地性产生的客观前提。一个地区的异地性越强,其对旅游者产生的吸引力就越大。

(三)流动性

旅游活动的异地性,决定了旅游具有流动性。因为旅游者为了实现旅游目的,首先要从自己的常住地转移到异地景区,然后从一个景区向另一个景区转移,这就产生了流动,也就是旅行。只有流动,游览才能获得更为广阔的空间形式,所以,旅游必须以旅行为前提。

(四)暂时性

旅游在时间上的特点,就是人们前往旅游目的地,并在那里作短期停留的访问活动。这种短期停留有别于移民性的永久居留,表现为旅游的暂时性。对于大多数旅游者而言,旅游是其利用社会工作之余的闲暇时间所从事的活动。其动机或是为了恢复体力、愉悦身心,或是为了扩大眼界、增长见识,但不论出于何种动机,旅游都是一种短期的生活方式。因为闲暇时间只是人全部时间构成中的一小部分,而休闲娱乐也只是人们在工作之余才能从事的活动,旅游是人们暂时性的行为。

(五)综合性

旅游活动的综合性集中表现在:第一,旅游活动的构成内容除包括人们通常说的行、游、住、食、购、娱六大主要方面的需求外,还包括通信、医疗、洗理、修补、入出境等方面的需求,几乎包括了人类消费需求的各个方面。第二,旅游活动既涉及自然方面的事物和因素,又涉及社会方面的事物和因素。在社会方面,既有文化的内容,又有经济、社会乃至意识形态的内容。第三,旅游需求使目的地国家或地区许多部门和行业为其提供服务。既有经济部门,也有非经济部门,经济部门有旅馆业、饮食业、交通运输业、建筑业、商业等,非经济部门有文教、卫生、公安、海关等。

二、旅游活动的类型

由于旅游活动是一种综合性的社会现象,不同类型的旅游活动之间也存在大量的交叉和联系,因此关于旅游活动的类型,目前尚无统一的划分标准。人们往往根据自己的研究目的和角度而选用不同的划分标准,下面介绍几种常见的分类方法。

(一)按地域范围划分

按地域范围可把旅游活动划分为国内旅游和国际旅游。

1. 国内旅游

国内旅游是指人们在居住国境内开展的旅游活动,通常是指一个国家的居民离开自己的常住地到本国境内其他地方的旅游活动。

根据在旅游目的地的停留时间,国内旅游又划分为过夜旅游和不过夜的一日游。国内一日游是否纳入国内旅游的统计中,各国的做法不一。

综合考察旅行距离、旅游消费水平等,国内旅游还可具体分为地方性旅游、区域性旅游、全国性旅游三种形式。

(1)地方性旅游

通常是指当地居民在本区、本市、本县范围内的旅游活动。这实际上是一种短时间、近距离的参观游览活动,多数和节假日的娱乐相结合,时间短、活动项目少,常是亲朋好友或家庭、小集体自发组织的旅游活动方式。

(2)区域性旅游

指居民离开常住地到邻近地区的风景名胜点的旅游活动,如郑州旅行社组织的上海、苏州五日游。

(3)全国性旅游

指跨多个省份的旅游活动,主要指到全国重点的旅游城市和具有代表性的著名风景地的旅游活动,如从哈尔滨到北京、西安、武汉、上海等的旅游活动属于全国性旅游。

 特别提示

根据世界旅游组织(WTO)的解释,不属于本国居民的长住性的外国人(如使馆人员)在所在国境内的旅游活动,也应归为国内旅游。

2.国际旅游

国际旅游是指跨国旅游,即一个国家或地区的居民跨越国界、地区到另一个或几个国家或地区去的旅游活动。

(1)按旅游者的流向划分

按旅游者的流向划分,国际旅游分为入境旅游和出境旅游。

①入境旅游:是指其他国家或地区的居民前来本国或本地区的旅游活动,也包括港、澳、台同胞来大陆的旅游活动。

②出境旅游:是指本国或本地区的居民到其他国家或地区所进行的旅游,也包括大陆居民前往港、澳、台地区的旅游活动。

 特别提示

我国港、澳、台地区的居民赴大陆旅游,由于台湾尚未统一,香港和澳门作为特别行政区高度自治,尤其是港澳台同胞来大陆旅游时需要交付外币,以及外汇收入对大陆地区的经济意义,仍视为入境旅游。出于类似原因,大陆居民赴上述三个地区旅游也被视为出境旅游。为了与外国人有所区别,我国有关部门针对这一特殊情况采用了"海外"一词,避开了"国际"一词。

(2)按旅游范围划分

按旅游范围划分,还可分为跨国旅游、洲际旅游和环球旅游。

①跨国旅游:泛指离开居住国到另一个国家或多个国家进行的旅游活动,以不跨越洲界为界限,如亚洲本地区的旅游。

②洲际旅游:指跨越洲际界限的旅游活动,如亚洲国家到欧洲国家。

③环球旅游:指以世界各洲的主要国家(地区)的港口风景城市为游览对象的旅游活动。如英国的"伊丽莎白女王二世号"游船,号称"千人百日游全球"的旅游活动,这种旅游形式消费大,多数属于经济富裕人士的度假观光旅游或探险旅游。

国际旅游与国内旅游的关系是,国际旅游是国内旅游的延伸和发展,国内旅游则是一国或地区旅游业发展的基础。

 **特别提示**

国际一日游

根据在旅游目的国停留时间的长短,国际旅游可划分为过夜的国际旅游和不过夜的国际一日游。在一些相互接壤的国家,这种国际一日游游客是一个重要的客源市场。但在国际旅游统计中,一般都不包括国际一日游人次,而把国际一日游游客的消费作为国际旅游收入统计在内,因为这些国际一日游游客在目的地的消费很难从当地的国际旅游收入中分出。

(二)按旅游目的划分

由于旅游者旅游动机的多种多样,导致旅游活动的内容和形式也千差万别。按照旅游者的旅游动机和主要目的来划分,可将旅游分为下列几种基本类型:

1.观光型旅游

观光型旅游是以游览观赏自然风光、城市风光、名胜古迹为目的的旅游,是最常见、最基本的旅游类型。通过观光可获得美的享受,愉悦身心,调节体力。观光型旅游的形式主要有游览自然风光、城市风光、名胜古迹、主题公园、国家公园、野生动物园等。在国外,埃及的古迹、瑞士的风光,早已成为世界各国旅游者心目中的旅游胜地。我国的北京故宫、长城，杭州西湖、安徽黄山等，已成为０旅游者的必游之地。图２－５为北京颐和园风光。

图２－５　北京颐和园

２．度假型旅游

度假型旅游是指人们利用假期进行休养和消遣的旅游活动方式。通过度假旅游，可适时改换环境，探求新的经历，调节身心节律，消除紧张与疲劳。这种旅游产生时间虽不长，但发展很迅速。特别是"二战"后，随着社会经济发展，人民收入提高，闲暇时间增多，以及交通条件改善，度假型旅游逐步普及，形式也十分多样。

度假型旅游种类较多，以传统的海滨旅游最为长盛不衰。由于海滨旅游可以避暑、避寒和充分享受阳光浴、海水浴，有利于开展水上运动和海底观光，还可以领略当地的田园风光和民俗风情，因此，海滨旅游流行于世界各地，而且涌现出了一批著名的海滨旅游度假地。例如，西班牙的"太阳海岸"、法国的"蓝色海岸"、美国的夏威夷、我国的三亚等。随着度假旅游者需求的日益现代化，度假型旅游的形式也越来越丰富，主要有乡村旅游、森林旅游、度假村或度假区旅游、野营旅游、温泉旅游等。

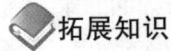拓展知识

乡村旅游的含义及发展

乡村旅游是指旅游者在乡村的自然环境或人文风情的吸引下，所进行的一系列游憩活动。简单地说，乡村旅游就是到乡村去观赏乡村的风光，了解一些乡村民情、礼仪风俗等，可以在乡村及其附近逗留、学习，体验乡村生活，也就是现在人们所谓的"农家乐"。

乡村旅游是将农业生产、农村生活和生态环境三者合为一体进行的旅游开发，其基本形式是凭借城市周边地带的农村自然景观、田园风光和农业资源，面向城市

居民开发的集观光、旅游、科普、建设、娱乐为一体的乡村旅游园区。

在西方发达国家,乡村旅游并不是一种新的旅游形式。早在19世纪,乡村旅游已作为现代人逃避工业城市污染和快节奏生活的出游方式而发展起来。由于铁路等交通设施的发展,乡村的通达性不断改善,乡村旅游发展得以促进,使欧洲阿尔卑斯山区和美国、加拿大落基山区成为世界上早期的乡村旅游地区。目前,在德国、奥地利、英国、法国、西班牙等欧洲国家,乡村旅游已具有相当规模,并且已走上规范发展的轨道,显示出极强的生命力和越来越大的发展潜力。

我国是一个历史悠久的农业大国,农业地域辽阔,自然景观优美,农业经营类型多样,农业文化丰富,乡村民俗风情浓厚多彩,在我国发展休闲农业具有优越的条件、巨大的潜力和广阔的前景。我国乡村旅游是在市场需求的促动下,在农业发展急需调整产业结构、寻找新的经济增长点的情况下应运而生的。随着我国对外开放程度的增加,农业和农村面临着前所未有的挑战,乡村农家乐旅游作为促进农业产业结构调整、充分利用农村剩余劳动力资源、维护农村社会经济可持续发展的重要途径,其发展将会越来越受到重视。虽然我国乡村旅游和农家乐起步较晚,目前才处于初级阶段,但发展十分迅速。

资料来源:红网论坛。

3. 求知型旅游

在现代社会,由于科学技术的高度发展和教育的普及,人们的受教育程度日益提高,在旅游中对知识渴求越来越强烈。"读万卷书,行万里路",从某种意义上来说,很多旅游者就是希望通过对异国他乡文化艺术、风土人情、生活方式等的了解,扩大视野,增长知识。这种类型的旅游形式主要有考古旅游、文化旅游、红色旅游、艺术欣赏旅游、民俗旅游、工业旅游、大型艺术节庆旅游、修学考察旅游等。

行业动态

北京工业游,有很多可塑空间

北京老字号企业,尤其是以"前店后厂"市场业态展现在八方来客面前的观光体验地,可谓"满天繁星",自然是这座文化名城的重要组成部分。"前店"很多已成为游人熟悉的游览地,譬如以墨汁制作闻名天下的一得阁,以装帧技术、修补古书技术广为人知的中国书店,以中成药制作享誉海内外的同仁堂,以6种独特传统工艺精制酱菜的六必居酱园等。这些老店,既留存自古至今传承下来的经营、制作场景,也存有文、图及老物件,让前来探访的游人追想不已。

北京大兴区旅游部门对于发展工业旅游有了新思路和新举措:把工业景点、农业观光、特色饮食串联起来,以相对强势的农业观光和特色风味美食带动、促进工业旅游,提出"工农餐"旅游线路的设想。"工"即工业旅游示范点,"农"即农业观光园区,"餐"即特色宴席。去年,他们联合旅行社,推出6条旅游线路,譬如三元牛奶—太阳公社采摘—杨府饭店牛头宴,留民营生态农场—雪莲羊绒—大东农业观光园—品尝大东饭店新"三八席",梦狐竹纤维工业园区—亚子草莓采摘园—品尝骑士公园"绿色骑士宴"等等。事实证明,这种"捆绑式"的品牌推介产生了可观效应:一些知名厂区的游人数量明显增加,究其原因,关键是由此实现了"留客一天"的市场营销目的,多方位、多角度实现了"连锁营销"。很多休闲观光者认为,花一笔钱既看了老厂区、老工艺,又领略到生态农业的魅力以及品尝到特色美食,可谓"一日收获满满"。

由此可以推想:既有老字号名店也有特色技艺的内联升、瑞蚨祥、一得阁、盛锡福等以"穿、戴、用"为名品向众人展示的企业,能否也来"强强联合"一把?可否既让人们在"前店"选购,也让人们近距离观看现场制作?不少可以营造工业旅游的老字号企业,像王致和腐乳厂、天源酱园、六必居食品有限公司、天福号食品有限公司等,是否可以携手联展,备有专车、专人带团参观、品尝,组合为"京城美味游览线路"?拥有数百家老字号企业的北京,只要让游客既选购到名牌商品又实现"探源"梦想,近距离观看制作流程,首都工业旅游市场态势将会有一个前所未有的突破。

资料来源:中国旅游报2013年12月20日,有改编。

4. 公务型旅游

公务型旅游是指出于职业的需要,以办展览、商务洽谈、出席会议或进行某些科学文化交流为主要目的的旅游活动。这类旅游的特点是在完成公务的同时,进行参观游览,地点一般选在旅游胜地或风景文化历史名城。随着市场经济的高度发展,公务型旅游的形式越来越多样化,主要有会议旅游、奖励旅游、大型商业活动。目前这种旅游已占到整个旅游市场的三分之一,而在豪华旅游市场中所占的比例更高。

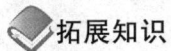拓展知识

奖励旅游

奖励旅游的目的是协助企业达到特定的目标,并对达到该目标的参与人士给予一个尽情享受、难以忘怀的旅游假期作为奖励。其种类包括:商务会议旅游、海外教育训练等,以奖励对公司运营及业绩增长有功人员。需要指出的是,奖励旅游并非一般的员工旅游,而是企业业主提供一定的经费,委托专业旅游业者精心设计的"非比寻常"的旅游活动。用旅游这一形式作为对员工的奖励,会进一步调动员

工的积极性,增强企业的凝聚力。

奖励旅游的历史可以追溯到20世纪二三十年代的美国,如今已有百分之五十的美国公司采用该方法来奖励员工。在英国商业组织给员工的资金中,有五分之二是以奖励旅游的方式支付给员工的。在法国和德国,一半以上资金是通过奖励旅游支付给员工。近年来,奖励旅游在中国也日渐受到企业的重视。多年来在北戴河、青岛等海滨城市逐步修建的疗养院,可以说是中国"奖励旅游"的雏形,但这不是真正意义上的奖励旅游。目前国内企业奖励旅游做得还很少,大多还都集中在外资企业以及像保险、直销等特殊行业。

资料来源:百度百科,作者整理。

5. 宗教型旅游

宗教型旅游是以朝圣、拜佛、求法、取经或宗教考察为主要目的的旅游活动,是世界上最古老的旅游形式之一。宗教型旅游有一个巨大而稳定的客源市场,世界三大宗教拥有教徒21亿人,每年到各个圣地朝觐的信徒无数,还包括一些非教徒的观光旅游。世界各地都有一些著名的宗教圣地,大多数都已成为宗教型旅游热点,这是宗教文化传播的方式之一。

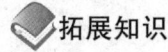拓展知识

宗教旅游胜地——梵蒂冈

梵蒂冈城是梵蒂冈国的首都、世界天主教的中心、罗马教廷所在地,位于意大利首都罗马西北角的梵蒂冈高地上,面积仅0.44平方公里,人口约1400人,常住人口仅500人。修筑在使徒圣彼得墓上的大教堂是全城的中心,也是世界上最大的宗教建筑。1984年梵蒂冈城列入世界文化与自然遗产保护名录。

图2-6 圣彼得广场

梵蒂冈是世界上的一个特殊城国,城区便是梵蒂冈国家的疆域。梵蒂冈城早在公元8世纪已成为教皇国的中心。1870年意大利王国吞并教皇国,教皇退居梵蒂冈城。1929年意大利政府同教皇签订条约,正式承认梵蒂冈城国以教皇为首的罗马教廷的存在,梵蒂冈城国的主权属于教皇,拥有自己的货币、邮政、电讯及民政机构,是政教合一的体制,教皇就是国家元首。梵蒂冈城国除在国内有一定数量的旅游收入外,国家经济依赖在国外的大量土地、投资、黄金和外汇储备,并经营着各种行业的跨国公司,是一个庞大的国际金融托拉斯。梵蒂冈城区略呈三角形,东西长1045米,南北宽805米,楼房、花园、庭院和广场各占总面积的1/3。市区著名建筑有圣彼得大教堂、圣彼得广场、梵蒂冈宫、梵蒂冈博物馆、梵蒂冈图书馆、教廷天文台等。

资料来源:昵图网。

6. 购物型旅游

购物型旅游是指以购买异地商品为主要目的,兼以游览当地名胜的旅游活动。它是随着社会经济发展,交通发达,人们生活水平提高而逐渐发展起来的一种购物与观光游览相结合的旅游方式。世界上有不少地方通过特别关税政策吸引购物旅游者,被誉为"购物天堂",例如香港、安道尔等。

7. 寻根型旅游

寻根型旅游是家庭和个人以寻根问祖、探亲访友、参加聚会或节庆活动等事务为目的的旅游活动。由于历史、政治、经济、战争的原因,在我国历史上曾发生过多次民族大迁徙,旅居国外的华侨、华人众多,侨居国外的移民及其后裔因眷恋故土,每年都有大批人士回国省亲、寻根访祖,特别以广东、福建为多。

8. 猎奇型旅游

猎奇型旅游是反映人们文化生活多样性的旅游,以领略旅游地特有的景物风貌、时令特色为目标。这种旅游形式五花八门,也叫特色旅游,主要有生态旅游、探险旅游、奇观旅游、体育旅游、太空旅游、原始地旅游等。

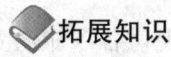
拓展知识

探险旅游

探险旅游(Adventure Travel)是旅游者到人迹罕至或险状环生的特殊环境中进行的充满神秘性、危险性和刺激性的旅行考察活动。一些人长期居住于繁华都市,厌倦了车马喧嚣的生活,很想找一个幽静而富有神奇刺激的场所体验探险乐趣。据此,很多国家开辟了探险旅游。如泰国的骑象探险旅游、丹麦的狗拉雪橇探险旅游等。另一种是以追求世界纪录为目的的冒险旅行,如乘气球环球旅行,驾脚踏飞机或滑行器飞渡海峡,驾游艇或小船周游世界,乘独木舟横渡大西洋等。而以科学考察为主要目的的探险旅游,种类繁多,如高山探险旅游、沙漠探险旅游、海洋探险旅游、森林探险旅游、洞穴探险旅游、极地探险旅游、追踪野生动物探险旅游、寻找人类原始部落探险旅游等。

在探险旅游的战略规划里给出的探险旅游的定义为"把主动性的参与活动或者户外探险活动作为首要目的或者次要动机的度假或者一日游行为"。

表2-1 大众旅游者和探险旅游者差异

	旅游对象	旅游形式	旅游参与	旅游体验
传统大众旅游者	非常广泛,包括城市景观、文化古迹、主题公园、自然山水等	形式较为单一,多为观光游玩	被动式,主体性和参与性不强	走马观花,心灵感受往往不深
探险旅游者	以相对纯净的自然环境为主	以自然环境为依托,形式多样,内容丰富	主动式,主体性和参与性强	旅游者能在对各种活动的投入中得到丰富、深刻的心灵体验

资料来源:百度百科。

(三)按组织形式划分

按组织形式划分可把旅游活动划分为团体旅游和散客旅游。

1. 团体旅游

团体旅游,也称集体综合旅游,是旅游者群体通过旅行社或旅游服务中介机构,采取支付综合包价或部分包价的方式,有组织地按预定行程计划进行的旅游消费活动。

2. 散客旅游

散客旅游也称个别旅游,是旅游者自行安排旅游行程,零星现付各项旅游费用的旅游消费活动。因为散客旅游灵活、自由,可选择性强,受到很多旅游者的喜爱。

(四)按交通方式划分

按交通方式划分可把旅游活动划分为航空旅游、铁路旅游、汽车旅游、游船旅游、徒步旅游等。

(五)按计价方式划分

按计价方式划分可把旅游活动划分为包价旅游和非包价旅游。

1. 包价旅游

是指旅行社以一定价格向市场推销的成批量组合的旅行路线产品。它分为全包价和小包价两种。前者包括一次旅游活动的全部旅游服务,后者只包括其中主要的几项服务。

2. 非包价旅游

是指旅行社根据旅游者需要按单项计价的旅游活动,主要对象是散客,所以又称散客旅游。

(六) 按年龄特征划分

按年龄特征划分可把旅游活动划分为儿童旅游、青年旅游、中年旅游和老年旅游。

(七) 按费用来源划分

按费用来源划分可把旅游活动划分为自费旅游、公费旅游、奖励旅游。

任务三　熟悉旅游组织

情境设计

9月27日是"世界旅游日(World Tourism Day)"。世界旅游日是由世界旅游组织确定的旅游工作者和旅游者的节日。1970年9月27日,国际官方旅游联盟在墨西哥城举行的特别代表大会上通过了世界旅游组织章程。为纪念这个日子,1979年9月世界旅游组织第三次代表大会正式把9月27日定为世界旅游日。为普及旅游理念,阐明旅游的作用和意义,促进世界旅游业的发展,世界旅游组织从1980年起每年都为世界旅游日确定一个主题,各国旅游组织根据每年主题和要求开展活动。中国于1983年正式成为世界旅游组织成员。

根据以上情境,完成下列任务:

1. 讨论世界旅游组织是什么机构,以及它的职能是什么。
2. 今年世界旅游日的主题是什么?

任务分析

一个国家和地区要发展旅游业,需要对其发展过程进行指导、干预和有效地组织实施各种旅游政策,这就必须成立各种旅游行政组织、旅游协会、学会及学术团体。旅游组织既有官方、半官方的,也有民间的组织。

相关知识

一、国家旅游组织

国家旅游组织,是指一个国家中为国家政府所承认,负责管理全国旅游事务的组织。成立于1901年的新西兰旅游局,是世界上最早的国家旅游组织。据统计,目前全球至少有175个国家设立了国家旅游管理部门。

(一)国家旅游行政组织的设置模式

世界各国政府建立的旅游行政组织的模式有以下几种类型:

1. 旅游委员会模式

主要是适应旅游业综合性的特点,对旅游业发展起协调作用。很多国家属于协调部门,而非权力机构,这种模式只为苏联和少数东欧国家所采用。

2. 旅游部模式

采用这种模式的国家大多为发展中国家,主要原因是发展中国家对旅游创汇的期望值很高,而旅游业具有较强的综合性特点,要实现目标,发展旅游业,甚至使其在一定程度上超前发展,就必须借助于强有力的政府机构。墨西哥、意大利、罗马尼亚、埃及等约25个国家采用这种模式。

3. 混合职能模式

这一模式的特点是,旅游管理部门并非单独设立,而是与一个或几个相关部门结合在一起发挥职能。如西班牙的交通旅游与通信部,马来西亚的文化旅游部,澳大利亚的体育、娱乐与旅游部等,有40多个国家和地区采用这种模式。还有在职能部下设旅游局,如日本在运输部下设国际观光局,美国在商务部下设旅游局,英国在就业部下设旅游局等有近30个国家和地区采用这种模式。

4. 旅游局模式

其特点是单一行使旅游管理职能,直属于内阁或国务院,规格低于部。目前,中国、朝鲜、泰国等10多个国家和地区采用这种模式。

由于各国情况不同,国家旅游行政组织的形式也不一样。它的作用大小,也要根据该国旅游业的发展和政府对旅游业的干预情况而定。一般来说,处于旅游业发展初期,或准备高速发展旅游业的国家,政府对旅游业的发展起决定性的作用,旅游行政组织则作为一个政府部门而存在,而在旅游业比较发达,私人企业非常活跃的国家或地区,具有独立法人地位的半自决权性质的旅游行业组织更适合于行使全国性旅游组织的职能。

(二)国家旅游行政组织的职能

1. 负责制定国家旅游发展总体规划。确定旅游业在国民经济发展中的地位,制定旅游发展的战略目标和规划,对旅游业进行综合平衡和宏观调控。

2. 制定旅游政策和法规。拟定旅游业发展的方针政策、行政法规和行业标准并负责组织实施,协调旅游发展的各部门之间的利益关系。

3. 运用行政职权,控制旅游业的发展规模与速度,调节市场价格,控制客流量,保证旅游服务的质量。

4. 负责国内旅游市场的宏观管理和国际旅游市场的宣传促销和推广拓展。

5. 制定和管理出入境旅游事务。

6. 调查研究、统计分析旅游业的供求状况,帮助制定旅游营销策略。

7. 对旅游企事业单位实施行业监管,依法审批和监督检查。

8. 管理和指导旅游教育培训与就业。

(三) 我国旅游行政组织

从新中国成立到现在,我国旅游业的管理体制大致经历了三个时期。1964年以前,国家旅游业刚起步,全国没有管理旅游业的专门机构。1964年,正式成立了由国务院领导的中国旅行游览事务管理局,负责管理全国的国际旅游工作。1978年,中国旅行游览事业管理总局成立,随后各省、自治区、直辖市也相继成立了旅行游览事业管理局,负责全国和各省、自治区、直辖市的旅游管理工作,政企仍然没有分开。1982年8月,国家旅游局成立,确立了其作为国务院旅游行业主管部门的地位,同时,各省、自治区、直辖市也相继设立了旅游局,并逐步实现了政企分开。

1. 国家旅游局

中国国家旅游局设立于1982年,其前身是1978年设立的中国旅行游览事业管理总局。国家旅游局直属国务院领导,是我国最高的旅游行政管理机构。

我国旅游业选择的是政府主导型的旅游发展战略,各级旅游行政管理组织在负责管理旅游事务中发挥着重要的作用。我国的旅游行政管理机构分为三个层次,即国家旅游局、省(自治区、直辖市)旅游局和市(县)旅游局。

国家旅游局(CNTA)的主要职能是:

(1) 研究拟定旅游业发展的方针、政策和规划,研究解决旅游经济运行中的重大问题,组织拟定旅游业的法规、规章及标准并监督实施。

(2) 协调各项旅游相关政策措施的落实,特别是假日旅游、旅游安全、旅游紧急救援及旅游保险等工作,保证旅游活动的正常运行。

(3) 研究拟定国际旅游市场开发战略,组织国家旅游整体形象的对外宣传和推广活动,组织指导重要旅游产品的开发工作。

(4) 培育和完善国内旅游市场,研究拟定发展国内旅游的战略措施并指导实施,监督、检查旅游市场秩序和服务质量,受理旅游者投诉,维护旅游者合法权益。

(5) 组织旅游资源的普查工作,指导重点旅游区域的规划开发建设,组织旅游统计工作。

(6)研究拟定旅游涉外政策,负责旅游对外交流合作,代表国家签订国际旅游协定,制定出境旅游、边境旅游办法并监督实施。

(7)组织指导旅游教育、培训工作,制定旅游从业人员的职业资格制度和等级制度并监督实施。

(8)指导地方旅游行政机关开展旅游管理工作。

(9)负责局机关及在京直属单位的党群工作,对直属单位实施领导和管理。

(10)承办国务院交办的其他事项。

国家旅游局内设7个部门,分别是:办公室(综合协调司)、政策法规司、旅游促进与国际联络司、规划发展与财务司、质量规范与管理司、人事劳动教育司、老干部办公室。

国家旅游局有6个直属单位,分别是:国家旅游局机关服务中心、国家旅游局信息中心、中国旅游研究院、中国旅游报社、中国旅游出版社、中国旅游管理干部学院。

2. 地方旅游局

目前,全国已有30多个省级旅游局,14个计划单列市和数百个省辖市都设立了旅游局,县级旅游局则达500多个,已经初步形成了多级式的旅游行政管理体系。从职责上看,国家旅游局以制定产业政策为重点,省级旅游局以完善市场规划为重点,市级旅游局以维持市场秩序为主。

二、旅游行业组织

旅游行业组织是指为加强行业之间及旅游行业内部沟通与协作,实现行业自律,保护消费者权益,同时促进旅游行业内部各单位的发展而形成的各类组织。旅游行业组织通常是一种非官方组织,各成员采取自愿加入的原则,行业组织所制定的规章、制度和章程对非会员单位不具有约束力。

总的来说,旅游行业组织具有服务和管理两种功能,但行业组织的管理职能与政府旅游管理机构的不同,它不带有任何行政指令性和法规性,其有效性取决于行业组织本身的权威性和凝聚力。

(一)国际性的旅游行业组织

1. 世界旅游组织

世界旅游组织(World Tourism Organization)是联合国系统的政府间国际组织,其宗旨是促进和发展旅游事业,使之有利于经济发展、国际间相互了解、和平与繁荣。主要负责收集和分析旅游数据,定期向成员国提供统计资料、研究报告,制定国际性旅游公约、宣言、规则、范本,研究全球旅游政策。它的前身是国际官方旅游联盟,1975年改为现名,总部设在西班牙首都马德里。

世界旅游组织成员分为正式成员(主权国家政府旅游部门)、联系成员(无外交实权的领地)和附属成员(直接从事旅游业或与旅游业有关的组织、企业和机构)。联系成员和附属成员对世界旅游组织事务无决策权。截至2005年11月,世界旅游组织有正式成员144个。

世界旅游组织的组织机构包括全体大会、执行委员会、秘书处及地区委员会。其中全体大会为最高权力机构,每两年召开一次,审议该组织重大问题。2003年10月,世界旅游组织第15届全体大会在北京举行。执行委员会每年至少召开两次。执委会下设五个委员会:计划和协调技术委员会、预算和财政委员会、环境保护委员会、简化手续委员会、旅游安全委员会。秘书处负责日常工作,秘书长由执委会推荐,大会选举产生。地区委员会系非常设机构,负责协调、组织本地区的研讨会、工作项目和地区性活动。每年召开一次会议。共有非洲、美洲、东亚和太平洋、南亚、欧洲和中东6个地区委员会。

世界旅游组织确定每年的9月27日为世界旅游日。为不断向全世界普及旅游理念,形成良好的旅游发展环境,促进世界旅游业的不断发展,该组织每年都推出一个世界旅游日的主题口号。

1975年5月,世界旅游组织承认中华人民共和国为中国唯一合法代表。1983年10月5日,该组织第五届全体大会通过决议,接纳中国为正式成员国,成为它的第106个正式会员。1987年9月,在第七次全体大会上,中国首次当选为该组织执行委员会委员,并同时当选为统计委员会委员和亚太地区委员会副主席。1991年,再次当选为该组织执委会委员。

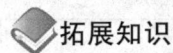 拓展知识

世界旅游组织历年世界旅游日的主题口号

年份	主题口号
1990	旅游:有待认识的产业,有待开发的服务
1991	旅游发展的动力:通信、信息和教育
1992	旅游:促进社会经济发展和各国人民了解的途径
1993	争取旅游发展与环境保护的永久和谐
1994	高质量的服务、高质量的员工、高质量的旅游

续表

年份	主题口号
1995	世界旅游组织:为世界旅游服务20年
1996	旅游业:增进世界和平与谅解的因素
1997	旅游业:21世纪创造就业和环境保护的主导力量
1998	公私部门的合作是旅游业发展和推进的关键
1999	旅游业:为新世纪而保护世界自然遗产
2000	科技和自然:21世纪旅游业发展的双重挑战
2001	旅游业:为和平与文明对话服务的工具
2002	生态旅游:可持续发展的关键
2003	旅游:消除贫困,创造就业和社会和谐的推动力
2004	旅游拉动就业
2005	旅游和交通——从儒勒·凡尔纳的幻想到21世纪的现实
2006	旅游让世界受益
2007	旅游为妇女敞开大门
2008	旅游:应对气候变化挑战
2009	庆祝多样性
2010	旅游与生物多样性
2011	旅游——连接不同文化的纽带
2012	旅游业与可持续能源:为可持续发展提供动力
2013	促进旅游业在保护水资源上的作用

资料来源:百度网。

2. 太平洋亚洲旅游协会

太平洋亚洲旅游协会(PACIFIC SALA TRAVEL ASSOCIATION,简称PATA)原名太平洋地区旅行协会,1952年1月成立于夏威夷檀香山,协会总部设在美国旧金山。现任主席(秘书长)为拉特纳帕拉先生(MR RATNAPALA)。

太平洋亚洲旅游协会是一个具有广泛代表性和影响力的民间国际旅游组织,

在整个亚太地区以至世界的旅游开发、宣传、培训与合作等多方面发挥着重要作用。协会的宗旨是促进亚太地区旅游业的发展，因此受到亚太地区各国旅游业界的普遍重视。

3. 世界旅行社协会

世界旅行社协会（World Association of Travel Agencies，Wata）是一个国际性的旅游组织，创建于1949年，总部在瑞士的日内瓦。该协会由237家旅行社组成，其中半数以上为私营企业，分布在86个国家的208个城市中。

世界旅行社协会旨在推动旅游业的发展，收集和传播信息，参与有关发展旅游业的商业和财务工作。

该协会出版《世界旅行社协会万能钥匙》，每年一期，免费提供给各旅行社。该刊是一份提供最新信息的综合性刊物，主要刊登会员社提供的各种服务项目的价目表，还刊登各国旅行社提供的国家概况和饭店介绍等。

4. 世界旅行社协会联合会

世界旅行社协会联合会（Universal Federation of Travel Agents' Association，UFTAA）是最大的民间国际旅游组织。其前身是1919年在巴黎成立的欧洲旅行社和1964年在纽约成立的美洲旅行社，1966年10月由这两个组织合并组成，并于1966年11月22日在罗马正式成立。总部设在比利时布鲁塞尔。

该会宗旨是，负责国际政府间或非政府间旅游团体的谈判事宜，代表并为旅游工业和旅行社的利益服务。

该会出版发行《世界旅行社协会联合会议使报》（月刊）（《Courrier Uftaa》）。

5. 国际旅馆协会

国际旅馆协会（International Hotel Association，IHA）是旅馆和饭店业的国际性组织，于1947年在法国巴黎成立，总部设在巴黎。

国际旅馆协会的宗旨是：联络各国旅馆协会，并研究国际旅馆业和国际旅游者交往的有关问题；促进会员间的交流和技术合作；协调旅馆业和有关行业的关系；维护本行业的利益。

国际旅馆协会设有9个委员会：财务委员会、法律委员会、经济政策研究委员会、出版发行委员会、宣传推销委员会、旅行社事务委员会、旅馆专业培训委员会、季节性旅馆和旅游胜地旅馆事务委员会、会员联系事务委员会。

该协会出版发行信息性双月刊《对话》、《国际旅馆和餐馆》月刊和《国际旅馆评论》季刊以及《国际旅馆指南》、《旅行杂志》和《旅游机构指南》（年刊）等。

（二）我国的旅游行业组织

1. 中国旅游协会

中国旅游协会（China Tourism Association，CTA）是由中国旅游行业的有关社团组织和企事业单位在平等自愿基础上组成的全国综合性旅游行业协会,具有独立的社团法人资格。它是1986年1月30日经国务院批准正式宣布成立的第一个旅游全行业组织。1999年3月24日经民政部核准重新登记。协会接受国家旅游局的领导、民政部的业务指导和监督管理。

中国旅游协会现有理事163名,各省、自治区、直辖市和计划单列市、重点旅游城市的旅游管理部门、全国性旅游专业协会、大型旅游企业集团、旅游景区(点)、旅游院校、旅游科研与新闻出版单位,以及与旅游业紧密相关的行业社团都推选了理事。协会的组成具有广泛代表性。

中国旅游协会根据工作需要设立了5个分会和专业委员会,分别进行有关的专业活动,即旅游城市分会、旅游区(点)分会、旅游教育分会、妇女旅游委员会和旅游商品及装备专业委员会。

在中国旅游协会指导下,有4个相对独立开展工作的专业协会:中国旅行社协会、中国旅游饭店业协会、中国旅游车船协会和中国旅游报刊协会。到1995年底,该协会有团体会员620家。《中国旅游》和《中国饭店》两种杂志为协会负责出版的刊物。

2. 中国旅行社协会

中国旅行社协会(China Association of Travel Services,CATS)成立于1997年10月,是由中国境内的旅行社、各地区性旅行社协会或其他同类协会等单位,按照平等自愿的原则结成的全国旅行社行业的专业性协会,是经中华人民共和国民政部正式登记注册的全国性社团组织,具有独立的社团法人资格。协会接受国家旅游局的领导、民政部的监督管理和中国旅游协会的业务指导。协会会址设在北京。

中国旅行社协会的宗旨是遵守国家的宪法、法律、法规和有关政策,遵守社会道德风尚,代表和维护旅行社行业的共同利益和会员的合法权益,努力为会员服务,为行业服务,在政府和会员之间发挥桥梁和纽带作用,为中国旅行社行业的健康发展作出积极贡献。

《旅行社之友》为协会会刊,每月一期,免费为会员单位送阅。

3. 中国旅游饭店业协会

中国旅游饭店业协会(CTHA)成立于1986年2月,经中华人民共和国民政部登记注册,具有独立法人资格,其主管单位为国家旅游局。

中国旅游饭店业协会是中国境内的饭店和地方饭店协会、饭店管理公司、饭店用品供应厂商等相关单位,按照平等自愿的原则结成的全国性的行业协会。

中国旅游饭店业协会的宗旨是:遵守国家法律法规,遵守社会道德风尚,代表中国旅游饭店业的共同利益,维护会员的合法权益,倡导诚信经营,引导行业自律,规范市场秩序。在主管单位的指导下,为会员服务,为行业服务,在政府与企业之间发挥桥梁和纽带作用,为促进中国旅游饭店业的健康发展作出积极贡献。

中国旅游饭店业协会下设饭店金钥匙专业委员会。

中国旅游饭店业协会于1994年正式加入国际饭店与餐馆协会(IH&RA),成为其国家级协会会员。

到1995年年底,该协会有团体会员1305家,出版《中国旅游饭店》、《会员饭店报刊集锦》等刊物。

4. 中国旅游车船协会

中国旅游车船协会(China Tourism Automobile and Cruise Association)(缩写为CTACA)。

中国旅游车船协会是由中国境内的旅游汽车、游船企业和旅游客车及配件生产企业、汽车租赁、汽车救援等单位,在平等自愿基础上组成的全国旅游车船行业的专业性协会,是非营利性的社会组织,具有独立的社团法人资格。协会于1988年成立,现有会员200余家。

5. 中国旅游报刊协会

中国旅游报刊协会(China Association of Tourism Journals,CATJ)成立于1993年8月25日,会址设在北京,是由全国与旅游信息传播相关的报纸、期刊、大众传媒单位及相关单位的报刊,按平等自愿原则组成的全国性专业组织。本会是非营利性社会团体,具有独立的社团法人资格。

协会的宗旨是:遵守中华人民共和国宪法和法律,遵守国家有关旅游和新闻的法规,遵守社会道德风尚,代表和维护会员的共同利益和合法权益,努力为会员服务,为政府服务,为行业服务,在政府部门和会员之间发挥桥梁和纽带作用,团结全国各类传播旅游信息的报刊和大众媒体,为促进旅游业持续、快速、健康发展作出积极贡献。

案例分享

老李的探亲算不算旅游?

老李夫妇是农民,辛苦了大半辈子,把三个孩子培养长大。孩子们都很争气,如今事业有成,建立了幸福的家庭。为了尽孝心,孩子们争相邀请父母来家定居。大儿子是北京一高校的老师,二儿子是上海一外企的经理,小女儿定居在美国纽约。老李夫妇先在美国女儿家住了两年,在女儿的资助下游览了美国很多旅游景点。他们后来又到大儿子家住了半年,游览了北京的名胜古迹,最后到二儿子家住了两个月,参观了上海外滩、世博园等景点,最后回到自己家里。老李夫妇的参观游览是不是旅游?为什么?

分析：老李夫妇到美国探望小女儿的行为不能算作旅游，因为旅游是人们离开惯常环境到异地的旅行和暂时停留，时间不超过一年。而老李夫妇在美国已经居住了两年，他们的行为不是旅游。老李在北京和上海停留时间没有超过一年，游览了当地的旅游景点，这些是旅游行为。

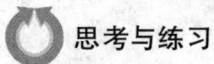
思考与练习

一、填空题

1. 旅游具有社会属性、文化属性、_____和_____。
2. 旅游活动是由旅游者、旅游资源和_____构成。
3. 按地域范围，可把旅游活动划分为_____和_____。
4. 按组织形式，可把旅游活动划分为_____和_____。
5. 目前我国的国家旅游行政组织是_____。

二、选择题

1. 我国大陆居民赴香港旅游属于（ ）。
   A. 区域性旅游　　B. 全国性旅游　　C. 出境旅游　　D. 跨国旅游
2. 乡村旅游属于（ ）。
   A. 观光型旅游　　B. 度假型旅游　　C. 求知旅游　　D. 猎奇旅游
3. 世界旅游组织属于（ ）。
   A. 旅游行政组织　B. 旅游行业组织　C. 旅游企业组织　D. 旅游法人组织
4. 英国驻中国大使馆的工作人员在我国进行的旅游活动属于（ ）。
   A. 国内旅游　　　B. 国际旅游　　　C. 出境旅游　　D. 跨国旅游
5. 美国在商业部下设旅游局，这种管理模式属于（ ）。
   A. 旅游委员会模式　B. 旅游部模式　　C. 混合职能模式　D. 旅游局模式

三、判断题

1. 我国港、澳地区的居民来大陆旅游，属于国内旅游，由于台湾尚未统一，台湾同胞来大陆旅游属于入境旅游。
2. 人们日常的上班、上学都不是旅游活动。
3. 由于各国情况不同，国家旅游行政组织的形式也不一样。我国国家旅游行政组织采用的是旅游部的模式。
4. 旅游在时间上的特点，就是人们前往旅游目的地，并在那里做短期停留的访问活动，停留时间不能超过半年。

四、问答题
1. 如何理解旅游的概念？
2. 现代旅游活动有哪些特点？
3. 按旅游活动内容划分,旅游活动有哪些类型？
4. 简述我国旅游行政组织的设立。

五、实训项目
调查一下你周围的人去过哪些景点旅游,在什么时候去的,旅游地的风光如何,旅游回来之后有何感受。

项目三　分析旅游者

学习目标

1. 掌握旅游者的技术性定义，了解各个国家和机构对国际旅游者和国内旅游者的概念界定。
2. 掌握旅游者形成的主观条件和客观条件。
3. 掌握旅游者主要类型的划分，理解不同类型旅游者的主要特征。
4. 能够针对不同类型的旅游者提供有差异的旅游产品和服务项目。

项目分析

旅游活动的开展首先要有愿意参与旅游活动的群体，即旅游者，旅游者是旅游活动的施动者，也是旅游活动的主体；其次要有可供旅游者开展旅游活动的客体，主要指旅游资源；再次要有能够将二者联系统一起来的媒介，即旅游业。这三者构成了旅游活动的三大要素。旅游资源的开发建设与旅游业业务的开展都是围绕旅游者展开的，旅游活动本身就是旅游者的活动。因此，有必要研究旅游者的概念，分析旅游者的形成条件，并划分旅游者的类型，这也正是本项目着力解决的问题。

任务一　了解旅游者的概念

情境设计

小玲是某大学的学生，父亲在法国做珠宝生意。去年，小玲随回国探亲的父亲一起去法国度过了暑假。因旅游旺季，中国至法国的直飞机票较为紧张，他们在俄罗斯的莫斯科机场转机，并停留了近7个小时。小玲逛了莫斯科机场内的免税商店，并购买了心仪已久的名包。在法国，她去了卢浮宫、凯旋门、爱丽舍宫、巴黎圣母院，并品尝了法国的美食。

结合以上情境，完成下列任务：
1. 讨论小玲父女的法国之行是否属于旅游。为什么？
2. 讨论小玲在俄罗斯是否旅游了。为什么？

任务分析

对旅游者的定义就像对旅游的定义一样,众说纷纭,并不定论。本节我们主要对国内外关于"国际旅游者"和"国内旅游者"的典型概念进行介绍,帮助大家了解、认识旅游者。

相关知识

"旅游者"一词最早见于1811年英国出版的《牛津词典》,英文是"tourist",意思是"以观光游览为目的的外来游客"。1876年瑞士出版的《世纪大百科词典》中,把旅游者定义为"好奇、无聊,为了得到愉快而旅行的人"。在生活中,人们通常认为:旅游者就是暂时离家到异国他乡旅行或访问的人,出行的目的可以是就业和移民以外的任何原因。而对旅游者的界定通常分为两类,一类是理论界所作的概念性定义;另一类是各国地方政府为了统计方便所做的技术性定义。技术性定义一直重视旅游者是否跨越国境的问题,因此形成了对旅游者最基本的分类,即国际旅游者和国内旅游者。

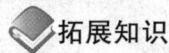
拓展知识

旅游者的概念性定义与技术性定义的区别

学者提出的旅游者的概念性定义明确了旅游者的本质属性,为旅游学研究奠定了基础。但它很难确定哪些人是旅游者,哪些人不是旅游者。对旅游者的界定,当前普遍采用的是各国或地方政府及旅游组织出于统计数据的准确性和可比性目的提出的技术性定义,它具有量化或明确限定的标准。

一、国际旅游者

(一)国际联盟的定义

国际联盟统计专家委员会的定义——最早的国际旅游者半官方定义

1937年,国际联盟统计专家委员会对"国际旅游者"或"外国旅游者"做出如下规定:"旅游者就是离开自己的居住国,到另一个国家访问至少24个小时的人"。这一定义对国际旅游者的人员构成进行了界定:

1. 国际旅游者主要包括为了消遣、娱乐、家庭和健康等原因而进行旅行的人;为了出席国际会议或作为公务代表而出国旅行的人;为了商务目的而出国旅行的人;在海上巡游过程中停靠某地,即使逗留时间不足 24 个小时的人。

2. 非国际旅游者主要包括不论是否签订合同而到另一国家就业任职的人;到国外定居者;到国外学习,膳宿在校的学生;住在边境的居民越过边境到邻国去工作的人;途经一个国家但不作法律意义上停留的人,不管其停留多久时间。

该定义统一了各国对外国来访旅游者的统计口径。这对当时的旅游统计、市场研究及旅游业发展起到了重要作用,被国际旅游组织一直沿用至 1963 年。

(二)罗马会议的定义

1963 年,联合国在罗马召开了国际旅游会议(简称罗马会议),对国际联盟的定义进行了修订和补充。

1. "游客"的提出

罗马会议对国际旅游者的统计口径作出了新的规范,提出把纳入旅游统计中的来访人员统称为"游客"(Visitors)。这里的游客就是旅游理论研究中泛称的旅游者。

2. 对游客的分类

根据游客停留时间的长短,把游客分为旅游者(或称为过夜游客)和短程游览者(或一日游游客),并做以下解释:

(1)游客。游客是指"除为获得有报酬的职业以外,基于任何原因到一个非定居国访问的人"。

(2)旅游者。旅游者是指到一个国家短期访问至少停留 24 个小时以上的游客,访问的目的可以是消遣活动(包括娱乐、度假、疗养保健、学习、宗教和体育活动等),也可以是工商业务、家庭事务、公务会议等。

(3)短程游览者(或一日游游客)。短程游览者(或一日游游客)指到一个国家作短暂访问逗留不足 24 个小时的游客,但不包括那些在法律意义上并未进入所在国的过境游客(如没有离开机场中转区域的航空游客)。

> 拓展知识

罗马会议"游客"定义的基本特点

1. 将所有纳入旅游者统计的来访者统称为"游客"。
2. 以来访者的定居国或常住国,而不是以国籍为标准来确定其是否为旅游者统计中的游客。
3. 以游客的停留时间是否超过 24 个小时为标准,将"游客"分为过夜"旅游者"和不过夜的"一日游游客"。
4. 根据访问目的来确定来访者是否属于"游客"。把非消遣型的访问者也纳入到游客的范畴,可操作性更强。

资料来源:张杰,陈岩.旅游学概论[M].格致出版社,上海人民出版社.2013,9:85-85

罗马会议修订的国际旅游者技术性定义的可操作性和实用性更强,并且于1968年被联合国统计委员会和国际官方旅游组织联盟正式通过,1970年经济合作与发展组织(OECD)旅游委员会也采纳了这一定义,同年世界旅游组织(UNWTO)再次重申将这一定义作为本组织对纳入统计旅游人员范围的解释,并建议各国都采用这一定义。1981年,世界旅游组织在《国内与国际旅游统计资料收集与提供方法手册》一书中,对国际游客与非国际游客的统计口径进行了界定,并在全世界推广。

(三)世界旅游组织的定义

1981年,在出版的《国内与国际旅游统计资料收集与提供方法手册》一书中,世界旅游组织对国际游客的统计口径进行界定。1991年,在加拿大举办的"旅游统计国际大会"上,世界旅游组织对国际游客的概念再次进行修订。1995年,经联合国统计委员会通过后,向全球推广使用。目前,大多数国家都接受1995年世界旅游组织和联合国统计委员会的定义,从而实现了国际游客相关概念的基本统一。

1. 国际游客的定义

国际游客指到常住国以外的另一个国家旅行,停留时间不超过一年,主要目的不是为了从访问国获取经济利益的人。

2. 可以列为国际游客的人员

为了娱乐、医疗、宗教、家庭事务、体育、会议、学习或过境而进入另一个国家者;中途停留的外国轮船船员或飞机组组员;停留时间不到一年的外国商业或企业人员,包括安装机械设备的技术人员;持续时间不足一年的国际团体雇员或回国短暂停留的旅行侨民。

3. 不属于国际游客的人员

向目的国移民或在该国谋求职业者;因外交或军事目的而进行访问的人员及其随从;避难者、流浪者或边境往来工作人员;逗留时间超过一年的人。

4. 国际游客的分类

(1)国际旅游者(international tourist),指在目的地国的住宿设施中至少度过一夜的游客。

(2)短途国际旅游者(international excursionists),指不在目的地国住宿设施中过夜的游客,其中包括乘坐游船的乘客,这些乘客可能在所停靠的港口地区进行多日访问但每天回到船上住宿。短途国际游览者不包括正在过境途中的乘客,如降落于某个国家但未办理入境手续的航空班机过境乘客。

(四)我国的定义

随着我国对外开放政策的实施和旅游业的发展,我国的旅游统计工作也开始进行。

1. 我国对入境旅游者的统计规定

我国国家统计局于1979年对入境旅游者的身份作了规定,凡纳入我国旅游统计的来华旅游入境人员统称为海外游客。具体来说,海外游客(国际游客)是指来我国参观、旅行、探亲、访友、休养、考察或从事贸易、业务、体育、宗教活动、参加会议等的外国人、华侨和港澳台同胞。其中,外国人指非我国国籍的人,含加入外籍的中国血统华人;华侨是指持有中国护照,但侨居在外国的中国同胞;港澳台同胞是指居住在我国香港、澳门地区和台湾省的中国同胞。还规定了下列八种人不属于国际旅游者。

(1)应邀来华访问的政府部长以上官员及其随行人员;
(2)外国驻华使领馆官员、外交人员以及随行的家庭服务人员和受赡养者;
(3)在我国驻期已达一年以上的外国专家、留学生、记者、商务机构人员等;
(4)乘坐国际航班过境,不需要通过护照检查进入我国口岸的中转乘客;
(5)边境地区往来的边民;
(6)回大陆定居的华侨、港澳台同胞;
(7)已在我国大陆定居的外国人和原已出境又返回我国大陆定居的外国侨民;
(8)归国的我国出国人员。

关于上述规定有两点需要说明,第一,该规定主要是从入境者的定居地、来访目的加以划分的;第二,虽没有明确的停留时间限定,即是否超过24个小时作为旅游者的标准,但是除了个别与港澳接壤的地区(如深圳、珠海等)及其他边境城镇外,绝大多数来访者进入内地都需停留24个小时以上,所以这个规定和国际上对国际游客的定义内容基本相符。

同时,我国把入境游客分为入境(过夜)旅游者和入境一日游游客。

(1)入境(过夜)旅游者,指入境游客中,在我国旅游住宿设施内至少停留一夜的外国人、华侨、港澳台同胞。
(2)入境一日游游客,指入境游客中,未在我国旅游住宿设施内过夜的外国人、华侨、港澳台同胞。入境一日游游客应包括乘坐游船、游艇、火车、汽车来华旅游,在车(船)上过夜的游客和机、车、船上的乘务人员,但不包括在境外(内)居住而在境内(外)工作、当天往返的港澳同胞和周边国家的边民。

2. 我国对出境游客的统计规定

我国国家旅游局在《中国旅游统计年鉴》中,将出境游客划分为出境(过夜)旅游者和出境一日游游客两大类。

出境(过夜)旅游者是指我国大陆居民出境旅游,并在境外其他国家或地区的旅游住宿设施内至少停留一夜的游客。出境一日游游客是指我国大陆居民出境旅游,在境外停留时间不超过 24 个小时,并未在境外其他国家或地区的旅游住宿设施内过夜的游客。

特别提示

对旅游者概念性定义的看法

旅游者的概念性定义突出强调了旅游的目的,包括观光、经济、愉悦等。旅游者的背景不同,旅游目的就会有很大的区别。旅游者在旅游活动过程中会主动地、有意识地寻求满足感,改变惯常环境中的生活状态,放松身心。旅游就是一个为满足物质和精神文化需求而寻求身心愉悦的过程。

以上这些定义突出地体现了对旅游者身份判定所需要考虑的三个因素,即目的判定、居住地判定和时间判定。根据对上述国际旅游者技术性定义的分析和理解,对国际旅游者进行界定时,所采用的技术性指标主要涉及旅游者访问的主要目的是否是获取报酬,在旅行中以任何形式获取报酬者都不能被称为旅游者。旅游者是否离开惯常环境?惯常环境通常指旅游者的常住国和常住地,而不是旅游者的国籍。持续停留时间是否少于 12 个月或 24 个小时?逗留在 12 个月以内的才被称为游客,超过 12 个月的被称为非游客;旅游未达到 24 个小时的是短程旅游者(或一日游游客),超过 24 个小时的才被称为旅游者(或过夜游客)。

二、国内旅游者

目前,对国内旅游者的定义也没有统计的标准。较有影响力的有以下几种定义。

(一)国际旅游组织对国内旅游者的界定描述

1. 国际旅游组织对国内旅游者的定义

(1)世界旅游组织的定义。1984 年,为了国际统计与分析的可比性,世界旅游组织把国内旅游者定义为"任何以消遣、闲暇、度假、体育、商务、公务、会议、疗养、学习和宗教为目的,在其居住国,不论国籍如何,所进行 24 个小时以上、一年之内旅行的人,均视为国内旅游者",国内旅游者和国际旅游者的区别在于是否跨越国界,同时将国内游客划分为国内旅游者(旅行时间超过 24 个小时)和国内不过夜游

览者(旅行时间短于24个小时)。

(2)联合国统计委员会的定义。1991年世界旅游组织在国际旅行和统计年会上,进一步确认罗马会议的定义,并重申游客、旅游者和一日游游客等概念在旅游研究和统计中的重要性。据此,联合国统计委员会对国内旅游者的定义是"任何前往其常住国国内,但在自己的常住环境以外的某个地点进行为期不超过12个月的旅行者,其旅行目的不是进行从该地区获得报酬的活动"。

2. 国际组织对国内旅游者的分类

与对国际旅游者的分类相似,世界旅游组织和联合国统计委员会将国内旅游者统称为游客,并划分为以下两种:

(1)国内旅游者。指在本国某一旅游目的地旅行超过24个小时而不足一年的人,即过夜游客。其目的是休闲、度假、运动、商务、会议、学习、探亲访友、健康或宗教。然后补充规定国内旅游者不包括那些外出就业的人。

(2)国内一日游游客。指基于以上任何一个目的并在目的地逗留时间不超过24个小时的人,即不过夜游客。

(二) 欧美国家的定义

1. 北美国家的定义

美国和加拿大的技术性定义,都强调旅游者外出的距离,规定旅行单程超过50英里才能称为旅游者,而不强调旅游者旅行的时间或旅行者是否在外过夜。

(1)美国。美国国家旅游资源评审委员会的定义:旅游者是指为了出差、消遣、个人事务或出于工作而上下班之外的其他任何原因而离家外出旅行至少50英里(单程)的人,而不管其是否在外过夜还是当日返回。美国人口统计局和旅游资料中心还规定下述情况不能列为旅游者:火车、飞机、货运卡车、长途汽车和船舶的驾驶及乘务人员的工作旅行;因上下班而往返于某地的旅行;学生上学或放学的日常旅行。

(2)加拿大。加拿大指出,国内旅游者是指到离开其所居社区边界至少50英里以外的地方去旅行的人。

2. 欧洲国家的定义

英国英格兰旅游局的定义强调旅游者必须在外过夜至少一次。而法国的国内旅游者定义则强调旅游者外出旅行的时间,要求在24个小时至4个月之间。

(1)英国。英国英格兰旅游局指出国内旅游者是基于上下班以外的任何原因离开居住地外出旅行过夜至少一次的人。

(2)法国。法国提出旅游者是基于下列原因离开自己的主要居所,外出旅行超过24个小时但未超过4个月的人。这些原因主要包括消遣、健康、出差或参加各种形式的会议、商务旅行、修学旅行。但下列人员不在国内旅游者的范畴之列:

外出活动不超过24个小时的人;为了就业或从事职业活动而前往某地的人员;到某地定居的人;在异地就学、膳宿在学校的学生及现役军人;到医疗机构治疗或疗养的人;在规定假期内,为家庭事务而探亲访友的人。

从形式上看,美国和加拿大的标准都是距离,而英国和法国的标准都是时间,二者之间的标准是不同的,但实质上是相近的。一般情况下,旅行距离超过50英里(约80公里),旅游者在目的地过夜的可能性较大,旅行的时间也会超过24个小时。

(三) 我国对国内游客的统计规定

我国在国内旅游者统计中把其统称为国内游客,国内游客是指报告期内在国内观光游览、度假、探亲访友、就医疗养、购物、参加会议或从事经济、文化、体育、宗教活动的本国居民,其出游目的不是通过所从事的活动获取报酬。统计时,国内游客按每游1次统计1次。国家旅游局在2001年的《中国旅游统计年鉴》中,把国内游客划分为国内(过夜)旅游者和国内一日游游客两大类。

1. 国内(过夜)旅游者

国内(过夜)旅游者是指国内居民离开惯常居住地,在境内其他地方的旅游住宿设施内停留至少一夜,最长不超过12个月的国内游客。国内游客应包括在我国境内常住一年以上的外国人、港澳台同胞,但不包括以下人员:

(1)到各地巡视工作的部级以上领导;
(2)驻外地办事机构的临时工作人员;
(3)调遣的武装人员;
(4)到基层锻炼的干部;
(5)到外地学习的学生;
(6)到境内其他地区定居的人员;
(7)无固定居住地的无业游民。

2. 国内一日游游客

国内一日游游客是指国内居民离开惯常居住地10公里以外,出游时间超过6个小时但不足24个小时,并未在境内其他地方的旅游住宿设施内过夜的国内游客。

任务二　理解旅游者的形成条件

情境设计

在幅员辽阔的中国,有许多奇异丰盛的美食隐匿在山野之间。在这些人间秘境的角落,一群美味的精灵活跃着人们的餐桌,它们是隐秘在人们视线之外的鲜活民间美食。随着近几年微博的流行,维系着人与自然之间的融洽与虔敬的"吃货"被广大美食爱好者广泛传播。在2012年,随着央视记录频道推出的美食专题记录片《舌尖上的中国》的播出,该词的传播和应用达到制高点。对美食最爱吃和最挑剔的美食爱好者一般自称为最吃货。吃货一定下得了大排档,上得了米其林。吃货对生活有着无限美好的向往!吃货往往很能吃,但是他们更求精,他们是凡间的美食家,但与美食家不同,他们随性而来,慢慢品味,即使是街边小吃,他们也会品味厨师在料理当中的那一点点心意。中国作为世界三大烹饪王国之一,吸引着来自世界各地的吃货们。

结合以上情境,完成下列任务:

1. 讨论美国吃货想到中国品尝美食需要具备哪些条件才能实现这一目标。
2. 讨论作为学生的你现在可以出去旅游吗。以现有的条件你可以去哪里旅游呢?

任务分析

生活中,我们常常感慨有时间的时候没有钱,有钱的时候却没有时间。如果有了时间和钱这两个条件,人们是不是就可以出去旅游了呢?这是本节内容要讨论的主要问题。

相关知识

一个人要想成为现实的旅游者,需要具备一定的条件。这些条件主要体现在社会条件和个人条件两个方面。从社会条件来说,旅游的产生有赖于社会政治形势的稳定和经济的发展。在社会条件的推动下,形成了因商务、公务、会议等原因而开展的公务、差旅旅游活动和因消遣、家事等原因进行的个人旅游活动。前者旅游就是工作的组成部分,很少受到个人条件的影响,而后者更多地受到个人条件的限制。在讨论旅游者的形成条件时,更多的是针对非差旅性旅游者,即个人旅游者而言。本节主要从个人条件来探讨旅游者的形成条件,主要包括客观条件和主观条件两个方面。

一、旅游者形成的客观条件

大众旅游的兴起与国民收入的提高是直接相关的,从社会的角度看,一个地区能产生多少旅游者取决于这个地区的经济实力。同时,旅游需要有足够的时间。这是旅游者形成的两个最重要的客观条件。此外,旅游者的身体状况、家庭生命周期也是影响旅游者出行的重要因素。同时,科学技术因素、人口结构与素质、气候气象因素、旅游业的发展状况、政府的支持程度,以及新闻媒体的传播力度等因素都不同程度地影响着旅游者的形成。

(一) 可随意支配的收入

个人和家庭的总收入可以划分为必须支配收入、可自由支配收入和纳税三大部分,详见图3-1。其中,必须支配收入是人们为了维持日常生活(衣、食、住、行等)和社会消费(养老、医疗、失业等保险费用)必须支配的收入。总收入中,除去必须支配收入和纳税两部分费用后,就是可自由支配收入。人们外出旅游和收入水平有着直接的联系,当一个家庭的收入只能够满足或不能满足日常基本开支时,很少或不可能发生外出旅行行为。因此,足够的可自由支配收入是旅游者形成的一个重要客观条件。

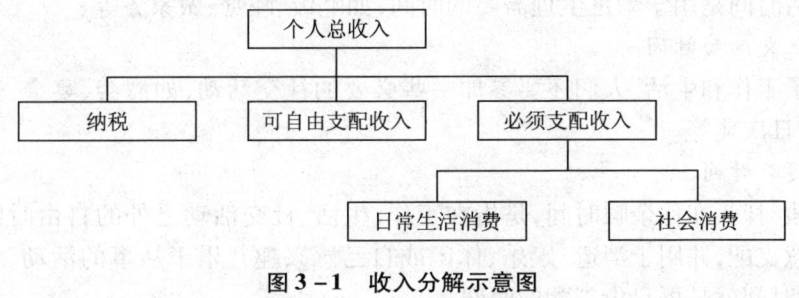

图3-1 收入分解示意图

可自由支配收入反映了一个人或家庭的旅游支付能力,当可支配收入超过临界水平后,每增加一定比例的可支配收入,用于旅游等奢侈品的消费额便会以更大的比例增加。恩格尔定律指出,随着人们收入的增加,收入中用来购买食物(生活必需品)的部分所占比例将会下降,收入中用来购买奢侈品的部分所占比例将会上升。恩格尔系数是指人均食品消费与人均可支配收入的比例系数,该系数越小,说明在收入总额中可自由支配收入越高,人们的生活水平和质量也越高,外出旅游的可能性也越大。

 **特别提示**

个人或者家庭的可自由支配收入而不是总收入,是推动旅游者产生的关键因素,直接决定着一个人能否成为旅游者,影响着旅游者对旅游目的地及旅游活动范围的选择,旅行方式和旅游活动内容的选择,旅游者外出逗留时间的长短,旅游者的消费水平和消费结构。

（二）闲暇时间

旅游活动要人们有足够的闲暇时间在异地参观访问。闲暇时间的多少决定着旅游活动开展的可能性、旅游目的地的选择以及旅游者在目的地逗留的时间，这是决定是否成为旅游者的另一个客观条件。

在现代社会中，人的活动时间由工作时间、生活时间、社会活动时间、闲暇时间四个部分构成，具体内容如图 3-2 所示。

1. 工作时间

工作时间包括法定的就业工作时间和必要的附加工作时间两部分。我国的法定工作时间为每周 5 天，每天 8 个小时；附加工作时间包括必要的加班加点、必要的第二职业工作时间等。

2. 生活时间

生活时间是用于满足生理需要的时间，如吃饭、睡觉、做家务等。

3. 社交活动时间

除了工作和生活，人们还要参加一些必要的社交活动，如酒会、宴会、舞会、家长会、生日庆典等。

4. 闲暇时间

闲暇时间，亦称余暇时间，是指在工作、生活、社交活动之外的自由时间，可由个人随意支配，并用于消遣、娱乐、休闲或自己感兴趣并乐于从事的活动。简单地说，闲暇时间就是可自由支配的时间。

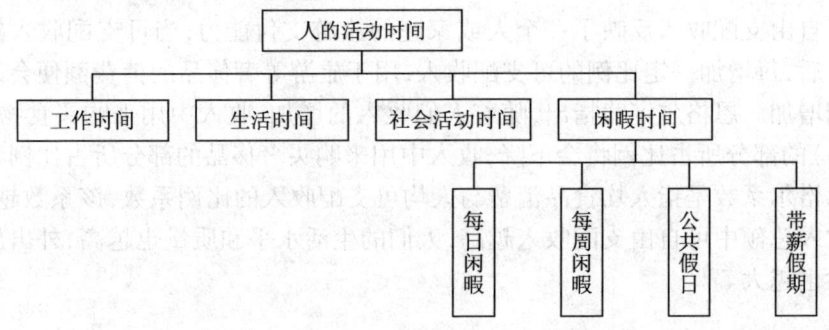

图 3-2 人的活动时间构成示意图

在人的活动时间构成中，只有闲暇时间可用于旅游，但并非所有的闲暇时间都可用于旅游，只有持续集中的一定数量的闲暇时间才可用于旅游。在现代社会中，闲暇时间可划分为每日闲暇、每周闲暇、公共假日和带薪假期四种类型。

（1）每日闲暇。每日闲暇即是每天工作、生活、社交活动之余剩下的时间，其特点是过于零散，分布在一天的多个时间段中，可用于简单的娱乐和休息活动，但无法用于旅游。

（2）每周闲暇。通常是指每周末的休假时间。目前，全世界绝大部分国家实行每周5天工作制，周末休息两天。我国从1995年5月1日起，也实行了一周5天工作制。周末闲暇时间较为集中，由于时间较短，可用于开展近距离的周末度假或一日游、二日游。

（3）公共假日。通常指各国的法定节假日。从世界范围来看，各国的节假日时间不同、多少不一，通常同各国民俗和传统节日有关。西方国家最典型的公共假日是圣诞节和复活节。我国的公共假日，自2008年起，包括清明节、"五一"劳动节、端午节、中秋节、"十一"国庆节、元旦和春节，共计11天。我国的公共假日，特别是"五一"、"十一"、春节，都是人们探亲访友、外出旅游的高峰期。

通常来说，每日闲暇只能用于就地娱乐或家中休息，不能用于旅游；每周闲暇只能用于短距离旅游活动；公共假日只能用于中长距离旅游活动；带薪假期可用于远程旅游。对于在职人员来说，足够的闲暇时间是旅游者形成的必要条件。

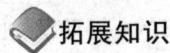 拓展知识

全国年节及纪念日放假办法

（1949年12月23日政务院发布 根据1999年9月18日《国务院关于修改〈全国年节及纪念日放假办法〉的决定》第一次修订 根据2007年12月14日《国务院关于修改〈全国年节及纪念日放假办法〉的决定》第二次修订 根据2013年12月11日《国务院关于修改〈全国年节及纪念日放假办法〉的决定》第三次修订）

第一条 为统一全国年节及纪念日的假期，制定本办法。

第二条 全体公民放假的节日：

（一）新年，放假1天（1月1日）；

（二）春节，放假3天（农历正月初一、初二、初三）；

（三）清明节，放假1天（农历清明当日）；

（四）劳动节，放假1天（5月1日）；

（五）端午节，放假1天（农历端午当日）；

（六）中秋节，放假1天（农历中秋当日）；

（七）国庆节，放假3天（10月1日、2日、3日）。

第三条 部分公民放假的节日及纪念日：

（一）妇女节（3月8日），妇女放假半天；

（二）青年节（5月4日），14周岁以上的青年放假半天；

（三）儿童节（6月1日），不满14周岁的少年儿童放假1天；

（四）中国人民解放军建军纪念日（8月1日），现役军人放假半天。

第四条 少数民族习惯的节日，由各少数民族聚居地区的地方人民政府，按照各自民族习惯，规定放假日期。

第五条 二七纪念日、五卅纪念日、七七抗战纪念日、九三抗战胜利纪念日、九一八纪念日、教师节、护士节、记者节、植树节等其他节日、纪念日，均不放假。

第六条 全体公民放假的假日，如果适逢星期六、星期日，应当在工作日补假。部分公民放假的假日，如果适逢星期六、星期日，则不补假。

第七条 本办法自公布之日起施行。

资料来源：百度知道。

(4) 带薪假期。带薪假期是以法律形式规定的对就业人员实行的优惠休假制度，雇员在休假期间享有与工作期间相同的工资收入。1936年法国率先通过立法形式规定劳动者每年享有至少6天的带薪假期。目前世界各国实行的带薪假期长短不一。瑞典的带薪假期为6周；美国的带薪假期为2~4周；欧洲每年平均期限是22~25个工作日，时间大多集中在6~9月。我国2008年颁布的《劳动法》也规定了我国的带薪休假制度：机关、团体、企业、事业单位、民办非企业单位、有雇工的个体工商户等单位的职工连续工作1年以上的，享有带薪年休假。职工累计工作已满1年不满10年的，年休假5天；已满10年不满20年的，年休假10天；已满20年的，年休假15天。带薪假期时间较长且连续集中，往往是人们开展远程旅游的最好时机。有资料显示，欧美游客来华旅游的时间大多集中在6~9月，就是因为大部分人选择利用带薪假期来我国旅游。

行业动态

"错峰旅游"不能再等

2014年"五一"小长假第一天，全国各地的人们集中出行，堵车现象随处可见，交通事故频繁发生。一些景区人满为患，甚至出现"爆棚"。有网友逛完南京红山动物园之后，发微博吐槽称："留下印象最深的动物就是人了，不但种类繁多，形形色色，而且数量巨大，几乎占了所有动物比例的99.99%……"（5月2日现代快报）

随着人们生活水平的提高，越来越多的人有了旅游等较高层次的生活需求。然而，人们集体节假日出游的现象也带来了诸多弊端，如造成了交通拥堵甚至是车祸等事故，让人们的出行效率大打折扣；增加了景区管理的难度，遍地垃圾更是景区保洁人员的"苦难"；游客随着人流走马观花地游览，看景成了看人，游览大好河山成了应景式赶大集，等等。

人们选择"五一""十一"等节假日期间出游的原因,一是季节性因素。"五一"正值春末夏初,气温合适、景色宜人;"十一"又值夏末秋始,同样是旅游的黄金节点。二是时间原因。特别是对于大多数工薪阶层来说,平时忙于上班,且很难请假,等到了"五一""十一",可以享受国家法定节假日的"大餐",连续数天休息不上班,较适合出游。

虽然季节因素不可改变,但错开"五一""十一"的时间点,差个一两日或者十数日去旅游却是可以做到的。利用带薪年休假"错峰旅游"的好处则有很多,如不会堵车、不怕找不到住宿的地方,吃饭免了排队与等候的麻烦,到了景点没有人挤人的遭遇,可以悠闲自在地游览,也不怕会因为人多嘈杂听不清导游和讲解员等的相关介绍……

所以,应尽快落实带薪年休假,让人们像"错时上下班"一样,能够选择"错峰旅游"。

资料来源:中国旅游新闻网 2014 - 05 - 04,有删减。

(三)身体状况

大部分旅游活动要求旅游者有健康的身体,旅游者的健康状况直接影响着旅游活动能否实现,影响着旅游的方式,以及旅游时间的长短和距离的远近。从旅游的发展现状来看,中青年外出旅游的比例最大,老年人外出旅游的比例较低。相比之下,老年人的可自由支配收入和闲暇时间更具优势,但以前由于体力不支、体能状况较差,给老年人外出旅游带来了巨大的挑战。近年来,随着人们生活水平的提高和医疗、保健技术的发展,老年人的体能状况已有了较大程度的提高。自 20 世纪 90 年代以来,老年人参加旅游的比例大幅提高,并形成了令全世界旅游业瞩目的"银发市场"。

行业动态

"银发旅游"需要深耕细作

据 2013 年 6 月召开的全国老年旅游产业发展促进研讨会提供的相关信息,我国老年人出游的比例已高达 20%,并且呈现高速增长的态势,但也面临市场供给不足、服务项目不全、产品开发单一等问题。究其原因,不少旅游业者仅仅着眼于目前比较赚钱的市场,把"银发旅游"看作是"鸡肋"。或者,一方面欲从这个市场分取一杯羹;另一方面,又不愿意投入资金为老年人旅游提供更健全的服务体系。

随着人口老龄化快速发展,我国老年人口消费规模快速增长,"银发旅游"将迎来发展高潮。有专家预言,在未来 30 年间,每年的老年旅游者将保持 7.3% 的增幅。据国际老年大学协会估计,到2025年,"银发旅游"带来的产值将超过34万亿元。我国老年旅游发展是迅速的,但与发达国家相比还有很大差距。根据世界旅游和旅行理事会的调查结果显示,在欧美等发达国家,老年旅游占世界旅游市场的50%~60%,远远高于我国的20%的比例。

目前,"银发旅游"存在市场细分不够到位;旅游景区、景点的产品设计缺乏针对性;旅游服务项目的专业性不强;产品线路比较单一等问题。老年人的经济状况各不相同,"银发旅游"依然可以细分为高端、中端、低端市场。因此,充分开发"银发旅游"市场,必须仔细研究市场细分参数。如根据季节的差异,可设计观花采果游、避暑避寒游等;根据主题差异,可设计金婚游、亲情游、怀旧游等;根据信仰的差异,可设计红色旅游、宗教朝圣游等。更重要的是,要研究老年人群特征,推出个性化服务,并依据差别服务制定不同差价,以满足老年游客的不同需求。

资料来源:www.toptour.cn 2013-07-01,有删减。

(四)家庭生命周期

每个家庭都有生命周期,可分为单身阶段、新婚阶段、初为父母阶段、空巢阶段和分解阶段五个阶段。

单身阶段是人们大多在经济上实现自主,脱离原有家庭的阶段。此阶段,没有家庭拖累,消费也比较自由,人们往往乐于外出旅游,特别是愿意参加带有探险、体育、新奇色彩的旅游活动。

新婚阶段是从结婚到第一个孩子出生之前的阶段。此阶段,一般没有过多的经济负担,闲暇时间也较多,人们也往往愿意外出旅游,特别是乐于参加带有消遣娱乐性质的旅游活动。

初为父母阶段是第一个孩子出生到子女独立生活前的阶段。特点是家庭人口增多,开支增加,家庭拖累增重,此阶段人们是否外出旅游,取决于经济状况和子女需要照顾的程度,通常会减少外出旅游的次数。

空巢阶段是子女经济上已经独立,离开父母,家中只留下老夫妇的阶段。此阶段,家庭收入丰厚,没有负担,往往会外出参加疗养、观光旅游。

分解阶段是老年夫妇丧失配偶阶段。孤独的老年生活往往让人们丧失生活目标,对旅游的兴趣也消失殆尽。

综上所述,可自由支配的收入、闲暇时间、身体状况以及家庭生命周期是影响旅游者形成的四个主要客观条件。

二、旅游者形成的主观条件

(一)旅游需要

旅游是人类社会发展到一定阶段的产物,是人类多种需要的一种主观反应。

旅游需要不仅决定了消费者是否将参与某项旅游活动,而且决定了他们何时、何地、从事何种类型的旅游活动。

在研究人的需要这一领域,具有较大影响力的理论是人本主义心理学家亚伯拉罕·马斯洛的需要层次理论。马斯洛首次用层次理论来解释人们的需要,他将人的需要分为生理需要、安全需要、社交(情感)需要、尊重需要以及自我实现需要五个层次,具体如图3－3所示。

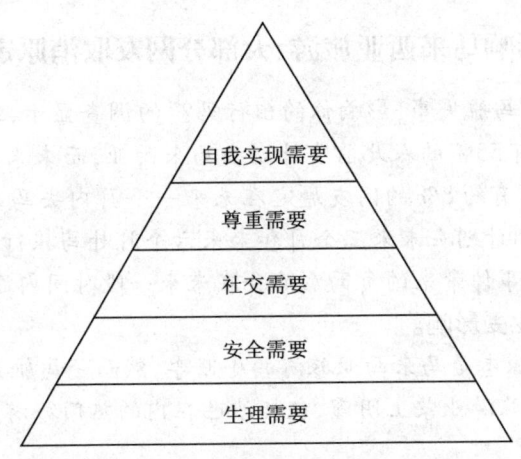

图3－3　马斯洛的需求层次理论

马斯洛认为,人的需要是有层次的,只有低层次的需要得到满足,高层次的需要才能产生。人的需要由低层次需要向高层次需要发展,但是任何一种需要并不因为下一个高层次需要的出现而消失,只是高层次的需要产生后,低层次需要的影响变小而已。在这些层次中,低层次的需要可以从外部通过物质手段获取,属于生理需要;而高层次需要则是从内部使人得到满足,属于心理需要。生理需要比较容易满足,而心理需要却很难达到完全满足的程度。马斯洛的需要层次理论虽然不能解释所有旅游行为,但它确实为我们认识人们的旅游行为提供了重要的理论依据。

1. 生理需要

生理需要,主要包括食欲、睡眠等生存方面的欲望,是人类最低限度的基本需要。旅游者在外出旅游的过程中,首先要满足生理上的需要,如保持机体生存、健康,才能进行各种游览活动。旅游者在旅游地要品尝当地的美食,享受清新空气,放松身心,特别是保健旅游,就是以疗养、保健及增强体质为特征的旅游活动。

2. 安全需要

安全需要,主要指人们免受生理和心理两方面的伤害而产生的被保护与被照顾的需要。旅游者安全的需要也是多方面的,他们需要保障人身安全,在旅途中不发生意外、不生病;他们也需要心理上的安全,避免在旅游中发生超乎寻常的兴奋、紧张以及恐慌、不安等事件,为此他们会选择治安好、没有动乱的旅游地;他们还需要随身携带财物的安全能够得以保证。

行业动态

失联事件影响马来西亚旅游,大部分网友取消原定去马计划

根据凤凰旅游"马航失事,影响你的出行吗?"的调查显示,约80%的网友取消了原定赴马计划。有55%的人此前有计划去马来西亚,而未来一年内计划赴马的则又占其中的67%,有约8%的网友原定在未来一个月内去马来西亚,约9.7%和15.4%的网友则分别计划在未来三个月和未来六个月赴马旅行。多家旅游网站负责人分析认为,马航事件带来的负面影响会在未来一段时间内逐步显现。

马来西亚旅游业受影响。

据了解,3月份原本是马来西亚旅游的小旺季,然而受马航MH370航班失联事件的影响,马来西亚旅游业蒙上阴霾,包括沙巴在内的热门旅游地区的报名人数也出现了下降。

途牛旅游网相关负责人表示,马航客机失联事件对一些顾客的心理产生了影响,最近赴马来西亚或包含马来西亚线路的旅游产品,在咨询量、预订量方面都有明显下滑,而一些原定前往马来西亚的旅游团也对行程进行了更改。多家线下旅行社称,自马航事件发生以来,由于担心旅行安全,部分预订赴马旅游的游客已选择更改行程或退团,一些赴马游客选择航班时也刻意避开马航。

另外,根据凤凰网旅游频道的调查发现,在参与投票的用户中,56.53%的用户表示此前有去马来西亚的计划。而在马航失事后,有81.47%的用户投票表示会取消去马来西亚旅游的计划。

据公开数据显示,马来西亚政府统计,中国每年有多达8300万人次出国,其中前往马来西亚的中国游客在2011年就突破了100万人次,2012年达到了150万人次。而其东南亚邻国泰国和柬埔寨,分别达到400万人次和200万人次。在MH370航班失联前,马来西亚曾希望2014年有200万中国人赴马旅游,旅游收入原本可能达到130亿英镑(1英镑约合10.3元人民币)。

资料来源:世界商旅网 2014-03-25,有删减。

3. 社交需要

社交需要,是指人们归属与爱的感情需要。一个人想要被社会某些群体和他人所接受，获取友情、爱情等心理需要，通常只有在长期的共同生活和工作中，通过人们之间的熟悉和了解才能产生真正的感情，进而产生归属感。但是，旅游也会给旅游者和其他旅游者、旅游从业者和目的地居民之间提供一个认识与沟通的机会，促进人们之间的交流、文化的传播，特别是参与探亲旅游的旅游者显然是为了满足社交需求而进行的旅游。

4. 尊重需要

尊重需要，是指利用自己的才华和成就获得他人的尊重，要求他人给予尊敬、赞美和赏识的需要。今天人们的工作繁忙紧张而又单调重复，旅游者通过旅游可以远离喧嚣而沉闷的日常生活，摆脱身心的紧张感和疲惫感，舒缓紧绷的神经，甚至逃避现实，其旅游的经历常常被周边的人所羡慕。

5. 自我实现需要

自我实现需要，是指充分发挥个人能力，实现理想和抱负，并取得成就的需要。人们为了充实自己或实现自己的理想而开展的旅游活动，多数是为了自我实现需要而进行的旅游。例如，修学旅游就是为了开阔视野、增长见识、自我完善而开展的旅游活动；探险旅游，包括攀登珠穆朗玛峰等高山，是为了挑战自我、证明自我而开展的旅游活动；环球旅游、登月旅游也是为了满足自我实现需要而进行的旅游活动。

综上所述，各层次的需要都会对旅游者造成一定程度的影响，尽管该理论不能解释人的全部旅游行为，但它对研究人的行为需要仍具有普遍的意义。

（二）旅游动机

动机是由目标或对象引导、激发和维持个体活动的一种内在心理过程或内部动力。旅游动机是旅游行为产生的心理原动力，是旅游行为的驱使力量，它由旅游需要催发，具有激活、指向、维持和调整的功能，并且受旅游者个人状况、社会环境等因素的影响。需要是引起动机的内在条件，诱因是引起动机的外在条件。需要是动机产生的基础，外界诱因是动机产生的重要条件。只有当愿望或需要激起人进行活动并维持这种活动时，需要才能成为活动的动机，即需要产生动机，动机产生行为。人们的需求不同，又加上外界诱因的复杂多变，所以，动机具有多样性，旅游动机同样是多样的。

1. 旅游动机的分类

众多国内外的学者从不同角度对旅游动机进行了分类。1935年，德国学者葛里克斯曼对旅游动机进行了分类，指出旅游动机可分为心理动机、精神动机、身体动机和经济动机四大类；随后，日本学者田中喜一和美国学者罗伯特·W. 麦金托什对葛里克斯曼提出的动机类型作了进一步划分；1986年，我国学者屠如骥根据对海外来华旅游者的调查研究，将旅游动机归纳为求实动机、求新动机、求名动机、求美动机、求胜动机、求趣动机、求知动机、求情动机、求健动机九类。

本书采用美国学者罗伯特·W.麦金托什所作的分类。该学者将旅游动机分为四类,分别是生理动机、文化动机、人际(社会交往)动机以及地位和声望动机。

(1)生理动机:通过保健、体育、娱乐、度假、医疗等活动,使体力得到恢复、身心得到放松,消除紧张和不安。

(2)文化动机:通过了解目的地的音乐、艺术、民俗、舞蹈、绘画、宗教等,获取其他国家和地区的知识和文化,并满足旅游者的求知欲。

(3)人际动机:结交朋友,探亲访友,避开日常工作以及家庭或邻居,建立新的友谊等。

(4)地位和声望动机:出于个人成就和个人发展的需要,希望被人承认、引人注目、受人赏识、获得好名声等。

2.影响旅游动机的因素

旅游动机受到多种因素的共同作用和影响,影响旅游动机的因素既有来自旅游者的个体因素,也有来自外部的社会因素。

(1)个体因素。主要指个性心理类型、性别、年龄、职业和受教育程度对旅游动机的影响。

①个性心理类型。在影响旅游动机的个体因素中,一个人的个性心理类型起着决定性的作用。美国心理学家斯坦利·C.普洛格运用心理学发展系列理论,以数千美国人为调查样本,对人们的个性心理特点进行了研究,得出了著名结论,即普洛格的"心理类型模式",亦称为"性格类型模式"。普洛格将人们的心理类型划分为五种,分别称为自我中心型、近自我中心型、中间型、近多中心型和多中心型,如图3-4所示。

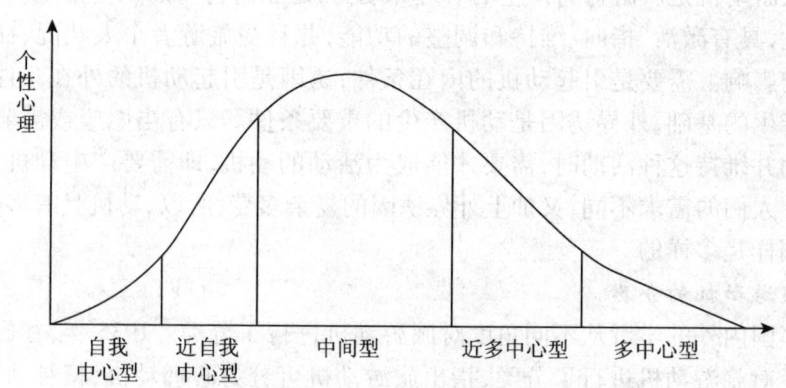

图3-4 人的个性心理

从图 3-4 可以看出，人的个性心理类型呈中间大、两头小，中间高、两头低的正态曲线分布。这一曲线说明，大多数人的个性处于中间型，自我中心型和多中心型两种极端个性的人只占极少数的比例，近自我中心型和近多中心型属于极端类型向中间型的两种过渡类型，其人数也占一定的比例。具体如图 3-5 所示。

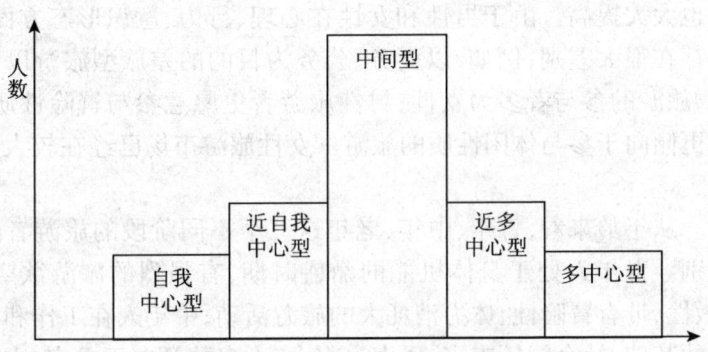

图 3-5 人的个性心理分布图

不同心理（性格）特征的人，旅游动机、心理特点和行为特征也不尽相同，如表 3-1 所示。

表 3-1 不同心理（性格）特征的人的旅游动机和心理特点比较

自我中心型	多中心型
希望旅游地是熟悉的环境	希望去非游览区
喜欢常规的旅游项目	热衷于在别人参观前自己有新发现
向往阳光和海水、浪漫气氛	追求冒险和探索、情节紧张
希望活动量要小	希望活动量要大
希望自己驾驶汽车去旅游地	希望乘飞机去旅游地
希望旅游设施齐备	希望有适当的条件就行
希望有熟悉的气氛、老朋友	喜欢结交新朋友
旅游活动要有严密的计划	希望只安排最基本的活动，有自由时间

综上所述，人的个性特征越是倾向于多中心型，外出旅游的可能性就越大，越有可能成为旅游地的开拓者；反之，人的个性特征越是倾向于自我中心型，对旅游地的成熟度和旅游业的依赖度就越大，越有可能成为旅游跟随者。

②性别。从性别来看,在相当长的一段时间内,传统的"女主内、男主外"的观念使得男性更多地从事社会劳动,而女性则把更多的时间和精力放在家庭生活中,男性比女性外出旅游的倾向性更大。然而,随着社会的发展,参与社会工作的女性越来越多,社会地位也有了明显提高,女性旅游市场也有了相当大的发展,女性旅游者的比例也大大提高。由于男性和女性在心理、行为、意识形态方面的差异,旅游的动机也存在很大差别,例如,以商务、公务为目的的差旅型旅游以男性旅游者居多,而购物旅游的参与者多为女性;男性旅游者更愿意参与冒险性质的旅游,而女性旅游者更倾向于参与休闲性质的旅游。女性旅游市场已经在较大范围内得到了拓展。

③年龄。从年龄来看,青年、中年、老年这三个不同阶段的旅游者的旅游动机也有很大差别。青年人处于身体机能的鼎盛时期,有强烈的旅游欲望,倾向于新奇、富有刺激性、带有冒险性、体力消耗大的旅游活动;中年人在工作和事业上已经打下了一定的基础,社会阅历丰富,压力也很大,大多数倾向于求实、求稳、求名,常常参与商务、会议等实现自我价值、拓展事业的旅游活动,或是为了放松身心而开展的享受性旅游活动;老年人有足够积蓄和富裕的时间,但由于身体机能条件的差异,倾向于选择节奏舒缓、舒适且体力消耗小的旅游活动,只要身体状况允许,就会经常参加旅游活动,尤其是保健旅游。银发旅游市场也越来越受到旅游企业经营者和整个旅游行业的重视。

④职业。职业的不同也会对旅游动机产生很大的影响。首先,职业的不同在很大程度上决定了人们的收入水平,而收入水平的高低直接影响着人们参加旅游活动的性质、次数及消费水平;其次,职业的不同在很大程度上决定了人们的闲暇时间,这将进一步影响人们选择旅游目的地距离的远近和旅游时间的长短。一般来说,从事繁杂度高、任务重大工作的人倾向于选择放松性质的度假、娱乐消遣型旅游。

⑤受教育程度。受教育程度的高低也会影响人们的旅游动机。受教育程度较高的人,有一定的知识储备,也有较强的求知欲望,会为了学习、深造而开展修学旅游,对文化旅游也颇感兴趣,在旅游目的地的选择上,会考虑进入新开拓的或者是还未开拓的新兴地区;受教育程度较低的人,多参与消遣和娱乐性质的旅游,而不在乎通过旅游活动是否会有所收益,在旅游目的地的选择上,对安全性和舒适性要求较高,会选择进入较成熟的知名旅游目的地。

(2)社会文化因素。人们生活在一定的社会环境中,其活动不可能脱离社会背景而独立存在,旅游活动也是如此。影响旅游动机的社会文化因素主要有社会因素、民族风俗和宗教。

社会的政治、经济及治安等因素构成了个人生活的社会环境,也是影响旅游动机的主要社会因素。稳定的政局、发达的经济、安全的形势均会激发人们旅游的动机,反之,动荡的局势、欠发达的经济环境会遏制人们外出旅游的愿望。政府和相关机构支持、鼓励人们外出旅游会直接激发人们参与旅游的热情,反之,则会减弱参与旅游的热情。每个人的社会地位、日常生活、工作和学习环境也有差别,所接触的同事、同学、亲朋好友、邻居等相关群体也各不相同,这也影响旅游动机的产生。

文化、民俗本身就是独具特色的旅游吸引物,处于不同地区和环境的人在民族风俗和人生价值等意识形态领域也有差别。通常欧美地区的人把度假、娱乐作为文化生活中的重要组成部分,人们爱好四处周游、探险、欣赏各地文化和民族风俗;而欠发达地区的人,则崇尚勤劳、节俭,往往视旅游为游手好闲、浪费钱财。

不同的宗教有各自的价值观和行为准则,从而形成不同的旅游模式。如伊斯兰教教规规定每一个有能力的穆斯林生平都要做一次长途旅行,到麦加去朝觐;佛教徒则希望到各佛教圣地去拜佛、还愿;藏传佛教推崇转山朝拜活动等。

综上所述,只有同时具备了一定的旅游客观条件和旅游主观条件才能成为旅游者,实现旅游活动。客观条件是旅游的基础、前提和保证,而主观条件是实现旅游活动的根本动力。

任务三　掌握旅游者的类型及特点

情境设计

据统计,2014年"五一"期间,山东无棣县累计接待游客8.2万人,实现旅游收入3280万元,同比分别增长35%、38%,接待人次和旅游收入实现双增长。

据了解,与往年不同的是,2014年的"五一"无棣县微旅游受热捧。为充分释放压力,上班族一般会选择短途旅行感受几分有别于闹市喧嚣的静谧,因而行程自由、停走随意、距离不远、主打休闲的微旅游成为他们的不二选择。无棣县旅游以其独特的人文历史积淀和特有的河海贝堤风光,成为周边游客旅游的首选,大觉寺、碣石山、贝壳堤等景区接待人次均实现新突破。无棣县致力于基础设施建设,交通便利,自驾游火爆。"'五一'期间,高速免费,自己开车出来,没有那么多束缚,不用顾虑旅行社给设定的固定景点、线路,可以随心随性地享受自己的假期。"济南游客王先生说。

资料来源:齐鲁晚报,2014-05-06。

结合以上情境,完成以下任务:

1. 按照不同的分类标准,王先生属于哪种类型的旅游者?
2. 王先生这种类型有什么样的特点?

任务分析

随着大众旅游的到来,自驾游旅游者越来越多,个性化需要也更加多样。了解不同旅游类型旅游者的特点可以为其提供更有效的服务。

相关知识

对旅游者进行分类,并了解其特点,便于为其提供优质服务,有利于开发潜在旅游市场。

一、根据旅游活动的地域范围分类

根据旅游者在开展旅游活动时是否跨越国界,可将旅游者划分为国际旅游者和国内旅游者。

(一) 国际旅游者

国际旅游者,是指从自己的定居国或常住国跨越国界到另一个或数个国家去旅游的旅游者。国际旅游者根据跨境活动开展的地域范围又可进一步划分为跨国旅游者、洲际旅游者和环球旅游者。世界旅游组织又将洲际旅游者划分为欧洲旅游者、美洲旅游者、非洲旅游者、中东旅游者、南亚旅游者、东亚及太平洋旅游者。对于一个国家来说,国际旅游者还可划分为入境旅游者和出境旅游者。详见图3-6所示。

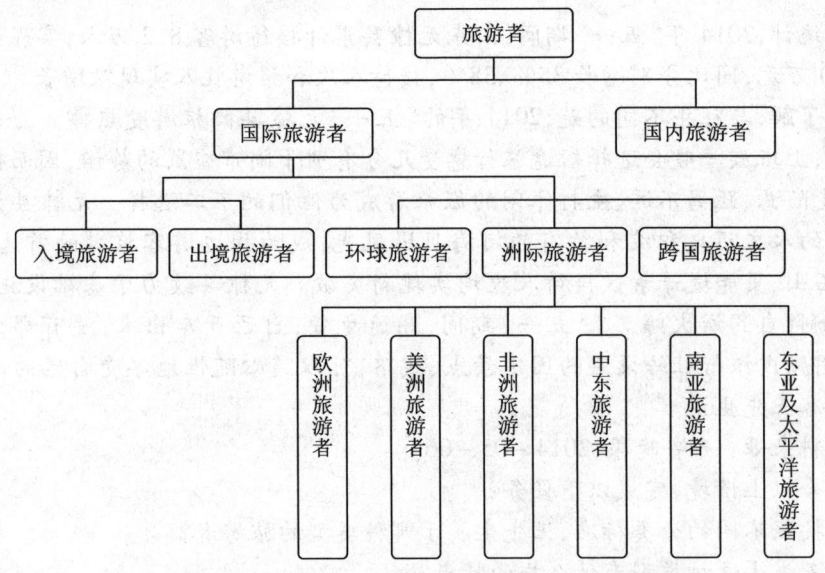

图3-6 按照旅游活动的地域范围划分的旅游者分类图

国际旅游者的主要特点有：

1. 旅游时间较长、消费水平较高

一般来说，国际旅游的距离较远，旅游者多会利用节假日和带薪假期开展跨越国境的旅游活动。由于距离较远，旅游者多会采用飞机等交通工具，在目的地滞留的时间也较长，消费的费用较大，要求旅游者具备一定的经济基础。尤其是环球旅游者多数都是经济富裕人士，数量有限。

2. 对旅游服务质量要求较高

大多数国际旅游者都是成熟型的旅游者，旅游经验丰富，他们对旅游目的地的设备设施、景点建设等硬件质量要求较高，对旅游从业人员，特别是导游的素质及知识积累程度要求也较高。

3. 选择旅游目的地较为慎重

国际旅游者外出旅游的费用较高，同时也需要花费相当长的时间和精力，选择目的地也会考虑到文化、安全、兴趣等诸多因素，对目的地的选择比较谨慎，深思熟虑后才会作出决定。

（二）国内旅游者

国内旅游者，是指离开自己的定居地或常住地，不跨越国界到另一个或数个地方去旅游的旅游者。国内旅游者的主要特点有：

1. 旅游时间较短、消费水平较低

国内旅游者旅游的时间较短，在周末及节假日时间都可开展。我国的国内旅游者多集中在"五一"、"十一"及春节假期开展中短距离的旅游，且旅游消费水平较低。

2. 对旅游服务质量要求相对较低

与国际旅游者相比，国内旅游者更多地考虑选择较为经济的旅游机构与旅游方式，对旅游目的地的硬件和软件质量要求都不是很高。但是，随着人们生活水平的提高，对旅游服务质量的要求也在逐步提升。

3. 参与人数多

国内旅游花费的时间较少，费用也较低，安全也有保障，使得更多的旅游者有条件和能力参与到国内旅游中来。

二、根据旅游目的和活动内容分类

根据旅游者旅游目的和活动内容的不同，可将旅游者划分为消遣型旅游者、差旅型旅游者、家庭及个人事务型旅游者和专项旅游者。

（一）消遣型旅游者

消遣型旅游者是以欣赏自然风光、放松心情、了解人文特征为活动内容的旅游者。主要包括观光型旅游者、度假型旅游者和文化型旅游者。

观光型旅游者是指以欣赏自然风景和风土人情为活动内容的旅游者,是20世纪50年代和60年代初期世界上最常见、最普遍的旅游者,也被称为传统旅游者。随着60年代中期度假型旅游者的崛起和70年代以来文化型旅游者的迅速增加,为消遣型旅游者扩展了新的类型,也扩大了旅游者的队伍。度假型旅游者是指以度假休闲为活动内容的旅游者,放松身心和松弛精神是度假型旅游者的主要目的。文化型旅游者则是以文化交流为活动内容的旅游者,这一类旅游者以探索文物古迹,交流文学、艺术、建筑、雕塑、音乐、舞蹈、科学、技术、教育等方面的成果,了解不同的民族文化,开阔视野、增长知识为目的。三者在表现形式上有所区别,但具有以下共同的特征。

1. 旅游季节性较强

旅游者可以根据气候状况自由选择最佳的出行时间,造成旅游目的地明显的淡旺季差异。我国幅员辽阔、旅游资源丰富,旅游者可选择在四季到不同的旅游目的地旅游,春、秋两季我国大部分地区气候宜人,是最适宜的旅游季节;夏季旅游者可选择到海滨地区度假消暑;冬季可选择到北部地区观赏冰雕、雾凇等壮丽景象,也可到南部温暖地区避寒。

2. 旅游目的地选择的自由度大

消遣型旅游者的旅游目的地是旅游者根据旅游目的地知名度、旅游资源的吸引力、旅游配套设施建设情况、旅游地安全状况等因素,综合评价和比较后作出的选择。旅游者可以根据自身情况,在全世界范围内随意选择,拥有完全的自我决定权。

3. 旅游者对产品价格较为敏感

旅游者都是自费旅游,通常会选择多个目的地、多种出行方式、多条线路加以比较,衡量旅游产品的性价比,选择性价比最高的旅游产品。

4. 旅游人数较多

我国的大众旅游蓬勃地发展,参与人数众多,规模空前。旅游的本质是审美与愉悦,在所有的旅游者类型中,消遣型旅游者占绝大多数。

但是,观光型旅游者、度假型旅游者和文化型旅游者又有不同的特征。观光型旅游者是三种旅游者中在目的地停留时间最短、重游率最低的旅游者;文化型旅游者次之;度假型旅游者在目的地的停留时间最长、重游率最高,且花费最高。

(二)差旅型旅游者

差旅型旅游者是因工作需要而外出的旅游者,以工作为主,同时也在工作之余开展目的地参观、游览等旅游活动。差旅型旅游者又可根据具体的工作内容,划分为商务型旅游者、公务型旅游者和会议型旅游者。商务型旅游者是指以经商为主要活动内容的旅游者,也是旅游史上产生最早的旅游者;公务型旅游者是指以公务为主要活动内容的旅游者;会议型旅游者是以参加会议和参与旅游为活动内容的旅游者。差旅型旅游者的主要特征是:

1. 季节性不明显

差旅型旅游者以开展业务为主要目的,出于工作或业务需要,在任何季节都会外出旅行,不受季节和气候的影响。除非是目的地发生严重的自然灾害(如海啸、地震等),使业务无法开展。对出发时间、停留时间的选择度也较小,完全要依照工作安排进行。另外,与消遣型旅游者不同的是,差旅型旅游者大多不会选择在周末或节假日占用休息时间出行,旅游就是其日常工作的一部分。

2. 目的地的选择度较小

由于受到业务的限制,目的地是根据工作内容设定的,差旅型旅游者基本无法选择目的地,多数目的地都位于大都市中。

3. 消费水平高,对价格不敏感

差旅型旅游者多数具有一定的身份,特别是会议型旅游者大多是企业家、政府官员和专家、教授,收入较高,且属于公费旅游者。在外出旅游的过程中,对服务设施和服务质量要求都很高,追求舒适、豪华,对价格一般不太计较,消费能力较强。

4. 出行人数较少,但次数较为频繁

差旅型旅游者总体人数较少,但他们经常来往于各个国家和地区,出行次数非常频繁。有关统计资料显示,在全球航空客运市场中,差旅型旅游者所占比重达50%;在全球高档饭店中,差旅型旅游者所占比重高达60%。由于差旅型旅游者出行次数较频繁,消费水平较高,受到世界各国旅游业的重视。在各种差旅型旅游者中,商务旅游者出行的频率是最高的。

(三)家庭及个人事务型旅游者

家庭及个人事务型旅游者指由于探亲访友、解决家庭事务等个人及家庭原因而外出的旅游者,主要特征有:

1. 季节性不明显

家庭及个人事务型旅游者出行的主要目的是解决已经出现的问题,不受天气、气候等自然条件的影响。多数旅游者会根据事件的紧急程度,立刻出发,或选择在节假日出行。

2. 目的地的选择自由度较小

由于受到个人及家庭因素的限制,目的地是确定的,不存在可选择性。

3. 对价格较为敏感

因家庭及个人事务出行者都是自费旅游者,往往会选择物美价廉、比较实惠的旅游产品。

4.很少利用目的地的住宿及其他服务设施

家庭及个人事务型旅游者往往会在亲朋好友家中住宿,不会利用当地的住宿机构,对其他服务机构的使用率也较低。

(四)专项旅游者

专项旅游者,是指从自己的兴趣、爱好出发,专注于一个或数个特殊领域旅游的旅游者。主要有宗教旅游者、修学旅游者、科考旅游者、美食旅游者、生态旅游者、探险旅游者、农业旅游者、体育旅游者、购物旅游者、医疗保健旅游者等。具体如图3-7所示。

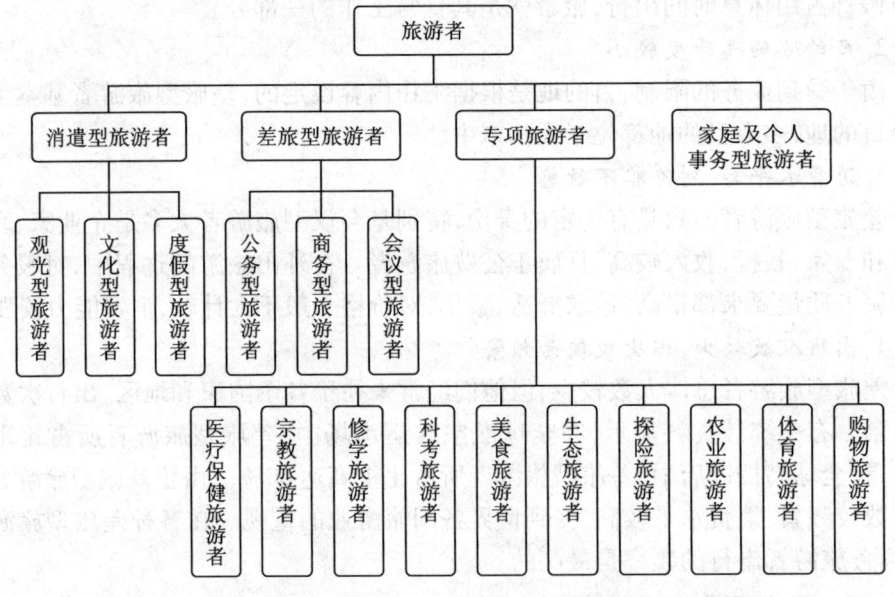

图3-7 按照旅游目的和活动内容划分的旅游者分类图

宗教旅游是最古老的旅游形式之一,参与者是以宗教朝圣为活动内容的旅游者;修学旅游者是以求学深造、获取知识、增长见识为主要目的的旅游者;体育旅游者是指以直接参加或现场参观体育运动表演为活动内容的旅游者;生态旅游者是指以欣赏、享受、体验和学习自然为动机,愿意在旅行中为当地的环境保护和可持续发展作出贡献,希望他们的花费用于支持当地的经济和资源保护,敏感地对待并包容不同文化的旅游者;探险旅游者是指参与带有较大危险性的探险旅游活动的旅游者;购物旅游者是以购物为主要目的并结合都市观光旅游的旅游者;医疗保健旅游者是以增进身体健康程度为目的而进行旅游的人。专项旅游者的主要特征有以下几点:

(1)专项旅游者侧重自主性、个性化的价值取向,从独特视角开展各具特色、与众不同的旅游活动。

（2）对旅游组织者有较高的要求。专项旅游者通常会选择志同道合的人作为旅游同伴，对旅游组织者的专项能力要求也较高。例如，医疗保健旅游者参与者多为老年人，对旅游从业者的医疗保健知识要求较高，最好有专业医师随团。

（3）对旅游目的地的选择有较大的特殊性。专项旅游者要求目的地的条件能够开展专项旅游活动，如体育旅游的目的地一定要有合适的体育场所和项目；探险旅游者选择的目的地通常都是荒无人烟、人迹罕至的地区。

（4）专项旅游的内容会随着时间的推移而发生改变。旅游者不同的兴趣、爱好是专项旅游发展和运行的基础，随着时间的推移、人们旅游经验的丰富、旅游水平的提高，旅游者对于旅游的兴趣会逐渐发展并转移，专项旅游的内容也会逐渐丰富并发展。

三、根据旅游者的体验程度分类

旅游者在旅游过程中的旅游经验、体验与旅游者生活的惯常环境有很大差别。由于旅游者的个性不同，人们对待旅游的态度也有很大差异。有些人喜欢生活在熟悉的环境里，不喜欢前往陌生的环境中旅游；有些人恰恰相反，有很强烈的好奇心和求知欲，最喜欢前往人迹罕至的地方探险。著名学者科恩（Cohen）将熟悉度和新奇度融合在一起，考虑到旅游者的旅游动机，根据旅游者的体验程度对旅游者进行了分类，如图3-8所示。

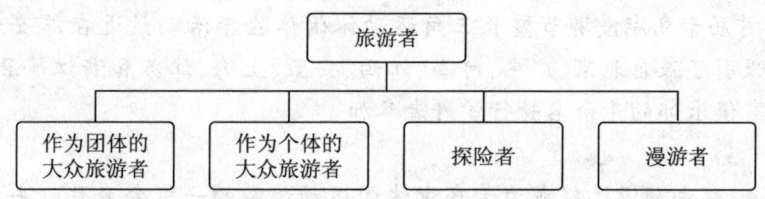

图3-8　按照旅游者的体验程度划分的旅游者分类图

（一）作为团体的大众旅游者

这一类旅游者熟悉度最高、新奇度最低。旅游者在出行方式上采用有组织的团体形式，最典型的就是包价旅游。由旅行社设定旅游线路、安排旅游行程，全程导游陪同，所有的决定权都交由旅游组织者。旅游者自己几乎不用做任何决定，完全按照既定的计划和路线行进，就像在他居住的惯常环境中一样。这也是旅游活动的初级形式。

（二）作为个体的大众旅游者

这一类旅游者熟悉度在和新奇度的较量中依然占了上风。旅游者采用个人而非团体的方式出行,旅游行程并不是事先计划好的,旅游者可在一定程度上掌握自己的时间和路线,有一定的自主权。但是,旅游者的主要安排还是通过旅游机构完成的。旅游者多数情况下还是生活在熟悉的环境里,偶尔会和当地居民有交往和交流。

(三) 探险者

探险者的旅游体验中,新奇度占主导地位。旅游者通常独立制订自己的出行计划,安排出行线路,尽量选择别人不曾走过的路线、不曾到达的区域,避开已开发成熟的旅游地,但会尽量寻求舒适的食宿和可靠的交通工具。探险者尽量尝试着与当地居民交往,勇敢地离开他所熟悉的小环境,但他并没有完全融入当地社会,而保留了旅游者的基本特点。

(四) 漫游者

漫游者的旅游体验中,熟悉度基本消失,新奇度异常显著。旅游者完全自己拟订出行计划并实施,选择的目的地是没有开发的旅游地。在旅游过程中,完全切断了与旅游机构的一切联系,与当地人生活在一起,入乡随俗,与他们同吃同住,完全融入当地的文化和生活之中。

☞ 行业动态

淳安举办首届千岛湖漫游节

2014首届千岛湖漫游节暨长三角运动休闲体验季活动最近在淳安千岛湖举行。活动吸引了来自北京、广东、河南、江西、安徽、上海、江苏和浙江等20多个省市、近50家俱乐部的千余名骑行爱好者参加。

近年来,环湖骑游已经成为千岛湖休闲运动旅游的一张金名片。去年千岛湖共接待骑行游客逾20万人次。本届千岛湖漫游节的活动首秀项目,就是骑行爱好者沿着千岛湖环湖绿道边欣赏春日美景,边享受运动快乐。

与此同时,漫游节还推出"寻根探源中国茶树良种鸠坑茶""爱在千岛 别样浪漫"集体婚礼、千岛湖户外休闲运动大会以及千岛湖滨湖夜骑、露营狂欢晚会、摄影比赛、微信互动、环千岛湖骑行认证等活动。

长三角运动休闲体验季是一个全新的运动休闲产业区域宣传、体验活动,也是长三角地区体育产业协作的重要内容。

资料来源:浙江日报,2014-05-06。

这四种类型旅游者体验程度不同,与当地居民的融合度也不同。可以看出,融合度越高则旅游者的体验程度也越高。作为团体和个体的大众旅游者被称为常规化的旅游者,对旅游机构的依存程度较高;而探险者和漫游者被称为非常规化的旅游者,对旅游机构的依存程度较低。这四种旅游者在结构、数量和比例上的差异,将直观地表现出一个国家旅游业的发达程度,也决定了旅游活动的影响力。

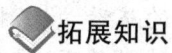拓展知识

旅游者类型的其他划分标准

(1)按照世界旅游组织的分类标准可将旅游者分为纳入统计的旅游者和不纳入统计的旅游者;

(2)按照旅游者的年龄差异可将旅游者分为少年旅游者、青年旅游者、中年旅游者和老年旅游者;

(3)按照旅游组织形式可将旅游者分为团体旅游者和个体旅游者(散客);

(4)按照旅游费用的来源可将旅游者分为公费旅游者、自费旅游者、社会旅游者和奖励旅游者;

(5)按照旅游者的性别可划分为男性旅游者和女性旅游者;

(6)按照旅游者收入水平的差异可划分为高收入旅游者、中等收入旅游者和低收入旅游者;

(7)按照旅游者不同的心理类型可划分为理智型旅游者、冲动型旅游者和选价型旅游者。

案例分享

我想去桂林

1994 年,来自贵阳的歌手韩晓因歌曲《我想去桂林》而成名。这首歌塑造了一个渴望去桂林旅游,但又苦于时间与金钱的矛盾而无法实现旅游愿望的人物形象。歌词如下:我想去桂林呀我想去桂林/可是有时间的时候我却没有钱/我想去桂林呀我想去桂林/可是有了钱的时候我却没时间/在校园的时候曾经梦想去桂林/到那山水甲天下的阳朔仙境/漓江的水呀常在我心里流/去那美丽的地方是我一生的祈望/有位老爷爷他退休有钱有时间/他给我描绘了那幅美妙画卷/刘三姐的歌声和动人的传说/亲临其境是老爷爷一生的心愿/我想去桂林呀我想去桂林/可是有时间的时候我却没有钱/我想去桂林呀我想去桂林/可是有了钱的时候我却没时间。

人们都说,桂林山水甲天下,如此秀丽的风光,何不去看看呢?旅游者形成的

条件是什么呢?

分析:

旅游者形成的条件有客观条件和主观条件之分。从《我想去桂林》这首歌的歌词来看,旅游者形成的客观条件是"时间"和"金钱",两者必须兼备,如果只满足其中任意一个条件,不可能实现旅游的愿望;旅游者形成的主观条件,即歌词中的"想","想"代表着旅游愿望、旅游需要,在旅游需要基础上形成的旅游动机,将潜在的旅游需要转变为现实的旅游需要。一个人在自我旅游动机的驱动下,同时满足旅游所必需的"时间"和"金钱"条件,才能成为现实的旅游者。

 思考与练习

一、填空题

1. 国内外相关组织与学者给出的旅游者定义并不统一,但基本可概括为两大类:_____。

2. 美国和加拿大对国内旅游者的技术性定义,都强调旅游者外出的_____。

3. 我国国家统计局于1979年对入境旅游者的身份作了规定,指出旅游者是指来我国参观、旅行、探亲、访友、休养、考察或从事贸易、业务、体育、宗教活动、参加会议等的_____。

4. 旅游者形成的主观条件是_____。

5. 恩格尔定律指出,随着人们收入的增加,收入中用来购买奢侈品的部分所占比例将会_____。

二、选择题

1. 旅游者形成的客观条件有( )。

   A. 收入水平　　　　B. 闲暇时间　　　　C. 身体健康状况

   D. 家庭生命周期　　E. 旅游需要

2. 人的活动时间中能够用于旅游的时间有( )。

   A. 生活时间　　　　B. 社会活动时间　　C. 每日闲暇

   D. 每周闲暇　　　　E. 带薪假期

3. 人的个性特征越是倾向于( ),外出旅游的可能性就越大,越有可能成为旅游地的开拓者。

   A. 自我中心型　　　B. 多中心型　　　　C. 中间型　　　　D. 近自我中心

4. 美国学者罗伯特·W.麦金托什将旅游动机分为四类,分别是( )。

   A. 生理动机　　　　B. 文化动机　　　　C. 人际动机

   D. 地位和声望动机　E. 精神动机

5.（　）在旅游过程中,完全切断了与旅游机构的一切联系,与当地人生活在一起,入乡随俗,与他们同吃同住,完全融入当地的文化和生活之中。

A. 作为团体的大众旅游者　　　　　B. 探险者
C. 作为个体的大众旅游者　　　　　D. 漫游者

三、判断题

1. 可自由支配收入是指从个人收入总额中扣除全部税收和社会消费之后的余额。
2. 居民收入是一个国家和地区能否产生旅游者的唯一条件。
3. 抵达某国就业任职,或从事任何营业活动的人不是旅游者。
4. 每个人的社会地位、日常生活、工作和学习环境的差别不会对旅游动机产生影响。
5. 家庭及个人事务型旅游者对价格敏感。

四、问答题

1. 运用马斯洛的需求层次理论分析旅游需要。
2. 运用普洛格的"心理类型模式"分析不同个性心理特点对旅游动机的影响。
3. 如何根据旅游目的和活动内容对旅游者进行类别的划分？试比较各种类型旅游者特征的异同。

五、实训题

对自己所在地区(如北京市)的旅游者进行调查,分析旅游者的旅游动机及旅游活动过程,总结本地区主要的旅游者类型及其特征。

项目四　感知旅游资源

学习目标

1. 掌握旅游资源的概念、特点。
2. 了解旅游资源的分类方法,掌握旅游资源的二分法。
3. 理解什么是旅游资源评价,了解旅游资源评价的内容和评价方法。
4. 了解旅游资源开发的内容和原则,掌握资源开发和保护的关系,掌握旅游资源遭受破坏的原因及保护措施。
5. 理解世界遗产的概念、了解世界遗产的类型、中国世界遗产发展存在的问题、世界遗产的中国模式。

项目分析

旅游资源是旅游活动的客体,没有旅游资源,旅游活动就成了无源之水、无本之木,旅游也就无从谈起了。本章我们主要学习旅游资源的概念、特点、分类;旅游资源评价的内容和方法;旅游资源开发和保护的关系、旅游资源保护的有效措施;世界遗产的概念、类型,中国世界遗产发展现状,以及世界遗产的中国模式等内容。

任务一　了解旅游资源的概念

情境设计

小李和小张是某大学的大三学生,在去年暑假,他们结伴去重庆、四川旅游。他们先后游玩了四川的九寨沟、黄龙、都江堰、峨眉山,也体验了阿坝藏民的生活。在重庆,他们品尝了磁器口的陈麻花、重庆的毛血旺、秦妈火锅等。

根据以上情境,完成下列任务:

1. 讨论以上情境中提到的哪些是旅游资源,试着给旅游资源下定义。
2. 讨论情境中的旅游资源具有什么样的特点。

任务分析

什么是旅游资源？目前，学界和业界对旅游资源的研究可谓见仁见智，至今仍未达成共识。目前，随着科技的发展，人们生活的丰富，对旅游资源的界定范围也越来越宽，明确这一概念更为迫切。这既是本任务要解决的问题，也是本项目面对的首要问题。

相关知识

一、旅游资源的概念

2003年，我国颁布的国家标准《旅游资源分类、调查与评价》和《旅游区（点）质量等级的划分与评定》对旅游资源的概念进行了界定。旅游资源是指自然界和人类社会中能对旅游者产生吸引力，可以为旅游业开发利用，并可产生经济效益、社会效益和环境效益的各种事物和因素。这一概念还包括以下含义：

（一）旅游资源是现代旅游活动的客体

旅游资源包括自然界和人类社会中的各种事物和因素，它们能够使旅游者产生从客源地到目的地的空间位置移动，经旅游业开发后可以产生"三大效益"。因此，旅游资源既包括客观存在的"实在物"，如湖光山色、珍禽异兽等，也包括典故传说、文学艺术、社会风尚等非物质的东西，它们都是旅游活动的客体内容。

（二）旅游资源对旅游者产生吸引力

旅游资源的最大特点是激发旅游者的旅游动机。旅游动机又因旅游者的不同而呈现出个体差异、个性化需求。任何旅游资源都会有吸引力的定向性，即只能吸引某些客源，而不可能对全部旅游市场产生同样大的吸引力。因此，旅游资源的界定只能是针对一定游客群体和客源市场而言，在不同的历史时期，旅游资源的含义和吸引力的强弱及方向性也不相同。

（三）旅游资源能够产生经济、社会、环境效益

旅游资源经过开发后能产生经济、社会、环境效益。那些虽然对旅游者具有吸引力，但未被开发，不能产生经济效益的资源属于潜在的旅游资源。有些旅游活动虽然可以带来可观的经济效益，但破坏了社会风气，给社会带来不良影响，也不能算作旅游资源。在现代旅游业中，旅游资源本身的吸引力和它周围的环境已成为不可分割的整体，当旅游活动引起环境质量下降时，则会导致该地旅游资源的衰弱甚至消失。因此，旅游资源的环境效益是旅游资源必不可少的，人们只有一方面有效地控制旅游对环境的消极影响；另一方面不断更新和再生其吸引力，才能取得旅

游的经济和社会效益。

特别提示

西方国家将旅游资源称作旅游吸引物（Tourist Attractions），与中国不同的是，它不仅包括旅游地的旅游资源，而且还包括接待设施和优良的服务因素，甚至还包括舒适快捷的交通条件。

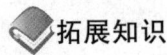
拓展知识

国内学者对旅游资源概念的理解

随着旅游活动内容的丰富，旅游资源的概念也不断丰富起来。由于出发点与侧重点的不同，旅游资源的概念也有所不同。多年来，众多学者对旅游资源的概念作了积极的探讨，提出了许多建设性的概念和定义。

（1）凡是构成吸引旅游者的自然和社会因素，亦即旅游者的旅游对象或目的物都是旅游资源。（邓观利）

（2）凡是能为人们提供旅游观赏、知识乐趣、度假休闲、娱乐休息、探险猎奇、考察研究以及人民友好往来和消磨闲暇时间的客体和劳动，都可称为旅游资源。（郭来喜）

（3）旅游资源是指对旅游者具有吸引力的自然存在和历史文化遗产以及直接用于旅游目的的人工创造物。（保继刚）

（4）凡能激发旅游者的旅游动机，为旅游业所利用，并由此产生经济效益与社会效益的现象和事物，均称为旅游资源。（孙文昌）

（5）旅游资源是指客观地存在于一定地域空间，并因其所具有的愉悦价值而使旅游者为之向往的自然存在、历史文化遗产或社会现象。（谢彦君）

（6）凡是能够造就对旅游者具有吸引力环境的自然事物、文化事物、社会事物或其他任何客观事物都可构成旅游资源。（李天元）

从以上概念中我们可以看出，人们对旅游资源所作解释上的差异是由于人们对两个旅游方面的术语的理解有所不同。首先是对"旅游资源"的理解有所不同。如有的是从需求的角度出发，认为旅游资源是指那些其基本功能为吸引旅游者来访的事物；还有的从供给的角度出发，认为旅游资源是旅游经营者或旅游业能够借以开展经营的要素，其基本功能是为旅游经营者或旅游业借以经营和创收。此外是对"旅游（活动）"的理解有所不同。如以"具有审美和愉悦价值"为条件所作的界定，认为不应把商务性来访为代表的非消遣性访问活动纳入旅游（活动）的范畴。

总之，人们对旅游资源的解释之所以存在差异是因为人们所持的视角有所不同。

二、旅游资源的特点

旅游资源主要有多样性、季节性、地域性、变化性和易损性等特点。

（一）多样性

旅游资源种类众多、内容丰富、分布广泛，既有自然的，又有人文的；既有历史遗存的，又有现代兴建的；既有满足旅游者休闲需要的，又有能满足旅游者探险需要的；既有满足观光游览功能的，又有能满足康体保健功能的。正是这些丰富多样的旅游资源满足了人们不同的旅游需要。

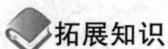拓展知识

全国文明风景旅游区示范点

从1998年开始，中央文明办、建设部、国家旅游局在全国联合开展创建文明风景旅游区活动。多年来，活动在促进风景旅游资源的保护、利用和旅游经济全面协调可持续发展，提高风景旅游区的文明程度，更好地满足人民群众日益增长的精神文化需求等方面，发挥了重要作用，取得显著成效。中央文明办、建设部、国家旅游局连续命名了5批共50个全国文明风景旅游区示范点。

第一批

安徽黄山风景区、江西庐山风景区、四川峨眉山风景区、山东泰山风景区、广西桂林漓江（叠彩山至阳朔）风景游览线、广东肇庆星湖风景区、浙江杭州西湖风景区环湖景区、北京颐和园、河北承德避暑山庄、江苏苏州园林虎丘山风景区

第二批

云南昆明石林风景名胜区、福建武夷山风景名胜区、辽宁鞍山千山风景名胜区、江苏扬州蜀岗——瘦西湖风景名胜区、河北秦皇岛山海关景区、广东深圳湾华侨城旅游度假区、贵州黄果树风景名胜区、陕西华山风景名胜区、湖北武汉东湖风景名胜区、北京八达岭长城景区

第三批

云南昆明世界园艺博览园、福建厦门鼓浪屿风景区、吉林长春净月潭风景名胜区、宁夏沙湖、江西南昌滕王阁、浙江雁荡山风景名胜区、山西五台山风景名胜区、山东青岛崂山风景名胜区、河南洛阳龙门风景名胜区、重庆大足石刻风景旅游区

第四批

浙江省普陀山风景名胜区、云南省丽江古城风景旅游区、安徽省九华山风景区、湖北省武当山风景区、甘肃省麦积山风景名胜区、河南省嵩山风景区、湖南省衡山风景名胜区、新疆维吾尔自治区喀纳斯国家级自然保护区、黑龙江省镜泊湖风景名胜区、内蒙古自治区阿尔山风景区

第五批

北京天坛公园、吉林松花湖风景名胜区、江苏花果山风景名胜区、江西三清山风景名胜区、海南三亚南山文化旅游区、四川九寨沟风景名胜区、云南中国科学院西双版纳热带植物园、山西大同云冈石窟、湖南岳麓山风景名胜区、河南开封市龙亭湖风景旅游区

资料来源：百度文库。

（二）季节性

自然界的季节性变化使旅游资源具有了季节性的特点。旅游资源的季节性主要表现为以下几个方面：

第一，一些自然、人文景观只有在特定的季节或时间段出现。例如，吉林冬季的雾凇景观，在秋季才可以看到北京的香山红色，洛阳牡丹花于"五一"前后观赏最佳等；泰山日出、黄山云海、峨嵋佛光、海市蜃楼等天象奇观也仅仅在一天中特定的时间内或特定气候环境下出现，转瞬即逝。山东潍坊的风筝会、壮族三月三的赶歌圩、中华民族的春节等都呈现出明显的季节性。

第二，同样的自然事物在不同的季节里展现出不同的风姿。古人就有描写同一座山四季变化的诗句，如北宋画家郭熙在论山之画法时说："春山淡冶而如笑，夏山苍翠而如滴，秋山明净而如妆，冬山惨淡而如睡。"

旅游资源的这种季节性、周期性变化会导致旅游线路、旅游景点等出现淡季和旺季、冷点和热点。掌握旅游资源的这个特点，重视不同类型资源的优化组合，合理调整旅游活动内容，实行旅游价格的季节弹性浮动制，延长旺季时段，做到淡季不淡，冷点不冷，是旅游开发者应该充分重视的问题。

（三）地域性

各种旅游资源都分布在一定的地域范围内，并反映一定的地理环境特点。不同地区的旅游资源具有不同特色。例如，号称世界"旅游王国"的西班牙，就是利用其充足的阳光、良好的海滨浴场和惊险刺激的"斗牛"表演来吸引大量游客的。我国的园林、寺观、古建筑等在世界上更是独具特色，还有内蒙古的"那达慕"大会、傣族的"泼水节"、高山族的杵舞等都具有浓郁的民族风情。

（四）变化性

旅游资源并非一成不变的。有的旅游资源遭到破坏后，对旅游者失去了吸引力，就不再是旅游资源了。有的原来不是旅游资源的事物，后来对旅游者产生了吸引力，变成了旅游资源，如名人故居。还有些事物，后经人们考证、开发，扩大了其影响力，成为旅游资源，如土耳其的特洛伊考古区因古希腊荷马史诗《伊利亚特》而为人们所熟悉。但一直以来，人们都认为特洛伊城是虚构的，直到1871—1894年，德国考古学家H.谢里曼发掘特洛伊城址，特洛伊的真实存在才得以确认。1893—1894年，德国考古学家W.德普费尔德继续主持发掘。1932—1938年，美国考古学家C.W.布利根又在此发掘。一座4000年前的古城在人们的面前慢慢揭开了她神秘的面纱。现在，特洛伊已成为土耳其的旅游胜地之一，吸引着成千上万的游客前来游览。

（五）易损性

旅游资源如果利用和保护不当，就很容易遭到破坏，尤其是人文旅游资源具有明显的易损性。历史古迹一旦被破坏就不复存在，即使得以修复，也失去了其历史的厚重感。

任务二 掌握旅游资源的分类

情境设计

万仙山风景区

万仙山景区位于河南省辉县市西北部太行山腹地，总面积64平方公里，最高海拔1672米，这里群峰竞秀、层峦叠嶂、沟壑纵横、飞瀑流泉，既有雄强而苍茫的石壁景观，又有曼妙而秀雅的山乡风韵，集雄、壮、奇、幽、峻为一体。景区由中华影视村——郭亮、清幽山乡——南坪、人间仙境——罗姐寨三个景区组成，被评为国家4A级旅游区、国家攀岩公园、国家地质公园、国家森林公园、河南最美景区之一，是著名的影视写生、休闲避暑、户外运动基地。万仙山被誉为"太行明珠""华夏奇观"。先后有《清凉寺钟声》《走出地平线》《倒霉大叔的婚事》《战争角落》《举起手来》《天高地厚》等40多部影视片在中华影视村——郭亮拍摄。万仙山景区以优美的自然风光、古朴的风俗民情吸引着众多的中外游客，同时景区正积极创建国家5A级景区，以精品旅游品牌服务海内外游客。景区主要景点有红岩绝壁大峡谷、影视村、绝壁长廊、天池、莲花盆、白龙洞、喊泉、日月星石、黑龙潭瀑布、五峰山林海、磨剑锋瀑布、七郎峰、蚂蚁山等200多处单体景点。

结合以上情境,完成以下任务:
1. 根据国家旅游局提出的旅游资源分类方法,讨论万仙山风景区都包括了哪些类型的旅游资源。
2. 讨论影视作品对万仙山风景区的影响有哪些。

任务分析

对旅游资源进行分类有助于使复杂的旅游资源条理化、系统化,也有助于对旅游资源的统筹开发。本节我们将讨论旅游资源分类的有关内容。

相关知识

一、旅游资源分类的意义

旅游资源分类是指根据旅游资源的共性和个性,按一定的目的和需要对旅游资源进行集合归类的科学区分过程。对其进行科学分类可以使复杂的旅游资源条理化、系统化,形成旅游资源有关资料的信息系统。这不仅有利于旅游资源的归档、查找、管理和对比,也是认识、评价旅游资源,开发和保护旅游资源必不可少的科学资料和重要依据。

二、旅游资源的分类方法

旅游资源内涵丰富,根据不同的划分标准可将其分为不同的类型。常见的分类方法有以下几种。

(一)我国国家旅游局提出的分类方法

由我国国家旅游局提出,国家质量监督检验检疫总局2003年2月24日发布并于当年5月1日起实施的国家标准(GB/T 18972－2003)《旅游资源分类、调查与评价》,把旅游资源划分为8个主类、31个亚类、155个基本类型。每个层次的旅游资源类型有相应的汉语拼音代号,前4个主类在属性上属于自然旅游资源,后4个主类属于人文旅游资源。这种分类方法主要用于旅游资源全面调查和科学分析,是我国各地开展旅游资源调查、评价和研究的基本方法。详见表4-1。

表4-1 旅游资源分类表

主类	亚类	基本类型
A 地文景观	AA 综合自然旅游地	AAA 山丘型旅游地 AAB 谷地型旅游地 AAC 沙砾石地型旅游地 AAD 滩地型旅游地 AAE 奇异自然现象 AAF 自然标志地 AAG 垂直自然地带
	AB 沉积与构造	ABA 断层景观 ABB 褶曲景观 ABC 节理景观 ABD 地层剖面 ABE 钙华与泉华 ABF 矿点矿脉与矿石积聚地 ABG 生物化石点
	AC 地质地貌过程形迹	ACA 凸峰 ACB 独峰 ACC 峰丛 ACD 石(土)林 ACE 奇特与象形山石 ACF 岩壁与岩缝 ACG 峡谷段落 ACH 沟壑地 ACI 丹霞 ACJ 雅丹 ACK 堆石洞 ACL 岩石洞与岩穴 ACM 沙丘地 ACN 岸滩
	AD 自然变动遗迹	ADA 重力堆积体 ADB 泥石流堆积 ADC 地震遗迹 ADD 陷落地 ADE 火山与熔岩 ADF 冰川堆积体 ADG 冰川侵蚀遗迹
	AE 岛礁	AEA 岛区 AEB 岩礁
B 水域风光	BA 河段	BAA 观光游憩河段 BAB 暗河河段 BAC 古河道段落
	BB 天然湖泊与池沼	BBA 观光游憩湖区 BBB 沼泽与湿地 BBC 潭池
	BC 瀑布	BCA 悬瀑 BCB 跌水
	BD 泉	BDA 冷泉 BDB 地热与温泉
	BE 河口与海面	BEA 观光游憩海域 BEB 涌潮现象 BEC 击浪现象
	BF 冰雪地	BFA 冰川观光地 BFB 常年积雪地
C 生物景观	CA 树木	CAA 林地 CAB 丛树 CAC 独树
	CB 草原与草地	CBA 草地 CBB 疏林草地
	CC 花卉地	CCA 草场花卉地 CCB 林间花卉地
	CD 野生动物栖息地	CDA 水生动物栖息地 CDB 陆地动物栖息地 CDC 鸟类栖息地 CDE 蝶类栖息地

续表

主类	亚类	基本类型
D 天象与气候景观	DA 光现象	DAA 日月星辰观察地 DAB 光环现象观察地 DAC 海市蜃楼现象多发地
	DB 天气与气候现象	DBA 云雾多发区 DBB 避暑气候地 DBC 避寒气候地 DBD 极端与特殊气候显示地 DBE 物候景观
E 遗址遗迹	EA 史前人类活动场所	EAA 人类活动遗址 EAB 文化层 EAC 文物散落地 EAD 原始聚落
	EB 社会经济文化活动遗址遗迹	EBA 历史事件发生地 EBB 军事遗址与古战场 EBC 废弃寺庙 EBD 废弃生产地 EBE 交通遗迹 EBF 废城与聚落遗迹 EBG 长城遗迹 EBH 烽燧
F 建筑与设施	FA 综合人文旅游地	FAA 教学科研实验场所 FAB 康体游乐休闲度假地 FAC 宗教与祭祀活动场所 FAD 园林游憩区域 FAE 文化活动场所 FAF 建设工程与生产地 FAG 社会与商贸活动场所 FAH 动物与植物展示地 FAI 军事观光地 FAJ 边境口岸 FAK 景物观赏点
	FB 单体活动场馆	FBA 聚会接待厅堂(室) FBB 祭拜场馆 FBC 展示演示场馆 FBD 体育健身馆场 FBE 歌舞游乐场馆
	FC 景观建筑与附属型建筑	FCA 佛塔 FCB 塔形建筑物 FCC 楼阁 FCD 石窟 FCE 长城段落 FCF 城(堡) FCG 摩崖字画 FCH 碑碣(林) FCI 广场 FCJ 人工洞穴 FCK 建筑小品
	FD 居住地与社区	FDA 传统与乡土建筑 FDB 特色街巷 FDC 特色社区 FDD 名人故居与历史纪念建筑 FDE 书院 FDF 会馆 FDG 特色店铺 FDH 特色市场
	FE 归葬地	FEA 陵区陵园 FEB 墓(群) FEC 悬棺
	FF 交通建筑	FFA 桥 FFB 车站 FFC 港口渡口与码头 FFD 航空港 FFE 栈道
	FG 水工建筑	FGA 水库观光游憩区段 FGB 水井 FGC 运河与渠道段落 FGD 堤坝段落 FGE 灌区 FGF 提水设施

续表

主类	亚类	基本类型
G 旅游商品	GA 地方旅游商品	GAA 菜品饮食 GAB 农林畜产品与制品 GAC 水产品与制品 GAD 中草药材及制品 GAE 传统手工产品与工艺品 GAF 日用工业品 GAG 其他物品
H 人文活动	HA 人事记录	HAA 人物 HAB 事件
	HB 艺术	HBA 文艺团体 HBB 文学艺术作品
	HC 民间习俗	HCA 地方风俗与民间礼仪 HCB 民间节庆 HCC 民间演艺 HCD 民间健身活动与赛事 HCE 宗教活动 HCF 庙会与民间集会 HCG 饮食习俗 HGH 特色服饰
	HD 现代节庆	HDA 旅游节 HDB 文化节 HDC 商贸农事节 HDD 体育节
数量统计		
8 主类	31 亚类	155 基本类型

注:如果发现本分类没有包括的基本类型时,使用者可自行增加。增加的基本类型可归入相应亚类,置于最后,最多可增加 2 个。编号方式为:增加第 1 个基本类型时,该亚类 2 位汉语拼音字母 + Z、增加第 2 个基本类型时,该亚类 2 位汉语拼音字母 + Y。

(二)根据旅游资源的特点和属性划分

根据旅游资源特点和属性的不同,旅游资源可分为自然旅游资源和人文旅游资源,也就是人们常说的"二分法"。

1. 自然旅游资源

自然旅游资源主要指大自然赋予的、自然形成的旅游资源。有的旅游资源尽管部分有人为的参与、加工,但还是以自然景物为主。按其表现形式,又可以划分为以下几类:

(1)地质地貌景观:由地球运动变化而形成的自然景观。喀斯特地貌,如桂林山水;丹霞地貌,如仁化丹霞山。雁荡山是典型的火山岩地貌,雅丹魔鬼城是由于风化作用而形成的典型的风沙地貌。台湾野柳地质公园位于台湾省万里乡,野柳是突出海面的岬角(大屯山系),长约 1700 米,由于海蚀风化及地壳运动等作用,造就了海蚀洞沟、蜂窝石、烛状石、豆腐石、薑状岩、壶穴、溶蚀盘等绵延罗列的奇特景观。薑状石是野柳最具代表性的地形景观,尤其是"女王头"雍容尊贵的形态,早已成为野柳地质公园的象征。女王头本身就是一个薑状石,形成原因和其他薑状石大致相同。由于它的颈子修长、脸部线条优美,神态极像昂首静坐的尊贵女王,大家才特别称它为"女王头"。

图4-1 女王头——台湾旅游业的一张名片

(2)水文景观:江河峡谷、湖泊、瀑布、泉水、海洋海滨等都属于水文景观。加拿大和美国交界处的尼亚加拉瀑布以平均流量5720立方米/秒位居世界第一大瀑布。中国贵州的黄果树瀑布也成为中国之最。

(3)气象气候景观:包括江南烟雨、黄山的云海、泰山日出、西湖的断桥残雪、峨嵋佛光等气象景观和林海雪原、海岛椰林等气候景观。"江城树挂"是吉林市特有的天气景观。

(4)生物景观:包括植物景观和动物景观。植物景观,如被称为世界"三大活化石植物"的银杏、水杉和鹅掌楸,被称为花中四君子的梅、兰、竹、菊,有国色天香之称的牡丹等。动物景观,珍稀动物如大熊猫、金丝猴、白唇鹿等,观赏动物景观如台湾高雄的蝴蝶谷、青海湖的鸟岛、西双版纳的大象和孔雀等。

2.人文旅游资源

人文旅游资源是指由人类在发展过程中所创造的可供旅游业开发利用的物质财富和精神财富的总和。在欧美国家的旅游研究中常把人文旅游资源称为人造(man-made)旅游资源。其主要有以下几种类型:

(1)历史古迹:包括不同时期遗留下来的历史建筑、陵墓、宫殿、园林、名人故居、水利工程等。如法国的枫丹白露宫、印度的泰姬陵、埃及的金字塔、美国的自由女神像、我国众多的名人故居等。

(2)宗教文化:指宗教活动、宗教建筑和宗教艺术等。朝觐是伊斯兰教的重要活动。

2013年10月8日,大批穆斯林聚集在麦加大清真寺进行晚祷。据悉,2013年有超过两百万穆斯林来到麦加朝觐。2013年10月17日至10月19日,朝觐穆斯林在沙特阿拉伯麦加的阿拉法特山祷告。10月17日,沙特宣布,近200万全球穆斯林参加的2013年麦加朝觐取得圆满成功。朝觐期间,穆斯林聚集在圣城周围一起祈祷、吃饭、学习。宗教建筑,如河南嵩山少林寺的塔林,以及分别表现魏晋时期和唐朝雕刻艺术的敦煌莫高窟和龙门石窟等。

 特别提示

朝觐,是伊斯兰教信徒所规定的必须遵守的基本制度之一,每一位有经济能力和有体力的穆斯林成员都负有朝拜麦加的宗教义务,不论男女老少都会尽最大的努力,争取一生至少要前往麦加朝觐一次。1932年沙特阿拉伯王国成立以后,麦加被称为宗教之都,来朝觐的人摩肩接踵。朝圣期间,穆斯林聚集在圣城周围一起祈祷、吃饭、学习。朝觐共有6道程序,分别为受戒、瞻礼、环游天房、站驻阿拉法特山、射石、宰牲。结束朝觐离开麦加之前,朝觐者还要再巡游天房,即辞朝,以表达无限崇敬和依依惜别之情。

(3)节庆活动:如西方人的狂欢节、德国的啤酒节、美国奥斯卡颁奖典礼、2008年北京奥运会、2014年俄罗斯索契冬奥会、2014年巴西足球世界杯等。

(4)主题公园:随着社会的发展,人们兴建了一些具有游乐特色的人造公园或人造景点。如开封清明上河园是以宋朝风俗为主题的公园,美国迪斯尼、深圳欢乐谷是以现代娱乐项目为主题的公园,还有深圳三景区(世界之窗、锦绣中华、中国民俗村),郑州方特欢乐世界主题公园等。

图4-2 郑州方特欢乐世界主题公园一景

(5)饮食购物：包括各种富有特色的地方风味美食、特产名品、特色市场与著名店铺等。如天津的狗不理包子、十八街麻花，北京稻香村的糕点等。

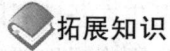 拓展知识

旅游资源的"三分法"

近年来，有些学者根据旅游资源的成因及其表现内容的基本属性，将旅游资源分为三大类，即自然旅游资源、人文旅游资源和社会旅游资源。

自然旅游资源包括地质地貌类、水体类、气象气候类、生物类、风景名胜区与自然保护区类。人文旅游资源包括历史文物古迹类、园林及古建筑类、宗教圣迹类、民族风情类等。在对旅游者产生吸引作用的各种事物中，有些既非自然属性，也不属于严格意义上的"人文"概念，划作另外一类，称其为社会旅游资源。较为常见的社会旅游资源主要包括重大节事活动类、经济建设成就类、科技发展成就类和社会发展成就类等。

资料来源：李天元.旅游学[M].高等教育出版社.2006。

（三）根据旅游资源管理级别分类

在我国，根据旅游资源的管理级别，通常将其分为以下四类：

1.世界级旅游资源

世界级旅游资源主要包括经联合国教科文组织批准，被列入《世界遗产名录》的名胜古迹，以及被列入"人与生物圈"保护区网络的自然保护区。它们在世界上享有最高的知名度，是全人类共同的宝贵财富，同时也是旅游者向往的旅游胜地。截至2013年6月，《世界遗产名录》中世界遗产总数已达981处，我国有45处。此外，我国有26个自然保护区列入联合国"人与生物圈"保护区网络。

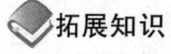 拓展知识

人与生物圈计划

人与生物圈计划，简称MAB，是联合国教科文组织科学部门于1971年发起的一项政府间跨学科的大型综合性的研究计划。生物圈保护区是MAB的核心部分，具有保护、可持续发展、提供科研教学、培训、监测基地等多种功能。其宗旨是通过自然科学和社会科学的结合，基础理论和应用技术的结合，科学技术人员、生产管理人员、政治决策者和广大人民的结合，对生物圈不同区域的结构和功能进行系统

研究,并预测人类活动引起的生物圈及其资源的变化,以及这种变化对人类本身的影响。

人与生物圈计划受到世界各国的重视,已有100多个国家参加,有的国家已成立了人与生物圈国家委员会。中国于1972年参加这一计划并当选为理事国,1978年成立了中华人民共和国人与生物圈国家委员会。中国有10个课题被纳入人与生物圈计划,有26个自然保护区加入了世界生物圈保护区。它们是卧龙、鼎湖山、长白山、梵净山、武夷山、神农架、锡林郭勒、博格达峰和盐城等。中国还将建立中国生物区保护网络,以吸引更多的自然保护区加入,并逐渐向国际网络输送。

资料来源:百度百科,有删减。

2. 国家级旅游资源

国家级旅游资源主要包括由国务院审定的国家重点风景名胜区、国家历史文化名城、国家重点文物保护单位,以及由林业部批准设立的国家级自然保护区和国家森林公园。它们有着重要的观赏、历史、社会和科学价值。我国根据交通、导游资质、卫生设施、接待量等指标评选出5A级景区。截至2013年5月31日,我国共有5A级景区157个,其中2007年5月公布的首批5A级景区有66个。

3. 省级旅游资源

省级旅游资源主要包括许多省级风景名胜区、省级历史文化名城或名镇、省级文物保护单位、省级自然保护区、省级森林公园等。它们具有浓厚的地方特色、艺术欣赏价值、历史文化价值或科学研究价值,在省内外有较大的影响。如河北的省级文明景区吴桥杂技大世界。

4. 市(县)级旅游资源

市(县)级旅游资源主要包括市(县)级风景名胜区、文物保护单位等。它们具有一定的观赏、历史、社会和科学价值,主要吸引邻近地区和本地的游客。

(四)根据旅游资源的可再生程度分类

根据旅游资源的可再生程度分为不可再生旅游资源和可再生旅游资源。

1. 不可再生旅游资源

不可再生旅游资源是指那些在长期的自然和人类历史发展过程中形成的旅游资源,如古地质断层、古建筑、古墓葬和古文化等。这类旅游资源一旦遭到破坏,就很难恢复原貌,即使能部分或全部复原,其原有的旅游观赏价值也会受到影响,因为这些遗产性旅游资源本身固有的成因特点和历史文化意义使其不可任意仿制。如兵马俑的仿品没有任何的历史价值。

2. 可再生旅游资源

可再生旅游资源是指那些被部分消耗掉,但可以通过人工再造而补充的旅游资源。这类旅游资源通常指那些没有重要历史价值或重要文化意义的当代人造旅游景点。如以主题公园为代表的各类现代人造景点,还有纪念品与土特产品、花卉展览等。

任务三　理解旅游资源的评价

情境设计

位于喜马拉雅山的珠穆朗玛峰以海拔8844.43米成为世界最高的山峰。山体呈巨型金字塔状,有巨大的冰川,最长达26公里。因其世界之最也成为众多登山爱好者心中最大的梦想,每年想要征服珠峰的人不计其数,但因地势险恶,天气多变,多数的爱好者是无快而终,无功而返。

结合以上情境,完成以下任务:

1. 讨论珠穆朗玛峰对于登山爱好者具有吸引力吗,对大多数旅游者具有吸引力吗,大多数游客能够登上珠穆朗玛峰吗?

2. 讨论就目前而言珠穆朗玛峰是旅游资源吗?为什么?可以从哪些方面评价旅游资源?

任务分析

旅游资源评价是旅游资源合理开发的前提。评价的结果有助于了解旅游资源的价值,了解其旅游吸引力的强弱。并不是所有的资源都适合开发。本节我们将讨论旅游资源评价的相关内容。

相关知识

一、旅游资源评价的概念

旅游资源评价是旅游资源有效利用和合理开发的前提,是选择某些因子通过一定的方法对旅游资源的价值作出评判和鉴定。评价的结果有助于了解旅游资源的价值,了解其旅游吸引力的强弱。旅游资源评价的目的是确定其是否值得开发、如何开发、何时开发、为谁开发,以及开发的方向。

因此,旅游资源评价是指依据不同地域旅游资源的组合特点,以及由此产生的质和量的差异来对旅游吸引力的大小进行科学划分,包括确定一定地域范围内旅游资源的类型特征、空间结构、数量和质量等级、开发潜力和开发条件等。

二、旅游资源评价的内容

旅游资源评价的内容主要包括以下几个方面：

(一)旅游资源质量的评价

1.旅游资源的特色

任何旅游资源都有自己独有的特征，同类的旅游资源也因其分布地域环境的不同而各具特色。旅游资源的特色是衡量其旅游吸引力大小的关键性因素。

2.旅游资源的价值

旅游资源的价值包括旅游资源的美学、文化、历史和科学价值，它决定着旅游资源的质量和开发的功能指向。如美学价值高的旅游资源开发中，就主要表现为观光旅游；文化、历史和科学价值高的旅游资源，则主要表现在科学考察、文化旅游等方面。

☞ 行业动态

大黄鸭引围观

图4-3 大黄鸭在台湾高雄爱河

"大黄鸭"可不是一只普通的鸭子，作为"童年"的代名词，它已让全球数亿人为之痴迷。它还是一只常年旅行的鸭子，6年来游历11个国家，足迹遍布世界。2013年5月"大黄鸭"落脚香港维多利亚港后，下半年它将继续中国之旅。8月26日，"大黄鸭"将来到中国大陆第一站重庆；9月，"大黄鸭"将与北京观众见面；12月，"大黄鸭"会"游进"台湾基隆港。

大黄鸭为何会火？众说纷纭。大黄鸭新奇的创意本身就极富吸引力，传递了一种完全超越国界、政治、种族的价值理念,可以愉悦心灵、放松心情、带来欢乐,甚至还能勾起人们对童年的某种记忆。

伴随大黄鸭而来的,是旅游产品开发与设计的争论。大黄鸭还未踏足中国之前,多地就产生了各种山寨版的大黄鸭、小黄鸭,就在其落足北京之前,还出现了大绿鸭。这些山寨产品的出现,且不论版权问题,其创意之匮乏让人反省旅游产品创意上的不足。

大黄鸭已去,留下的思考仍在。应当借此再次反思我们的旅游文化如何才能走出单纯的模仿和山寨的怪圈,切实挖掘旅游文化产品的创意内核,提升和发挥创意能力。

资料来源:中国旅游网,2014-01-06,有改动。

3. 旅游资源的结构

一定地域内相对集中分布的旅游资源,且有多种类型相互协调,并呈线型、环闭型或马蹄型排列,则具有较高的质量。

(二)旅游资源环境的评价

1. 旅游资源的自然环境

自然环境直接影响旅游资源的质量和品位,也影响资源的建设和开发。如地质条件恶劣的地方,易引发地震、滑坡、泥石流等,不利于旅游资源的开发和旅游活动的开展。

2. 旅游资源的社会环境

社会环境是指旅游资源所在区域的政治局势、社会治安、医疗保健和当地居民对旅游的认识等条件。一旦出现社会环境的波动,就会给当地旅游业带来不利影响。如2010年8月的菲律宾人质事件使得菲律宾旅游业遭受重挫。2009年约有15万名香港游客访菲,菲人质事件后,估计约流失5万名香港游客。目前,访问菲律宾的香港团已全面暂停,只有个人游客前往该地。

3. 旅游资源的经济环境

旅游资源所在地的经济发展对旅游吸引力也有着一定的影响,如居民的收入水平、消费水平、主要经济部门的收入渠道等也都会影响到当地资源的吸引力。如经济高度发达的欧洲一直是旅游者热选的旅游目的地。

4. 旅游资源的环境容量

旅游资源的环境容量是指旅游资源所在地在一定时间内旅游活动的容纳能力,它包括容人量和容时量两个方面。容人量是指旅游景区单位面积所能容纳游客的数量。容时量是指游览景区时所需要的基本时间,它体现了景区的游程、内容、景象、布局等基本情况。旅游资源的构成越复杂、内涵越丰富、趣味性越强,它的容时量就越大;相反,那些一览无余、了无新意的景观,容时量就小。

(三)旅游资源开发条件的评价

1. 区位条件

旅游资源的区位条件包括旅游资源所在地区的行政地位、地理位置、交通条件以及与周边旅游区之间的相互关系等。它是决定旅游资源开发可行性、开发效益、开发规模及开发程度的重要外部条件。如位于经度和时间起点的英国格林尼治天文台就因其特殊的地理位置而成为世界旅游的热点。

2. 客源条件

旅游地的客源数量直接关系旅游资源的开发规模和开发价值。应根据旅游客源市场需求、规模、辐射半径、消费群体、消费结构、消费水平和旅游行为等,预测旅游客源市场需求趋势,因地制宜地确定旅游资源发展规模、等级,客观地衡量旅游资源的开发利用价值。

3. 投资条件

旅游资源的开发需要持续投入大量的资金,当地的社会经济环境、经济发展战略以及给予投资者的优惠政策等都直接影响投资者的开发决策。因此,必须认真研究旅游资源地区的投资条件和政策环境,以便推动旅游资源开发的健康、有序发展。

4. 施工条件

旅游资源的开发还要考虑其工程量的大小和难易程度。首先是工程建设的自然基础条件,如地质、地貌、水文、气候等;其次是工程建设的供应条件,包括水、供电、设备、建材、食品等。因此,评价旅游资源必须合理地评价其施工环境条件,对开发施工方案进行充分的技术论证,同时考虑经费、时间的投放与效益的关系,以确定合理的开发方案。

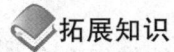 拓展知识

西藏旅游资源开发条件的评价

虽然西藏的许多旅游资源本身具有极高的价值和垄断性,但由于受区位条件、旅游环境以及开发条件的影响,西藏的旅游资源开发存在一定的困难。

一是环境质量独特。西藏高原的环境受特定的自然因素影响,受人为污染和破坏较少。这里可以使人们沐浴在蓝天白云、绿草碧水之间,享受清新的空气。但西藏海拔高,氧气含量少,初到高原的人经常会出现高原反应。且高原紫外线照射十分强烈,对皮肤有很大伤害,在高原室外活动,要有一定的防护措施。

二是区位条件差。西藏位于我国的西南部,远离我国人口密集的中、东部地

区,使旅游的路途时间过长。直到2001年西藏才通铁路。航空运输的交通费用相对较大,且运力有限,特别是夏季的旅游黄金季节,单向客流对旅游运输造成很大影响。公路运输虽运费较为便宜,但由于青藏、川藏等公路干线等级并不高,路面状况不很理想,使游客的陆路进入受到长途颠簸的困扰。

三是旅游资源的地域组合不良。西藏地域辽阔,虽然旅游资源的数量丰富,品位很高,但旅游资源的密度较小,景点之间有较大的旅游阻力。拉萨有布达拉宫、哲蚌寺、甘丹寺、大昭寺、罗布林卡等丰富的旅游资源,但它们大多为宗教场所,资源类型较为单一。从拉萨到其周围的雍布拉岗、藏王墓等景点的距离在二百公里以上,拉萨到珠穆朗玛峰则有六七百公里的路程。景区的布局分散,致使在开发利用上难以形成规模和产生"聚集"效应,从而降低了它们在开发利用上的优势。

资料来源:朱普选.西藏旅游资源的地域特色及其开发评价[J].西藏民族学院学报(哲学社会科学版)2002(1)。

三、旅游资源评价方法

旅游资源评价方法包括定性评价和定量评价两种。

(一)定性评价法

定性评价法主要是通过评价者观察后的印象得出结论的方法。定性评价法简便易行,但评价者的评价是以个人体验而进行的,具有较强的主观性。常用的定性评价法有以下几种。

1. "三三六"评价法

该方法是由北京师范大学的卢云亭提出的。所谓"三三六",即"三大价值""三大效益""六大条件"。

"三大价值"是指历史文化价值、艺术观赏价值(审美价值)、科研研究价值。

"三大效益"主要指经济效益、社会效益和生态环境效益。

"六大条件"是指地理位置及交通条件、旅游资源的类型及地域组合条件、旅游资源的容量条件、旅游资源的客源市场条件、旅游资源开发投资条件和施工难易条件。如表4-2是都江堰旅游资源的开发条件评价。

表4-2 都江堰旅游资源的开发条件评价

评价内容	评语	得分
历史文化价值	战国时期蜀郡太守李冰修建的都江堰,后有诸葛亮、吉当普等历史名人的建设,都江堰历史文化价值十分突出。	100分

续表

评价内容	评语	得分
美学价值	都江堰-青城山是世界文化与自然双遗产。这里文人雅士辈出,是行诗作画之良地,还是余秋雨笔下中国最激动人心的工程。	100分
科学价值	世界唯一留存且使用至今的巨型水利工程,中国人勤劳与智慧的结合,天人合一,被喻为"天府之源"。	100分
集群状况	都江堰市注重发展工业,如拉法基水泥品牌。"5·12"大地震后,中信集团也进军都江堰楼市。大型产业集群的发展,使都江堰在2009年GDP增长位列成都市区(县)第一。	90分
地域组合状况	毗邻成都、郫县、温江、彭州、阿坝州,这些地方都有着丰富的旅游资源,区位优势明显。	95分
客源市场	旅游业为主,工商业为辅,人口近60万,大型连锁商场有成都百货、好又多量贩等,商业街有"天和盛世"以及在建的"水街",有较好的市场前景。	95分
地理位置和交通	都江堰素有"小成都"之美誉,是通往阿坝州的咽喉要道,距成都45公里。周围有成灌高速、成青快速通道、成灌IT大道、老成灌路,交通十分发达,成灌快速铁路的建成更是大力推动了旅游业的发展。	100分

资料来源:百度知识,http://zhidao.baidu.com/question/141053611.html. 有改动。

2. 旅游资源及环境综合评价

上海社会科学院黄辉实的"六字七标准"评价法,是从旅游资源本身和旅游资源所处的环境两个方面来进行评价。

从旅游资源本身方面评价主要指六个标准,即美、古、名、特、奇、用。在评价时,要结合这几个方面进行全面、综合地考察。从旅游资源所处环境方面评价,主要是从季节性、环境污染状况、与其他旅游资源间的联系性、可进入性、基础结构、社会经济环境、客源市场等七个方面进行评价。

(二)定量综合评价法

定量评价法则是将评价指标量化,再依据各个指标所占权重求得总评分的方法。此法不受评价者主观偏好等个人因素的影响,使旅游资源评价工作更客观、更科学。

1. 技术性的单因子定量评价

旅游资源的单因子定量技术评价法是指对旅游资源各要素是否符合旅游活动程度的评估。该评价方法在评价旅游资源时集中考虑典型的关键因子,并对它们进行技术性的适宜度或优劣判断。这类评价的基本特点是运用了大量技术评价指标,一般只限于自然旅游资源的评价,对于开展专项旅游活动,如登山、滑雪、海水浴等较为适用,如表4-3。

表4-3 海水浴场评价标准(日本)

序号	资源项目	符合要求的条件	附注
1	海滨宽度	30~60m	实际总利用宽度50~100m
2	海底倾斜	1/10~1/60	倾斜度越低越好
3	海滩倾斜	1/10~1/50	倾斜度越低越好
4	流速	游泳对流速要求在0.2~0.3m/s,极限流速0.5m/s	无离岸流之类局部性海流
5	波高	0.6m以下	符合旅游要求的波高为0.3m以下
6	水温	23℃以上	不超过30℃,但越接近30℃越好
7	气温	23℃以上	—
8	风速	5m/s以下	—
9	水质	透明度0.3m以上,COD2ug/g以下,大肠菌数1000MPN/100ml以下,水面油膜肉眼难以辨明	—
10	地质粒径	没有泥和岩石	越细越好
11	有害生物	不能辨认程度	—
12	藻类	在游泳水域不接触身体	—
13	危险物	无	—
14	浮游物	无	—

资料来源:保继刚,楚义芳.旅游地理学(修订版)[M].北京:高等教育出版社,1999。

2. 综合性的多因子定量评价

综合性的多因子定量评价是在考虑多因子的基础上,运用数理方法对旅游资源及其环境和开发条件进行综合定量评价,评价的结果为数量指标,以便于不同旅游资源评价结果的比较。这类评价常用的方法有层次分析法、指数评价法、综合评分法、模糊数学评价法、价值工程法、综合价值评价模型法等。

3.《中华人民共和国国家标准》中的旅游资源评价方法

我国国家旅游局2003年颁布的《旅游资源分类、调查与评价》国家标准是我国现阶段常用的评价方法。

(1) 评价项目

评价项目主要包括资源要素价值、资源影响力和附加值。

①资源要素价值:项目中含观赏游憩使用价值,历史文化科学艺术价值,珍稀奇特程度,规模、丰度与概率,完整性等5项评价因子。

②资源影响力:项目中含知名度和影响力、适游期或使用范围等评价因子。

③附加值:含环境保护与环境安全评价因子。

(2) 基本分值

资源要素价值和资源影响力总分值为100分,其中:资源要素价值为85分,分配如下:观赏游憩使用价值30分、历史文化科学艺术价值25分、珍稀奇特程度15分、规模、丰度与概率10分、完整性5分。资源影响力为15分,其中:知名度和影响力10分、适游期或使用范围5分。附加值中环境保护与环境安全分正分和负分。详见表4-4。

(3) 计分与等级划分

依据旅游资源单体评价总分,将其分为五级,从高级到低级为:

五级旅游资源,得分值域:90~100分;

四级旅游资源,得分值域:75~89分;

三级旅游资源,得分值域:60~74分;

二级旅游资源,得分值域:45~59分;

一级旅游资源,得分值域:30~44分;

未获等级旅游资源:得分:0~29分。

五级旅游资源称为特品级旅游资源,五级、四级、三级旅游资源被统称为优良级旅游资源,二级、一级旅游资源被统称为普通级旅游资源。

表4-4 旅游资源评价赋分标准

评价项目	评价因子	评价依据	赋值
资源要素价值（85分）	观赏游憩使用价值（30分）	全部或其中一项具有极高的观赏价值、游憩价值、使用价值。	30~22
		全部或其中一项具有很高的观赏价值、游憩价值、使用价值。	21~13
		全部或其中一项具有较高的观赏价值、游憩价值、使用价值。	12~6
		全部或其中一项具有一般观赏价值、游憩价值、使用价值。	5~1
	历史文化科学艺术价值（25分）	同时或其中一项具有世界意义的历史价值、文化价值、科学价值、艺术价值。	25~20
		同时或其中一项具有全国意义的历史价值、文化价值、科学价值、艺术价值。	19~13
		同时或其中一项具有省级意义的历史价值、文化价值、科学价值、艺术价值。	12~6
		历史价值，或文化价值，或科学价值，或艺术价值具有地区意义。	5~1
	珍稀奇特程度（15分）	有大量珍稀物种，或景观异常奇特，或此类现象在其他地区罕见。	15~13
		有较多珍稀物种，或景观奇特，或此类现象在其他地区很少见。	12~9
		有少量珍稀物种，或景观突出，或此类现象在其他地区少见。	8~4
		有个别珍稀物种，或景观比较突出，或此类现象在其他地区较多见。	3~1

续表

评价项目	评价因子	评价依据	赋值
资源要素价值（85分）	规模、丰度与概率（10分）	独立型旅游资源单体规模、体量巨大；集合型旅游资源单体结构完美、疏密度优良级；自然景象和人文活动周期性发生或频率极高。	10~8
		独立型旅游资源单体规模、体量较大；集合型旅游资源单体结构很和谐、疏密度良好；自然景象和人文活动周期性发生或频率很高。	7~5
		独立型旅游资源单体规模、体量中等；集合型旅游资源单体结构和谐、疏密度较好；自然景象和人文活动周期性发生或频率较高。	4~3
		独立型旅游资源单体规模、体量较小；集合型旅游资源单体结构较和谐、疏密度一般；自然景象和人文活动周期性发生或频率较小。	2~1
	完整性(5分)	形态与结构保持完整。	5~4
		形态与结构有少量变化，但不明显。	3
		形态与结构有明显变化。	2
		形态与结构有重大变化。	1
资源影响力（15分）	知名度和影响力（10分）	在世界范围内知名，或构成世界承认的名牌。	10~8
		在全国范围内知名，或构成全国性的名牌。	7~5
		在本省范围内知名，或构成省内的名牌。	4~3
		在本地区范围内知名，或构成本地区名牌。	2~1
	适游期或使用范围（5分）	适宜游览的日期每年超过300天，或适宜所有游客使用和参与。	5~4
		适宜游览的日期每年超过250天，或适宜80%左右游客使用和参与。	3
		适宜游览的日期超过150天，或适宜60%左右游客使用和参与。	2
		适宜游览的日期每年超过100天，或适宜40%左右游客使用和参与。	1

续表

评价项目	评价因子	评价依据	赋值
附加值	环境保护与环境安全	已受到严重污染,或存在严重安全隐患。	-5
		已受到中度污染,或存在明显安全隐患。	-4
		已受到轻度污染,或存在一定安全隐患。	-3
		已有工程保护措施,环境安全得到保证。	3

资料来源:旅游资源分类、调查与保护(GB/T 18972-2003),中国旅游网。

任务四 熟悉旅游资源开发与保护

情境设计

敦煌石窟目前每年要接待60万以上的游客,这是一个让文物专家心惊肉跳的数字。旅游旺季,蜂拥而至的游客使得石窟中弥漫着大量的二氧化碳和人体散发的湿热气,使壁画上起着鸡蛋皮一样的东西。这东西从里面往外鼓,一摸就碎成粉末,被称为壁画的"癌症"。有专家做过试验,让40个人在洞窟中待37分钟,空气中的温度、湿度及二氧化碳含量就会超过正常含量的6倍! 敦煌壁画正在以比古代快100倍的速度走向死亡。唐代第156窟里的墨书《莫高窟记》在20世纪60年代还清晰可见,现在已经模糊不清了。人们不禁担忧:百年之后,敦煌安在?

资料来源:中国旅游同业网。

结合以上情境,完成以下任务:

1.讨论游客对敦煌莫高窟的破坏有哪些,为什么会造成这样的破坏,破坏后是否能够再修复。为什么?

2.讨论减少游客对壁画破坏的措施有哪些。

任务分析

随着大众旅游时期的到来,人们对旅游资源的破坏日益严重。如何有效地保护旅游资源,是为了保护旅游资源不再进行开发,还是为了人们旅游而无节制地进行开发,这已成为业界争论的问题? 本节我们讨论旅游资源的开发与保护的关系,及保护的措施。

相关知识

一、旅游资源开发

(一) 旅游资源开发的概念

旅游资源开发是指通过适当的方式把旅游资源及其所在地改造成具有吸引力的旅游环境,从而使旅游资源的吸引力得以发挥、改善和提高的技术过程。

旅游资源开发工作的直接目的是为了发挥、改善和提高旅游资源的作用,使其能对旅游者产生吸引力。其最终目的是为了将潜在的旅游资源转化为现实的旅游资源,使其产生经济效益。这就需要人们对当前旅游接待中的不足进行必要的开发和建设,否则便无法使其成为现实的旅游资源,吸引力也无法充分发挥。

(二) 旅游资源开发的内容

旅游资源开发是一项综合性的工作,其内容主要包括以下几点:

1. 旅游景区(点)的建设

旅游景区(点)的建设是旅游资源开发工作的核心内容,既包括对尚未得到利用的潜在旅游资源的初始性开发,又包括对已有旅游景区(点)的深度开发;既包括以主题公园为代表的一个新景点的创造,又包括对已有景区(点)的完善与更新。它既可以是开发性的挖掘,也可以是保护性的建设。

2. 提高旅游地的可进入性

"可进入性"是指旅游资源所在地同外界的交通联系及其内部交通条件的通畅和便利程度,即人们常说的"进得来、出得去、散得开"。因此,合理安排旅游地交通是旅游开发中的一个重要内容,包括交通线路的设计、交通设施的配套、交通工具的选择等方面。我国许多美丽的风景区常因可进入性差而使人们望而却步。例如,九寨沟虽然有人间仙境的美誉,但可进入性不强。如果从成都到九寨沟坐大巴车,要在崎岖的山路上颠簸一天,这常常使老年人和易晕车的游客吃不消。如果乘飞机也有着诸多的不便。九寨沟黄龙机场是四川阿坝州的首个机场,机场海拔标高3448米,位于九寨沟、黄龙、牟尼沟三大景区三角形的中心位置,因地势复杂、航班延误多、配套设施少、服务质量差,致使游客对该机场抱怨不断。

3. 建设和完善旅游设施

旅游设施包括道路、医院、银行、供水、供电、通信等旅游基础设施和旅游问讯中心、宾馆、旅游纪念品商店、旅游娱乐场所等旅游服务设施。它们是旅游者在旅游地逗留期间的生活、旅游活动的重要设施。合理、完善的旅游设施有助于提高旅游服务质量,从而提高旅游资源的吸引力。

4. 加强培训,提供优质的旅游服务

旅游业是服务性行业,服务质量的高低直接影响到旅游者对旅游资源的评价,

影响到对旅游活动的评价。因此,旅游目的地要加强对旅游从业人员的培训,使他们成为训练有素的专业人员,从而不断提高服务水平和服务质量。

5. 加大宣传,不断开拓旅游市场

经过开发的旅游资源要取得预期的经济、社会和环境效益,就需要加大宣传,使其被更多的旅游者所熟悉和接受。不断扩大旅游客源市场,才能达到旅游资源开发的最终目的。宣传的方式多种多样,有电视等媒介宣传、制作宣传册、户外广告宣传等。今天,一些旅游目的地利用某些名人的知名度和影响力来加大宣传,也取得了不错的效果,如用名人来代言该地区或作为该地区的形象大使等。

(三)旅游资源开发的原则

旅游资源在开发和建设中应当遵循以下原则:

1. 突出独特性原则

(1)尽可能保持自然和历史形成的原始风貌。任何对旅游资源过分修饰和全面毁旧翻新的做法都是不可取的,这样只能削弱旅游资源的吸引力。如意大利罗马有着众多的古建筑,这些建筑大都有上百年的历史,至今还保存着原始的风貌。漫步在罗马的街头,穿梭在这些古建筑中,旅游者会感到这座城市厚重的历史、厚重的文化,能感受整座城市的灵魂。

 特别提示

很多国内外专家对中国的城市建设提出了严厉的批评,其中最突出的问题就是中国城市的"千城一面"。实际上,在城市快速发展的今天,中国城市不约而同地出现建筑风格缺乏特色,南北风格趋同,布局毫无新意等问题。学者王又丰认为,我国城市特色的丧失有四个表现:一是争建国际化大都市;二是争建中央商务区(CBD);三是盲目追求高层建设和西式建筑;四是追求大广场、大草坪、大马路。"千城一面"现象使中国城市缺少旅游吸引力。

(2)尽量挖掘当地特有的旅游资源。旅游资源开发要突出其特色,做到"人无我有,人有我佳"。一定区域范围内历史"最"悠久、规模"最"大、造型"最"奇、工艺"最"精、知名度"最"高的旅游资源会以其突出的特色,增强自身的吸引力和竞争力。

(3)努力反映当地的文化特点。旅游资源开发要突出当地的民族化、地方化的特点。在环境外观上要使旅游者感到有民族和地方的特色,而旅游接待设施的内部环境和设备则不宜"旧",要以符合旅游者的生活习惯,并使其具有熟悉感为原则。较为理想的做法是外"土"内"洋"、外"旧"内"新"。这样,旅游者在精神上有置身于异国他乡的新奇感,在生活上又有如居故里的熟悉感。

2. 讲求经济的原则

旅游资源开发的最终目的是为了发展旅游业,促进当地经济的发展。因此,旅游资源开发要遵循经济效益的原则。首先,旅游资源开发要服从当地经济和社会的发展规划。其次,做到有序开发。当一个地方发展旅游业时,需要对开发项目的投资效益进行预测,分期、分批、有重点地优先开发某些项目,而不能无序地盲目开发。最后,在旅游开发中尽量就"地"取材。在项目开发和建设中,要尽可能利用当地的原材料,使用当地的人工和技术力量,以降低资源开发中的成本。

行业动态

凤凰古城景区涨价后的变化

2013年4月10日起,凤凰古城告别了免费时代,开始收费,门票价格为148元/人。实施"一票制"后,凤凰古城的旅游团队居多,散客大量减少。与往年"五一"假期游客爆棚的情形相比,凤凰古城景区在2013年"五一"假期第一天的游客量不及往年的一半。为了"再平衡"客流减少带来的损失,凤凰县相继出台免票、优惠、扶持农家船等一系列"补丁政策",但出台不久的收费政策即在舆论质疑、商户抗议和游客"用脚投票"中变更,尴尬局面折射出地方政府在决策方面的随意性。

对于景区的价格,国家发展改革委曾有过规定,景区同一门票价格上调周期不得低于3年,但不少景区把这变为了3年必涨价,完全违背了价格主管部门的初衷。涨价的过程中,没有相关的价格听证,也缺乏对民意的充分了解,主政者口头上说要依法行政,要建设法治政府,但实际行政中却往往把法律抛诸脑后,甚至想方设法地规避法律。在遗产保护和开发利用等方面,地方政府还有许多事情要做,各地对价格进行探索一定得站在公平、公正的立场上考虑问题,要经过充分的研究、论证,最终形成一个绝大多数人都认可的方案。凤凰古城景区涨价引起景区涨价问题的讨论,这是景区在发展过程中要注意的问题。

资料来源:http://www.keyunzhan.com/knews-350606/,有删减。

3. 注重保护与合理开发相结合的原则

旅游资源是旅游目的地的宝贵财富,很多是不可再生的自然遗产和历史文化遗产。在旅游资源开发过程中,应该把对旅游资源的保护放在首位,应该注意在保护和维持其原有风貌的前提下进行合理开发。合理开发主要体现在,其开发规模不得超过该地的旅游承载力,并且有关建设项目的性质、布局、规模、高度、造型、色彩以及建筑材料的使用等,都应与周围的景观和环境相协调。

> 行业动态

从《私人订制》电影看"私人订制游"

随着冯小刚贺岁电影《私人订制》的热播,"订制旅游"再次成为热点。尤其是电影《私人订制》的取景地海口、苏州等地,成为旅行社抢占春节旅游客源的目的地,纷纷打出"私人订制旅游",以"跟着冯氏电影去旅行"为创意吸引游客。

影视作品对旅游目的地品牌的带动,往往有着更直观的表现。而善于植入广告的冯小刚电影作品,更是将旅游品牌的影视营销发挥到了极致。2008年年底,冯小刚的贺岁片《非诚勿扰》一夜之间让日本的北海道红遍中国,杭州西溪湿地的房价也因此水涨船高。《非诚勿扰Ⅱ》中,三亚的别墅在春节期间竟被炒到了十几万元一晚。这次,冯小刚推出《私人订制》,以幽默的姿态,不仅为电影赞助商订制广告,还顺手推了"订制旅游"一把,表现出了冯小刚制作团队敏锐的市场判断力和前瞻性。

个性化时代的订制游趋势

"订制"和"定制"主要是词义上的区别。订制是"预约制作",而定制是"确定制作"。随着时代的发展,"订制"一词的意义也逐渐被丰富起来,比如订制服装、礼品,甚至出现了订制肤色、订制蔬菜等,迎合了人们追求品质和个性的心理。订制才是真正的专属化享受。

全球旅游市场正发生翻天覆地的变化,从团队游向散客化、自由化、个性化发展,私密而独享的订制旅游也越来越为大众所青睐。传统的专项旅游,有为中老年人特制的舒适型旅游行程,有迎合时下热点的亲子游、毕业游,包含各个年龄阶段、各行各业游客等。如上海推出的"年代游",就为不同年龄层次的人推出不同的上海文化体验。在电影《私人订制》上映后,苏州旅游局为了更好地促进影视旅游的带动效应,也积极推出了苏州旅游的"私人订制"服务项目。新型的私人订制游,更加倾向于年轻一代的个性特点,如血型旅游、星座旅游、电影旅游等。

纵观目前的旅游私人订制产品,这些订制线路报价往往比普通产品高出20%左右,两人以上就能成团,家族出行不用担心与陌生人拼团。但是,目前的订制游,除了吃、住比普通行程有独享空间,且质量比较好之外,并没有太多其他特色性的附加体验服务体现私密性和独享性。国内旅行社推出的订制游,其实就是在"玩概念",将原本已经成熟的线路做成小型团,将食宿档次提高,然后根据客人需求进行部分微调而已。如此,"订制"变成了"套路",丧失了"量身"的特点。具体表现为:一是无创意、形式老套、缺乏创新;二是同质化严重,千篇一律;三是没形成品牌,缺少服务附加值;四是商业气息浓,无法树立权威性;五是缺乏相关的行业标准,服务质量参差不齐。

订制游是为游客"圆梦"

私人订制游是否一定要"高端大气上档次",才显出"私人订制"的特别之处?

并非如此,并不是所有"土豪"式的奢华旅游才是订制,而是需要对特定游客提供符合其心理需求的特色产品、特色体验和服务。订制的前提应该是"量身",而不是一揽子通吃。如果没有深入了解游客的真正需求,而是提供普适性的旅游项目,让游客挑选,这样的旅游就不是"订制旅游",充其量只是为游客提供了多项选择题。

而真正的私人订制游,是针对目标客户的单项选择题,具有唯一性和专属性。订制旅游应该是帮助游客圆梦的心灵之旅,即在特定的环境提供特殊的体验产品,营造符合游客内心需求的氛围,帮助游客享受一种想得而未得的生活方式,达到情感和精神的满足。真正的私人订制游,有四大情感维系,同时,也是订制游体验的终极目的:一是超越现实,成为生活的引领者;二是超越凡俗,展现标新立异的风采;三是超越自我,重新发现更优秀的自己;四是超越人生,让自己的未来更精彩!

因此,订制旅游不是理念新旧交锋,而是每个人的文化差异和情感差异在寻找平衡,订制旅游要站在游客的立场上设计产品,提供能够触动游客心灵的产品和服务,"心灵和思想的触动"才是判断订制游成败的标准。随着消费群体呈现逐渐年轻化的趋势,新一代对高端、品质生活的需求也将日益突出,个性化将成为未来消费趋势,"私人订制时代"正离我们越来越近,订制游将是未来旅游市场的大势所趋。(德安杰环球顾问集团贾云峰)

资料来源:中国文化传媒网,2014-01-13,有删减。

二、旅游资源的保护

旅游资源是旅游业存在和发展的基础,目前旅游资源不断遭到破坏已成为普遍的现象。这些破坏轻则会造成旅游资源质量的下降,使其吸引力受到影响,重则有可能导致旅游资源的损毁,危及该地区旅游业发展的基础。

(一)旅游资源开发和保护的关系

1. 相互联系,相互依存

(1)保护是开发的前提,是为了更好地开发。旅游资源是旅游活动赖以进行的物质基础,当旅游资源遭受到严重破坏或毁灭时,旅游活动就无法进行,旅游业也成为"无源之水,无本之木"。因此,对旅游资源的开发要以对其保护为前提。

(2)开发是保护的一种形式。对旅游资源的开发,有助于该资源地保护资金的筹措,有助于使地方传统文化受到重视,有助于提高人们的旅游资源保护意识等。同时,旅游资源只有通过合理的开发,才能招徕旅游者,才能发挥其价值功能,才能表现出经济效益、环境效益和社会效益。

2. 相互矛盾

(1)开发本身就是一种破坏。开发就是对资源地进行适度的建设,是以对局部的破坏为前提的。没有破坏就没有开发,破坏和开发在一定程度上是同时存在的。在旅游资源开发过程中,还存在着一些开发者基于经济利益而对资源进行过度开发的现象,这种开发往往会超过资源地的承载力,所造成的破坏也更为严重。

(2)过度的保护必然会妨碍对旅游资源的开发。过度开发旅游资源固然不可取,但过分坚持保存原始资源风貌同样有失偏颇。这种忽视人们旅游需求和社会经济发展需要,故步自封,片面强调旅游资源保护而忽视旅游资源合理开发的主张,同样是一种不负责任的行为。

(二)旅游资源遭受破坏的原因

旅游资源遭受破坏的原因归结起来,可分为自然破坏和人为破坏两个方面。

1. 自然造成的破坏

(1)灾变性破坏。如地震、火山喷发、海啸等自然灾害的出现,会直接改变一个地区的面貌,毁掉一些旅游资源。如1997年8月12日,夏威夷岛上最古老的瓦吼拉神庙,被基拉威火山喷出的熔岩全部淹没,一座有着700年悠久历史的名胜古迹顷刻间毁于一旦。我国2008年"5·12"汶川大地震使四川省的旅游景区受到了不同程度的破坏,其中都江堰景区内的二王庙垮塌、伏龙观变形,能俯瞰整个都江堰水利工程的最佳景点——秦堰楼只剩残垣断壁等。

(2)缓慢性风化。如风蚀、日蚀、水蚀等自然现象。如埃及的基奥普斯大金字塔,近一千多年来,风化产生的碎屑体积达5万立方米,平均每年损耗约50立方米,整个金字塔表层每年损耗约3毫米。我国的云冈石窟由于长期受风雨侵蚀和后山石壁的渗水浸泡,使其大部分洞窟外檐裂塌,很多雕像被风化,有些已经断臂失头,有些则面目模糊。在其中53个洞窟中,目前只有少数能供人观赏,其他大都因损坏严重无法开放。

2. 人为造成的破坏

(1)战争性破坏。战争对旅游资源造成的破坏往往是毁灭性的。如圆明园在1860年被英法联军纵火烧毁,1900年又被八国联军焚烧洗劫,遭到了毁灭性的破坏。至今,仍有大量宝贵文物流失国外。

(2)建设性破坏。人类在发展过程中为满足生存和发展而进行的工程建设、城市建设,在一定程度上对旅游资源也造成了破坏。如长江三峡曾是我国十大风景区之一,以壮观的景色闻名于世,然而,三峡工程的建设使三峡风光主要部分永存水底。一些为追求统一建设的"旧城改造"和经济利益驱动下的"拆迁"行为,使历史文化遗产和环境遭到严重破坏。如遵义会议旧址周边地区高楼林立,严重破坏了旧址的整体环境,又如钱学森实验室因某开发商的强拆而不复存在。

> 行业动态

雾霾"遮掩"中国旅游市场

美联社曾报道：中国最新的旅游口号是邀请访客来"美丽中国"。破纪录的雾霾天气，引来外界关注中国不受约束的工业化所引发的环境和健康代价。中国旅游业受益于中国快速的经济增长和不断上升的国际地位，但其未能跟上国际潮流。

据新华网报道，2014年2月26日，北京重度雾霾天气已持续近一周。从天安门广场向长安街方向望去，对面城楼上的领袖画像隐约难辨。广场上的游客稀稀落落。中国政府采取了一系列应急预案，包括要求工厂停产减产、发布橙色预警等，然而除了等待明天的冷空气，似乎没有什么更好的方法让这厚重的灰白色雾霾快速散去。在人们从不同渠道获得"减少户外活动"的警告时，在北京各个景点，戴口罩的游客本身就成了一道"风景"。这几天，北京的导游除了介绍景点，还要介绍空气质量。旅行社也会为有需求的入境游客免费提供防霾口罩。

"我以为雾霾只是偶然现象，没想到能持续这么久。"来自法国的游客西蒙告诉记者，他不会因为雾霾天气就劝阻自己的朋友不要到北京旅游，"毕竟短期旅游对身体没有太大影响，北京也有很多室内的景点可以参观。"目前前往京津等地区的团队游、来京入境游均未出现游客退团情况，但谁也无法预测雾霾让多少潜在的游客却步。

北京市旅游发展委员会主办的北京旅游网发布的景区实时数据显示，2014年1月份，北京市接待入境游客23.3万人次，比上年同期下降21.7%。从主要客源国情况看，接待日韩游客数量下降较为明显。中国社会科学院旅游研究中心特约研究员刘思敏认为，北京的雾霾天气对日韩游客赴京短途游的影响较大。"欧美游客由于距离远，通常会提前一个月规划好行程。而日韩游客不一样，如果赶上雾霾天气，他们可能会打消想法。"2013年，北京频繁遭遇雾霾。北京市统计局发布的数据显示，去年北京国内旅游总人数和入境旅游总人数分别同比下降8.9%和27.5%。

中国国家旅游局公布的数据显示，2013年来华旅游入境总人数同比下降2.51%，2014年1月份外国人入境旅游人数同比下降7.11%。北京第二外国语学院旅游管理学院教授韩玉灵认为，虽然目前没有量化统计表明雾霾对入境游客数量减少的影响有多大，但可以肯定雾霾天气作为一个叠加因素，对旅游市场的稳定健康发展会造成负面影响。如何向赴京短期旅行的海外游客展示良好的国际形象，雾霾的确成为政府的难题。

资料来源：新华网，2014-02-26，有改动。

(3) 开发性破坏。有些旅游资源在开发过程中,大肆砍伐景区树木或在景区内兴建宾馆、饭店等接待设施,致使旅游接待区和旅游观赏区紧密相连,使得饭店所产生的废水、废气及游客产生的生活垃圾在一定程度上破坏了当地的旅游资源。

(4) 管理性破坏。指旅游景区管理不善造成破坏。我国大多数景区为了经济利益,在旅游旺季对景区的接待量不予管理与控制,造成实际接待人数远远超出景区承受能力的局面,从而使旅游资源遭到严重破坏。

(5) 旅游活动的破坏。旅游者的不当行为也会对旅游资源造成破坏。如北京天坛的回音壁因早期游客的大量拍打、抚摸使之受损严重。长城上随处可见的"×××到此一游"使长城的许多青砖伤痕累累。美丽的秦淮河也曾因游人乱丢垃圾而一度成为垃圾河。

(三)旅游资源保护的措施

对旅游资源的保护要以"防"为主、以"治"为辅、防治结合,综合运用法律、行政、规划和技术等手段,加强对旅游资源的管理和保护。

1. 健全旅游法制管理体系,加强对政策的贯彻落实

目前,我国有关旅游资源保护方面的法律、法规主要有《中华人民共和国文物保护法》《国家风景名胜区管理暂行条例》《中华人民共和国自然保护区条例》《旅游资源保护暂行办法》等。此外,各地方立法机构和人民政府根据国家法律、法规,结合地方实际情况,制定了实施细则和地方性法规。例如,为保护和合理开发利用旅游资源,促进旅游业的可持续发展,广东省汕头市2010年12月15日颁布了《汕头市旅游资源保护和开发条例》,该条例自2011年2月1日起实施。在对旅游资源保护过程中,既要政策给力,更要加大执行力度,除了做到有法可依,更要做到有法必依、执法必严、违法必究。

2. 加大行政管理力度,明确行政管理职责

在对旅游资源进行保护的过程中,要加大行政管理力度,明确行政管理部门的职责。一方面,加大行政管理职能部门的管理力度,在相关部门设置专门的旅游资源开发保护管理职能,对旅游资源实行统一的规划和监督管理,加强对旅游资源的保护。另一方面,根据行政级别和行政区域,实施"分级管理"和"分域管理",使旅游资源管理的责权落到实处。在行政管理中要注意理顺管理职责,做到责权分明,责权到位,切不可责权不分,导致部门间相互推诿。

3. 做好调查研究,制定科学的旅游规划

在调查研究的基础上,制定和实施科学的旅游发展规划是旅游资源保护的重要举措。首先要对旅游资源及生态环境进行研究,测定并评估旅游资源保护状况,制订相应的规划和实施方案,然后根据规划有计划地开展相应的保护工作,减少因无序开发造成的资源环境破坏。如针对游客在旅游活动中对旅游资源的破坏,首先要加强本地区的旅游规划,充分估计当地的旅游接待能力,正视超负荷接待对旅游资源破坏的影响。针对旅游旺季可能出现的"人满为患"的情况,应有计划地及时采取多种手段,如调整价格、对游客进行引流分散、控制接待量等。

4. 运用多种技术手段,保护旅游资源

技术性保护措施是利用现代科技手段,对旅游资源及其环境进行监测与分析而实施的保护措施。针对不同类型的旅游资源和具体保护需要,可采取物理手段和化学手段、生物手段、工程手段等技术措施保护旅游资源。如用物理和化学方法净化景区水体,清除大气中的污染物。我国用氧化氢纸浆糊敷与注射点滴相结合的工艺根除青铜器上的粉状锈。美国为减少佛罗里达州46号公路附近因饥饿外出寻食被撞死的黑熊数量,在该公路上铺设一条直径8英尺的水泥预制管作为黑熊的通道,公路两边底部呈漏斗状的防护栏可使黑熊顺利落入管道,还在实验通道里安装摄像机以帮助野生动物专家确定黑熊能否利用安全通道。

5. 加强宣传教育,强化保护意识

旅游资源保护的意识不强是造成人为破坏的主要原因。所以,必须加大对旅游资源保护的宣传,从而达到教育公众,提高他们的资源保护意识的目的,进而使其自觉地保护旅游资源。目前,我国公民对环境和资源保护的认识和行动上,与发达国家相比还有较大差距,这就更需要我们做好对环境和旅游资源保护的宣传教育工作,使宝贵的旅游资源免遭人们无知的摧残。

总之,我国旅游资源保护的工作任重而道远,应把旅游资源保护工作放在旅游业发展的重要位置,结合各种措施,使我国旅游业真正走上持续、稳定、健康发展的道路。

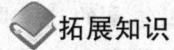 拓展知识

美国国家公园系统

自世界上第一个国家公园——黄石公园于1872年在美国成立,美国已有384个国家公园分别被界定为国家公园、国家纪念地、国家保护区、国家湖岸、国家海岸、国家历史公园、国家战争公园、国家历史地、国家游憩地、国家纪念馆和风景道等20个不同类型,总占地面积达33.74万平方公里,占美国国土面积的3.64%。20世纪初,随着美国有关保护环境和文化资源(包括国家公园)的一系列法律、法规、标准与指导原则、公约、命令或协议的颁布和完善,逐步形成了一整套源于这些法律法规的国家公园管理政策和管理体制。

法律基础。美国的遗产保护是建立在较为完善的法律体系之上的,几乎每一个国家公园都有独立立法。从1872年的《黄石公园法》,到1916年的《组织法》、

1935年的《历史纪念地保护法》、1964年的《野生动物保护法》以及《土地和水资源保护法》、1968年的《国家游径系统法》和《自然风景河流法》、1970年的《一般授权法》、1978年的《国家公园及游憩法》、1980年的《阿拉斯加国家土地保护法》、1998年的《国家公园系列管理法》，美国国会的立法、决议、决定以及相关管理政策的制定始终伴随着美国国家公园发展的全过程。美国国家公园局的设立及其各项政策均以联邦法律为依据，按照法律规定的程序来进行。国家公园管理机构只有依法保护国家公园资源的责任和义务，没有不受法律限制的开发权利。

管理机构。美国国家公园体系的管理者为内政部国家公园管理局。该局成立于1916年，专门负责全国的国家公园事务。1935年通过的《历史纪念地保护法》规定，将国家文化资源和自然资源统一交由国家公园管理局管理。

统一标准。一个准备进入国家公园系统的新区必须符合以下标准：(1) 属于具有全国意义的自然、文化或欣赏价值的资源；(2) 具有加入国家公园系统的适宜性；(3) 具有加入国家公园系统的可行性；(4) 具有由国家管理局代替其他机构或私人企业等不同保护方式的要求。这些标准的制定就是确保国家公园系统只能包括国家自然、文化和具有欣赏价值资源的杰出范例，同时也说明，进入国家公园系统不是保护国家最杰出资源的唯一选择。

美国国家公园的规划设计由国家公园管理局下设的丹佛规划设计中心全权负责，独家垄断操作。丹佛规划设计中心的职员有风景园林师，生物、生态、地质、水文、气象等方面的专家学者，还有经济学、社会学和人类学的专家。这一方面保证了规划设计的质量，另一方面又防止了违反规划事情的发生。

旅游功能。美国国家公园与州立公园分工明确，国家公园以保护国家自然文化遗产，并在保护的前提下提供全体国民观光机会为目的；州立公园主要为当地居民提供休闲度假场所，允许建设较多的旅游服务设施。州立公园体系的建立既缓解了国家公园面临的巨大旅游压力，又满足了地方政府发展旅游、增加财政收入的需要。

特许经营。1965年美国国会通过了《特许经营法》，规定国家公园管理机构不得从事商业性经营活动，公园内商业经营项目通过特许经营的办法委托企业经营，管理机构从特许经营项目收入中提取一定比例的费用，用于改善公园管理。国家公园管理机构是联邦政府的非营利机构，专注于自然文化遗产的保护与管理，日常开支由联邦政府拨款解决。特许经营制度的实施形成了管理者和经营者角色的分离，避免了重经济效益、轻资源保护的弊端。

资料来源：吴必虎，宋子千.旅游学概论[M].中国人民大学出版社，2009。

任务五 了解世界遗产发展概况

情境设计

虽然"五一"小长假已经过去一段时间,但是有些旅游景区的门票依旧往上涨,旅游景区门票的高涨让许多老百姓面对祖国的大好河山只能是望洋兴叹。尤其是近几年的"申遗热",而申遗后必涨价,使游客越来越游不起。但国外大多数的旅游景点却是免费的。

结合以上情境,完成以下任务:
1. 讨论为什么景区热衷于"申遗","申遗"后能够给景区带来哪些益处?
2. 说说你所知道的中国的世界自然遗产和世界文化遗产。

任务分析

"申遗"有利于深度挖掘区域旅游资源、推进旅游区域合作,同时对于提升景区的国际影响力也是非常有意义的。但"申遗"后出现了涨价、人们蜂拥而至带来的破坏等诸多问题。本节我们将对这些问题进行讨论。

相关知识

2013年6月,第37届世界遗产委员会大会在柬埔寨金边召开。截至2013年6月24日,《世界遗产名录》中世界遗产总数已达981处,其中世界文化遗产(含文化景观遗产)759处,自然遗产193处,文化与自然双遗产29处。排列前三的国家分别是意大利(49)、中国(45)和西班牙(44)。

一、世界遗产的概念

1972年11月,联合国教科文组织第17届大会在巴黎召开,会议通过了《保护世界文化和自然遗产公约》(简称《世界遗产公约》),主要规定文化遗产和自然遗产的定义以及文化遗产和自然遗产的国家保护和国际法保护措施等条款,规定了各缔约国可自行确定本国领土内的文化和自然遗产,并向世界遗产委员会递交其遗产清单,由世界遗产大会审核和批准。

《世界遗产公约》的管理机构是联合国教科文组织的世界遗产委员会,该委员会于1976年成立,并同时建立了《世界遗产名录》。该名录的编制和世界遗产委员会等机构的成立为全球合作保护世界遗产提供了重要前提,之后的《实施世界遗产公约的操作指南》更为保护工作的权威性和可操作性提供了有力的抓手,标志着一个新的人类保护文化成就和自然财富时代的到来。

总之,世界遗产是指被联合国教科文组织和世界遗产委员会确认的、人类罕见的、目前无法替代的财富,具体可分为自然遗产、文化遗产、自然与文化双重遗产。如加拿大的米瓜莎公园,中国的长城,新西兰的汤加里罗国家公园。

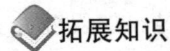拓展知识

世界遗产的发展

图4-4 联合国教科文组织世界遗产标志

1959年,埃及政府打算修建阿斯旺大坝,但可能会淹没尼罗河河谷里的珍贵古迹。1960年联合国教科文组织发起了"努比亚行动计划",50多个国家集资4千万美元,成功地保护了这些世界遗产。阿布辛贝神殿和菲莱神殿等古迹被仔细地分解,然后运到高地,再一块块地重新组装起来。之后,联合国教科文组织联合国际古迹遗址理事会起草了保护世界遗产的协定。

1972年,联合国教科文组织在巴黎通过《保护世界文化和自然遗产公约》,是参与国家最多的公约。

1973年,美国最先加入公约组织,到现在有大约180个国家加入。

1977年,联合国教科文组织世界遗产委员会正式召开会议,评审世界文化遗产。世界文化遗产包括:①文物,②建筑群,③遗址。世界自然遗产包括:①地质和生物结构的自然面貌,②濒危动植物生态区,③天然名胜。

1992年,联合国教科文组织世界遗产委员会第16届会议提出把"文化景观遗产"纳入《世界遗产目录》中,专门代表《保护世界文化与遗产公约》第一条表述的

自然与人类的共同作品。文化景观遗产包括：①园林和公园景观，②有机进化的景观（人类历史演变的物证），③关联性文化景观。

1992年，联合国教科文组织启动一个世界文化遗产的延伸项目"世界记忆遗产"（也叫作"世界记忆工程"或者"世界档案遗产"），目的是抢救和保护文献记录，使人类的记忆更加完整。

1998年，联合国教科文组织通过决议设立"非物质文化（口头和非物质文化）遗产"评选，以便保护文化的多样性，激发创造力。这是跟《保护世界文化和自然遗产公约》保护物质文化遗产并列的项目，一般也被当作世界遗产的整体内容。

1998年和1999年，奥地利塞默林铁路、印度大吉岭喜马拉雅铁路先后被列入世界遗产名录，延伸出一个具有旅游开发价值的"线性文化遗产"类型。

2002年，联合国粮农组织、开发计划署和全球环境基金设立全球重要"农业文化遗产"项目，即GIAHS全球重要农业文化遗产。

2009年，湿地国际联盟组织开展对国际湿地纳入世界遗产保护战略，设立"湿地遗产"项目。

资料来源：百度知道。

二、世界遗产的类型

根据《世界遗产公约》，世界遗产主要包括文化遗产、自然遗产和文化与自然双遗产。经过多年的实践，在加深了世界遗产内涵理解的基础上，现在又增加了一些新的内容。近年来常用的世界遗产类型有以下几种：

（一）文化遗产（Culture Heritage）

1.《世界遗产公约》规定的文化遗产

（1）文物：从历史、艺术或科学角度看，具有突出、普遍价值的建筑物、雕刻和绘画，具有考古意义的成分或结构，铭文、洞穴、住区及各类文物的综合体。

（2）建筑群：从历史、艺术或科学角度看，因其建筑的形式、同一性及其在景观中的地位，具有突出、普遍价值的单独或相互联系的建筑群。

（3）遗址：从历史、美学、人种学或人类学角度看，具有突出、普遍价值的人造工程或人与自然的共同杰作以及考古遗址地带。

（4）文化遗产保护区：主要指历史建筑、历史名城、重要考古遗址和有永久纪念价值的巨型雕塑及绘画作品。

2. 文化遗产项目列选标准

凡提名列入《世界遗产名录》的文化遗产项目，至少要符合以下一项标准才能获得批准：

（1）代表一种独特的艺术成就，一种创造性的天才杰作。

（2）能在一定时期内或世界某一文化区域内，对建筑艺术、纪念物艺术、规划或景观设计方面的发展产生过重大影响。

（3）能为一种已消逝的文明或文化传统提供一种独特的或至少是特殊的见证。

（4）可作为一种建筑或建筑群或景观的杰出范例，展示人类历史上一个（或几个）重要阶段。

（5）可作为传统的人类居住地或使用地的杰出范例，代表一种（或几种）文化，尤其在不可逆转之变化的影响下变得易于损坏。

（6）与具有特殊普遍意义的事件或现行传统或思想或信仰或文学艺术作品有直接和实质的联系（委员会认为，只有在某些特殊情况下或该项标准与其他标准一起作用时，此款才能成为列入《名录》的理由）。

世界文化遗产如希腊罗得中世纪古城（Medieval City of Rhodes）、法国里昂历史遗迹、德国的科隆大教堂和洪都拉斯的科潘玛雅遗址。

（二）自然遗产（Natural Heritage）

1. 《世界遗产公约》规定的自然遗产

（1）从美学或科学角度看，具有突出、普遍价值的由地质和生物结构或这类结构群组成的自然面貌。

（2）从科学或保护角度看，具有突出、普遍价值的地质和自然地理结构以及明确规定的濒危动植物物种生境区。

（3）从科学、保护或自然美角度看，具有突出、普遍价值的天然名胜或明确划定的自然地带。

2. 自然遗产项目列选标准

（1）构成代表地球现代化史中重要阶段的突出例证。

（2）构成代表进行中的重要地质过程、生物演化过程，以及人类与自然环境相互关系的突出例证。

（3）独特、稀少或绝妙的自然现象、地貌或具有罕见自然美的地带。

（4）尚存的珍稀或濒危动植物种的栖息地。

（三）文化与自然双重遗产（Mixed Properties）

文化与自然混合双重遗产是指自然和文化价值相结合的遗产，显示了人类从改造自然、征服自然到与自然和谐相处的观念的巨大转变，因此具有深远的意义。如中国的泰山、黄山、峨眉山、武夷山及非洲马里的邦贾拉悬崖等。我国的泰山既符合文化遗产评判的全部标准，又符合自然遗产评判的其中一条标准，是名副其实的"世界遗产之尊"。

（四）文化景观（Culture Landscapes）

文化景观这一概念是1992年12月在美国圣菲召开的联合国教科文组织世界

遗产委员会第 16 届会议上提出并纳入《世界遗产名录》中的。文化景观代表了《世界遗产公约》第一条所表述的"自然与人类的共同作品"。《实施保护世界文化与自然遗产公约的操作指南》对文化景观的原则进行了规定：文化景观"能够说明为人类社会在其自身制约下、在自然环境提供的条件下，以及在内外社会经济文化力量的推动下发生的进化及时间的变迁。在选择时，必须同时以其突出的普遍价值和明确的地理文化区域内具有代表性为基础，使其能反映该区域本色的、独特的文化内涵"。一般来说，文化景观有以下类型：

1. 由人类有意设计和建筑的景观

包括出于美学原因建造的园林和公园景观，它们经常（但并不总是）与宗教或其他概念性建筑物或建筑群有联系。

2. 有机进化的景观

它产生于最初始的一种社会、经济、行政以及宗教需要，并通过与周围自然环境的相联系或相适应而发展到目前的形式。它包括两类：一是残遗物（化石）景观，代表一种过去某段时间已经完结的进化过程，不管是突发的或是渐进的。它们之所以具有突出、普遍价值，就在于显著特点依然体现在实物上。二是持续性景观，它在当地与传统生活方式相联系的社会中，保持一种积极的社会作用，而且其自身演变过程仍在进行之中，同时又展示了历史上其演变发展的物证。

3. 关联性文化景观

这类景观的特征与自然因素、强烈的宗教、艺术或文化相联系。目前，列入《世界遗产名录》的文化景观并不多，我们的庐山风景名胜区属于此类。

（五）濒危世界遗产（World Heritage in Danger）

根据《世界遗产公约》的规定，世界遗产委员会建立有《濒危世界遗产名录》，凡被列入该名录的古迹遗志、自然景观一旦受到严重威胁，经世界遗产委员会调查和审议，即可列入濒危遗产名录，按需要及时采取紧急抢救措施。并根据实际情况，委员会随时公布、更新名单。如在巴西首都巴西利亚召开的第 34 届世界遗产大会期间，世界遗产委员会决定将马达加斯加阿齐纳纳纳雨林等 4 处世界遗产列入《濒危世界遗产名录》，并将厄瓜多尔的加拉帕戈斯群岛从该名录中删除。

（六）人类口头和非物质遗产代表作（简称非物质文化遗产，Intangible Cultural Heritage）

"非物质文化遗产"主要包括五种类型：口头传说和表述；表演艺术；社会风俗、礼仪、节庆；有关自然界和宇宙的知识和实践；传统的手工艺技能。非物质文化遗产在旅游业中发挥着重要作用。我国非物质文化遗产如有关刘三姐的民间传说，广西桂林以刘三姐歌谣及相关故事为核心打造的实景表演《印象·刘三姐》，整合了实体旅游景点、故事、传说、民俗、表演、名导以及出色的舞台效果，取得了轰动性效应,改变了桂林旅游的传统格局。

综上所述,目前世界遗产的分类如图4-5所示。

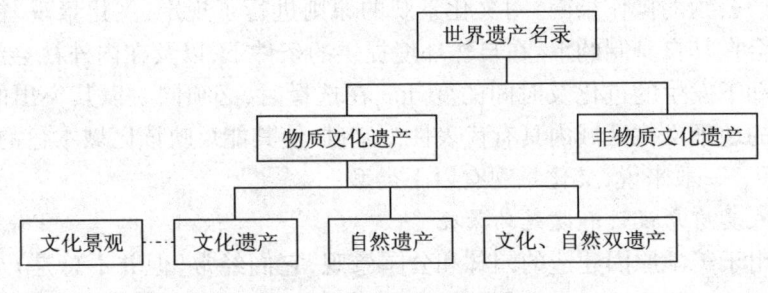

图4-5 世界遗产分类图

三、世界遗产在中国

(一)我国世界遗产的基本情况

我国于1985年12月12日成为《世界遗产公约》的缔约方。为了加强世界遗产的申报、管理和保护工作,2002年我国国家文物局设立了世界遗产处。

2013年6月22日在柬埔寨金边举行的第37届世界遗产大会上,中国红河哈尼梯田文化景观被批准列入联合国教科文组织《世界遗产名录》,成为中国第31项世界文化遗产,使我国世界遗产增加至45处,位于世界遗产名录国家排名第二,仅次于拥有49个世界遗产的意大利。中国世界遗产名录如表4-5所示。

表4-5 中国世界遗产名录

序号	地域名称	批准时间	遗产种类
1	长城	1987.12	文化遗产
2	北京故宫、沈阳故宫	1987.12	文化遗产
3	陕西秦始皇陵及兵马俑	1987.12	文化遗产
4	甘肃敦煌莫高窟	1987.12	文化遗产
5	北京周口店北京猿人遗址	1987.12	文化遗产
6	山东泰山	1987.12	文化与自然双重遗产
7	安徽黄山	1990.12	文化与自然双重遗产
8	湖南武陵源国家级名胜区	1992.12	自然遗产
9	四川九寨沟国家级名胜区	1992.12	自然遗产

续表

序号	地域名称	批准时间	遗产种类
10	四川黄龙国家级名胜区	1992.12	自然遗产
11	西藏布达拉宫	1994.12	文化遗产
12	河北承德避暑山庄及周围寺庙	1994.12	文化遗产
13	山东曲阜的孔庙、孔府及孔林	1994.12	文化遗产
14	湖北武当山古建筑群	1994.12	文化遗产
15	江西庐山风景名胜区	1996.12	文化景观
16	四川峨眉山—乐山风景名胜区	1996.12	文化与自然双重遗产
17	云南丽江古城	1997.12	文化遗产
18	山西平遥古城	1997.12	文化遗产
19	江苏苏州古典园林	1997.12	文化遗产
20	北京颐和园	1998.11	文化遗产
21	北京天坛	1998.11	文化遗产
22	重庆大足石刻	1999.12	文化遗产
23	福建武夷山	1999.12	文化与自然双重遗产
24	四川青城山和都江堰	2000.11	文化遗产
25	河南洛阳龙门石窟	2000.11	文化遗产
26	明清皇家陵寝:明显陵、清东陵、清西陵、盛京三陵	2000.11	文化遗产
27	安徽古村落:西递、宏村	2000.11	文化遗产
28	山西大同云冈石窟	2001.12	文化遗产
29	云南三江并流	2003.7	自然遗产
30	高句丽王城、王陵及贵族墓葬	2004.7	文化遗产
31	澳门历史城区	2005.7	文化遗产
32	四川大熊猫栖息地	2006.7	自然遗产
33	安阳殷墟	2006.7	文化遗产
34	中国南方喀斯特	2007.6	自然遗产

续表

序号	地域名称	批准时间	遗产种类
35	开平碉楼与村落	2007.6	文化遗产
36	福建土楼	2008.7	文化遗产
37	江西三清山	2008.7	自然遗产
38	山西五台山	2009.6	文化遗产
39	登封"天地之中"历史建筑群	2010.7	文化遗产
40	中国丹霞	2010.8	自然遗产
41	杭州西湖文化景观	2011.6	文化遗产
42	元上都遗址	2012.6	文化遗产
43	澄江化石地	2012.7	自然遗产
44	新疆天山	2013.6	自然遗产
45	红河哈尼梯田文化景观	2013.6	文化遗产

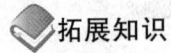 拓展知识

哈尼梯田,通往天国的阶梯

红河哈尼梯田是以哈尼族为主的各族人民利用当地"一山分四季,十里不同天"的地理气候条件创造的农耕文明奇观。哈尼族先民自隋唐之际进入此地区就已开垦梯田种植水稻,据载已有1300多年的历史,哈尼族倾注了数十代人的心力,发挥了惊人的智慧和勇毅垦殖梯田。这里的梯田规模宏大,绵延整个红河南岸的元阳、绿春、金平等县,仅元阳县境内就有19万亩。这里水源丰富,空气湿润,雾气变化多端,将山谷和梯田装扮得含蓄生动。元阳梯田有四绝:

一绝:面积大,形状各异的梯田连绵成片,每片面积多达上千亩;

二绝:地势陡,从15度的缓坡到75度的峭壁上,都能看见梯田;

三绝:级数多,最多的时候能在一面坡上开出3000多级阶梯;

四绝:海拔高,梯田由河谷一直延伸到海拔2000多米的山上,可以到达水稻生长的最高极限。

有人说,再华丽的辞藻用来形容元阳的那片土地,都显得苍白无力,再伟大的摄影师,置身于这片大地,思维都会犯困。"如果你是一个驴友,你不到元阳,元阳

会替你感到难过;如果你是一个拍友,你不到元阳,上帝也会替你感到难过!"元阳梯田是哈尼族人世世代代留下的杰作。大者有数亩、小者仅有簸箕大,元阳梯田有多依树、坝达、猛品、金竹寨龙树坝等六七个景点,各有特色,离县城最远的有24公里。当太阳升起,红霞满天,云雾滚滚,阳光投射到水汪汪的梯田时,金波闪闪,十分壮美。下午又到第二个景点观赏梯田日落的景色。在元阳新县城住上三四天,遇上好天气,有云雾、阳光、彩霞,令你的摄影创作满载而归。

资料来源:百度百科。

(二)世界遗产与中国旅游

1. 世界遗产是重要的旅游资源

中国是东方文明古国,1978年开始改革开放,最初我国旅游业发展所依赖的资源主要是文化旅游资源,以北京的长城、故宫、天坛、颐和园、周口店人类文化遗址、山东的泰山、甘肃的敦煌莫高窟、西安秦始皇陵兵马俑为代表。这些旅游资源也是中国最早获得认定的世界遗产的杰出代表,即使在今天也是举世闻名的旅游地。

2. 世界遗产的宣传作用

世界遗产可以享受国际援助、技术支持、免受战争或人为破坏等一系列优惠待遇。获得"世界遗产"的殊荣不仅可以提升国际认可度,还可以对其所在国家和所在地起到很好的宣传作用,能够吸引众多的旅游者,创造出可喜的经济效益和社会效益。"世界遗产"如同一块金字招牌,作为无形资产,它的潜在价值难以估量。如黄山1990年被批准成为文化与自然双遗产后,旅游年收入也从几百万元迅速猛增至2亿元;洛阳龙门石窟"入遗"前每年门票收入1000万元、"入遗"第二年就达到了2700万元;福建土楼2008年7月被列入世界文化遗产,门票价格上调40%~300%。

3. 世界遗产为中国旅游带来了新理念

世界遗产给中国的旅游研究和开发还来了很多全新的理念,如文化线路理论对旅游开发的启示。文化线路作为一种新的文化遗产保护方法,为旅游规划提供了新的思路。《实施世界遗产公约的操作指南》中提到的大尺度、多维度的文化线路不仅包括了传统的物质遗产、文化古迹,而且也包括非物质遗产、民族风情等。文化线路在历史上所具有的文化交流与传播的作用,特别是它与重大历史事件之间的联系使之符合今天人类文化旅游的要求。因此,这一理论被广泛采用,如被应用于京杭大运河、丝绸之路、长城、茶马古道等文化旅游开发之中。

(三)中国世界遗产旅游开发存在的问题

1. 重开发,轻保护

世界遗产地申报成功之后,随着知名度的提高,众多旅游者慕名而来,世界遗产地因此取得了显著的经济效益和社会效益。一些地方把世界遗产当作地方的"摇钱树",甚至有的地方政府公然要求世界遗产地几年内要成为当地财政的"顶梁柱",进行市场化炒作和商业化经营,有的还把世界遗产当作私有商品捆绑上市,这些导致世界遗产正遭受严重破坏。

世界遗产地经常出现"人满为患"的现象,这既对世界遗产地的资源和环境产生负面影响,同时,严重降低游客的满意度,对世界遗产的保护和旅游开发工作都非常不利。全国假日办发布的《2014年春节黄金周旅游统计报告》表明,2014年春节黄金周期间,全国共接待游客2.31亿人次,同比增长14.0%;实现旅游收入1293.6亿元,同比增长16.4%;据此测得人均旅游花费同比增长2.1%,较2013年同期仅微增0.1%。该统计数据高于中国旅游研究院此前预期(预计春节游客增长10.8%,收入增长11.1%)。厦门今年又成为春节最受欢迎的境内旅游目的地。在厦门各大景点,特别是鼓浪屿,可谓是人山人海。都说不到鼓浪屿,就不算到厦门,许多旅客为了登上这座琴岛,不惜排队四五个小时,2月4日上岛人数达77 025人。而根据测算,上岛人数超过5万即为拥挤。

2. 严重损害世界遗产的完整性和原真性

中国的旅游开发热衷于古迹遗址的修复和重建,最为典型的是四川世界文化遗产乐山大佛保护区内新建的仿造各地著名佛像的"东方佛都旅游景区"和新开山劈石所塑的"阿富汗巴米扬大佛"。原真性是国际公认的文化遗产评估、保护和监控的基本因素。中国已经越来越多地参与到国际文化遗产保护和合作与交流中,但是目前不少地区的旅游开发却极大地损害了世界遗产项目的原真性和完整性,以至于受到世界遗产委员会的警告。

3. 世界遗产的内涵被忽略

世界遗产地都纷纷推出了以该地世界遗产项目为名的专项旅游产品,旅游产品前面冠以世界遗产的名头,以此来招徕游客。而世界遗产的人文价值、科学价值、美学价值和教育价值的真正内涵没有真正地发挥作用,由此,世界旅游遗产也失去了其实质性意义,沦为招徕游客的噱头。

☞ 行业动态

谁为中国式"申遗"埋单

最近,申遗像一股旋风,华丽地吹着我们周围。"丹霞"的一夜成名把"世界遗产"的名号推到了风口浪尖上。广东丹霞山、湖南崀山、贵州赤水等六个丹霞地貌被列入《世界遗产名录》后,一些网友提出:这六个景区为"申遗"花费的资金总额达十几亿元人民币,这些钱到底花在哪儿了?景区"申遗"成功后,当地政府为了按期归还银行贷款,景区门票是否会大幅涨价?到底由谁来为中国式申遗的巨资埋单?

在相关部门、相关专家们一致认为这巨资花得值的时候,我想他们或许是没有多少时间来想这个问题的。当然,也有可能早已想好了。或者,他们比谁都知道"世界遗产"这块金字招牌的含金量,一旦拥有了这张在国际上畅通无阻的"世界名片",就意味着一登龙门,身价百倍。然而,"世界遗产"是否就这样沦为发展旅游的摇钱树?截至 2010 年 8 月 1 日,中国已有 40 处世界遗产,其中世界文化遗产 26 处,世界自然遗产 8 处,文化和自然混合遗产 4 处,文化景观 2 处。"申遗"仍未就此打住。根据住建部统计,目前中国有包括杭州西湖在内的 35 个项目正式备选申遗,而各地提出申遗的已经排队到下个世纪。

"中国式申遗"的初衷,大抵与"名人故里之争"如出一辙,背后都贴着"文化搭台,经济唱戏"八个大字。遗产、遗产,就是要"产"——经济产出。坐拥上天留给人间的自然遗产,沾点光、赚点钱,改善一下地方财政,无可厚非,但是,"申遗"是否就是经济的"兴奋剂"?我看未必!地方政府花巨资"申遗",会否挤占公共投入,减损公共福利?这是政府"申遗"之举最易激起群情的议题。医疗、住房、教育投入不尽如人意,而"申遗"却不惜血本。两相比照,很容易授人以不分轻重缓急之柄。

到底谁来为中国式申遗埋单?有关部门是否早有考量和答案?

资料来源:李志起.谁为中国式申遗埋单[J].中国经济周刊.2010,33。

(四)世界遗产旅游开发的中国模式

1."轮休型"模式

1987 年 10 月,黄山旅游区管理者和资源保护专家受"封山育林""海洋休渔期"的启发,在国内首创景点"轮休型"开发模式,封闭始信峰,利用 1~2 年时间,通过人工辅助促进自然恢复的措施,恢复受损的林木植被,改善生态环境。

"轮休型"模式是指每年或每个旅游旺季开放一部分景区(点),让景区(点)轮流休息,以更好地保护世界遗产。这一模式比较适用于占地面积较小,景点相对独立,且生态或文化较脆弱的世界遗产地,如龙门石窟、大足石刻、苏州园林等。

2."分区开发"模式

"分区开发"模式是将世界遗产地划分为若干地区,界定每个地区的范围、界限和活动类型,每个地区的地位、功能、价值不同,保护的重点和方式也有所不同。一个典型的自然保护区,可划分为三个区域,即核心区、缓冲区和实验区。因此,也可将世界遗产划分为核心保护区、缓冲区和边缘区。这种模式比较适用于区域比较大、包含自然景观的世界遗产地,如泰山、九寨沟等。

3. 社区模式

社区模式是把世界遗产与社区发展开发模式相结合,这也是一种保护性的开发模式。这种开发模式将社区力量调动起来,在社区开发出各具特色的街区和文化体验活动,旅游者在遗产景区旅览后,可以到社区的特色街区、特色文化体验区进行购物、娱乐、品尝小吃等休闲体验活动。这种模式适用于存在城市之中的世界遗产,如故宫、布达拉宫、山东曲阜三孔等。当地居民已成为这些世界遗产地不可分割的一部分,世界遗产由于有居民的活动而更具活力,因而也使世界遗产更有魅力和亲和力,对世界遗产形象的树立和宣传起到了促进作用。

案例分享

周庄:20年,从"古之幽情"到"空前繁荣"

周庄地处苏州昆山市、吴江市、上海的青浦县三县市交界之处,东面不远就是有名的淀山湖,有着九百多年的历史。它以悠远的传统,淳朴的民风,古老的建筑,清澄的河水和充满传奇色彩的人物,成为一片极有诱惑力的旅游胜地。周庄能够为大家所熟知得力于画家陈逸飞。1984年他创作了《故乡的回忆》,1985年,这幅画又经其加工成为当时联合国首日封的图案,深受集邮爱好者和各界人士的青睐。经新闻媒体宣传,周庄古镇声名鹊起。陈逸飞的画使默默无闻的周庄"双桥"走向了世界。而当时从上海到周庄,舟车相继需要三四天的时间。

著名画家吴冠中在《古镇的美与愁》中这样写道:我寻访过不少江浙的乡镇,但其时尚不知有周庄,至1985年我才从苏州坐小轮船到达周庄。环庄三面皆湖,周庄像个半岛,因不通公路,便类似孤岛。岛中河道交错,小桥人家,淳朴、冷落、淡泊,令我联想到陶渊明笔底的桃花源。住下作画近十日,我赞誉:黄山集中国山川之美,周庄集中国水乡之美。著名古建筑专家罗哲文说:"周庄不仅是江苏省的一个宝,而且是国家的一个宝。"台湾经纬杂志盛赞周庄是"中国第一水乡"。还有不少人在游览了周庄之后,这样说道:"上有天堂,下有苏杭,中间还有一个周庄。"大家为周庄保存着如此众多的明清建筑而赞叹,为"小桥、流水、人家"的精美格局而眩惑,为处处可画、时时有诗的风情而陶醉,觉得周庄是无法重造的美丽水乡。

然而,具有900多年历史的古镇周庄,今天却俨然成了一个嘈杂的集市。在庄里行走,特别是第一次来的人肯定吓一跳:如果天安门前的人山人海还能够因为场地的开阔被接受的话,古镇内一米来宽的窄巷人头攒动,那实在是有点恐怖了。周庄几乎所有的沿街房子,除了个别景点,都破门开店,仅仅0.47平方公里的小镇,却挤满了几百家商店,不少居民为了开店,不惜拆墙除瓦。有时,一晚上一幢民居楼就消失了。周庄的门窗原有100多种风格和式样,现在,式样存世数量越来少。八成居民都在卖黝黑的假古董、鲜亮的旅游纪念品、批量生产的印刷画,还有茶馆、饭店、酒肆、时装店……

昔日的小桥、流水、人家变成了今日的人桥、游船、商贩。昔日的梦里水乡变成了今天的商业水乡。

资料来源:老枪.大败笔——中国风景黑皮书[M].北京:中国友谊出版公司,2006.

分析:旅游资源开发要突出独特性原则,讲求经济的原则,注重保护与合理开发相结合的原则。周庄在开发中突出了讲求经济的原则,而忽视了突出独特性的原则和注重保护与合理开发相结合的原则。

案例中提到印象中的周庄犹如陶渊明笔底的世外桃花源,"小桥、流水、人家"的精美格局曾使其成为无法重造的美丽水乡。但周庄在开发过程中,为了经济利益,忽视其旅游承载量,忽略其江南水乡的特色,使其变成了今天拥挤的闹市,昔日雅致、安逸、清闲的气息荡然无存。商业化的经营与周庄原有的风格极不协调。同时,周庄在开发中不注意保护原有的旅游资源,它原有的明清建筑风格独具特色,而现在不少居民为了开店,不惜拆墙除瓦。周庄原有100多种风格和式样的门窗,现在,存世数量已越来越少。所以说周庄的开发是失败的。

思考与练习

一、选择

1. 旅游资源的特点有( )。
 A. 多样性　　B. 季节性　　C. 地域性　　D. 变化性　　E. 易损性
2. 根据旅游资源特点和属性的不同,可把旅游资源分为不同的类型,人们常说的"二分法"是指( )。
 A. 自然旅游资源　　　　　　B. 娱乐项目
 C. 社会旅游资源　　　　　　D. 人文旅游资源
3. 旅游资源评价的内容有( )。
 A. 旅游资源社会容量评价　　B. 旅游资源环境的评价
 C. 旅游资源开发条件的评价　D. 旅游资源质量的评价
4. 旅游资源开发的原则有( )。
 A. 突出独特性原则　　　　　B. 讲求经济的原则
 C. 突出实效原则　　　　　　D. 注重保护与合理开发相结合的原则
5. 中国世界遗产旅游开发存在的问题( )。
 A. 重开发,轻保护　　　　　B. 世界遗产不断增加
 C. 世界遗产的内涵被忽略　　D. 严重损害世界遗产的完整性和原真性

二、判断

1. 旅游资源的吸引力是一成不变的,一旦具有了旅游吸引性,就永远都是旅游资源。
2. 开封清明上河园是以宋朝风俗为主题的公园,属于自然和人文相结合的旅游资源。
3. 人文旅游资源都是不可再生旅游资源。
4. 北京师范大学的卢云亭提出"三三六"评价方法,即"三大价值"、"三大效益"、"六大条件",是定性评价法的一种。
5. 旅游资源进入《世界遗产名录》后会永远成为世界级旅游资源,永久受益。

三、名词解释

旅游资源　自然旅游资源　人文旅游资源　旅游资源开发　世界遗产

四、问答

1. 旅游资源开发的内容有哪些?
2. 简述旅游资源开发与旅游资源保护的关系。
3. 旅游资源遭受破坏的原因有哪些?如何对旅游资源进行保护?

五、实训项目

以小组为单位,假设你是自己家乡的旅游大使,向全组推介你家乡的旅游项目。

项目五　关注旅游业

学习目标

1. 掌握旅游业的定义、特点及构成。
2. 掌握旅行社的定义、分类和产品类型，了解旅行社的作用、业务范围。
3. 掌握旅游饭店的类型、等级划分，了解旅游饭店的发展趋势。
4. 掌握旅游交通定义、类型，了解旅游交通的作用。
5. 掌握旅游购物类型、特点和旅游商品，了解旅游购物的地位和作用。
6. 掌握旅游景区的定义、类型和特点，了解我国旅游景区的发展趋势。

项目分析

　　旅游业是旅游活动的基本要素之一，是旅游者完成旅游活动的保障。旅游业是一个由旅行社、旅游饭店、旅游交通、旅游购物、旅游景区等诸多相关行业与部门构成的综合性产业。其中旅行社、旅游饭店和旅游交通被称为现代旅游业的三大支柱。旅游业这些供给部门的发展程度都将对旅游业总体发展水平产生重要影响。本项目是这门课的核心内容，主要学习旅游业的基础知识，掌握旅行社、旅游饭店、旅游交通、旅游购物、旅游景区的内涵、类型及作用。

任务一　了解旅游业

情境设计

　　高耸绚丽的双子塔、古迹众多的槟城、沙滩绵延的沙巴……近年来，马来西亚逐渐成为我国游客喜爱的出境游目的地之一，但马航客机失联事件发生后，不少游客表示，对赴马游"心生芥蒂"。那么，此次事件对马来西亚的旅游业影响有多大？
　　近日在吉隆坡举行的马来西亚旅游节上，马来西亚旅游局官员坚称，2014年是马来西亚旅游年，马来西亚的旅游业会有较大增长，不会受马航MH370失联事件影响。但国内多名专家学者均表示，马航失联事件已影响马来西亚的旅游形象。
　　中国旅游研究院副研究员杨劲松认为，马航客机失联对大家的心理选择肯定会造成影响。如果马航事件一直没有定论,游客会对赴马旅行的安全存有疑虑。在谈到马来西亚如何消除不良影响时,他建议马来西亚首先要把这次危机处理好,"如果马国不提升旅游的安全性,加大对游客的保护力度,会损失很多愿意深度体验、多次往返的游客。"他同时提醒,目前旅游散客化出行渐成趋势,此次失联的中国乘客中也没有团队游客。对旅游主管部门和使领馆而言,如何保护出境游客尤其是散客的权益,值得研究。

资料来源:中国旅游报,2014.

根据以上情境,完成下列任务:
1. 讨论马航失联事件对马来西亚旅游业有何影响。
2. 讨论旅游业有哪些特点。

任务分析

随着人们生活水平的提高,旅游活动广泛开展,推动了旅游业在世界各地的飞速发展。进入20世纪90年代,旅游业已成为世界上最大的产业,为世界各国经济的发展做出了重要的贡献。那么什么是旅游业,旅游业包括哪些行业,旅游业有哪些特点,需要我们进一步了解。

相关知识

一、旅游业的概念

旅游业是一个界限模糊而实际存在的产业,由于旅游业涉及众多的行业和部门,各国的行政体制和经济制度也存在较大差异,使人们对旅游业的认识和理解也不尽相同。我们认为:旅游业是以旅游资源为依托,以旅游者为对象,有偿为其旅游活动创造便利条件,并由为旅游活动提供所需产品和服务的行业和部门所组成的综合性产业。

本定义强调以下三点:

第一,旅游业是以旅游资源为依托。旅游资源是一个国家和地区发展旅游业的物质基础。

第二,旅游业把旅游者作为服务对象。旅游者是旅游业生存的基础,旅游业是为满足旅游者的需求而提供产品和服务的,没有旅游者就谈不上旅游业。

第三,旅游业是一项综合性产业,由多种行业和部门组成,是为了满足旅游者在旅游过程中的全部需要而存在的,并且是有偿的服务,达到便利旅游活动的目的。

二、旅游业的构成

旅游业的职能是为旅游者提供服务,满足旅游者在旅游活动过程中的所有需求。由于旅游者需求多种多样,旅游业的行业范围也十分广泛,人们对旅游业构成有着不同的认识。

(一)三大支柱说

根据联合国《国际产业划分标准》,在对开展旅游业务的具体部门加以分析的基础上,我们提出旅游业主要构成涉及三个部分,即旅行社、旅游交通运输部门和以旅游饭店为代表的旅游住宿接待部门。在我国人们习惯于将旅行社、旅游饭店业和旅游交通运输业称为旅游业的"三大支柱"。有学者针对三大支柱对旅游业整体经营所发挥的重要作用,把它们形象地比喻为拉动我国旅游业经济发展的"三驾马车"。

(二)五大部门说

有些人认为旅游业是以旅游目的地为单位来进行划分的。所以,从国家或地区的旅游发展角度来讲,旅游业通常由五大部分构成,即除了上面提到的"三大支柱"部门,还应包括游览场所的经营部门和各级旅游管理组织。这种划分是因为站在旅游目的地的角度去认识,这五个部门之间有着共同的目标和紧密的联系,它们各自分工并联合起来共同促进旅游目的地经济发展。虽然旅游目的地的各级旅游管理组织不是以营利为目的的企业,但它对其他部门的盈利却发挥着重要的支持作用。

(三)八个部分说

这是一种更为全面的划分。认为旅游业的构成涉及八个方面,一方面是直接满足旅游者旅游六大需要(食、住、行、游、购、娱)的六大行业,包括旅行社、旅游饭店业、旅游餐饮业、旅游交通运输业、旅游购物品经营业、以景区为代表的旅游观赏业和旅游娱乐行业;另一方面主要由各级旅游管理机构和各种类型的旅游行业组织构成。把上述两个方面的要素加在一起就是八个部分,它们组合在一起构成了旅游目的地的旅游业。

我们还可以把旅游业构成的前六个基础部门或企业进行整理归类,大致分为两个方面,分别是直接旅游企业和间接旅游企业。前者主要是指直接从事旅游服务或旅游经营的部门或企业,以"三大支柱"的构成要素为代表,后者主要是间接从事旅游服务或旅游经营的企业或部门,即旅游餐饮业、旅游观赏业和旅游商品经营业。

三、旅游业的特点

从旅游业的概念和构成可以看出,旅游业与其他产业相比,具有以下特点:

(一)综合性

旅游业是一个综合性产业,这是由旅游者需要的多样性决定的。旅游者在旅游过程中,有食、住、行、游、购、娱等多方面的需要,这就要求不同的企业为旅游者提供产品和服务。根据世界旅游组织的统计,旅游业的相关行业达到17个。这些企业为满足旅游者的需要,成为一个集合体,它们相互独立,又相互依存、互为补充,所以对于旅游目的地,必须重视旅游业的整体协调发展。如果交通设施不完善,就会影响旅游者的进入;如果住宿供给不足,又会影响旅游者的停留,等等。可见,任何一个行业的发展滞后,都会导致其他行业客源量的减少,只有各行业相互配合,协调发展,才能促进当地旅游业的发展。

(二)依托性

旅游活动涉及面广,所以旅游业具有高度的依托性。首先,旅游业的发展依托于旅游资源,旅游资源是旅游业发展的物质基础,一个地区旅游资源的特点与丰富程度决定了旅游业的发展水平。其次,旅游业的发展依托于国民经济的发展。国民经济的发展决定了人们的可自由支配收入和闲暇时间,从而决定了旅游者的数量和消费水平。国民经济发展水平还决定着旅游供给水平,表现为旅游资源和设施的投入能力。最后,旅游业的发展依托于各有关部门和行业的协调发展,任何一个行业的脱节都会影响旅游经营活动的正常进行。

(三)涉外性

旅游业的基本业务范围主要有三项:一是接待海外游客入境旅游;二是组织和接待本国居民在国内进行旅游;三是组织本国居民出国旅游。其中第一项和第三项业务都是涉外性质的。由于各国的社会制度、社会文化、生活方式等方面存在较大差异,因此,发展国际旅游业的政策性很强。

(四)敏感性

旅游业的综合性强、涉及面广的特点,决定了旅游业具有高度的敏感性特点。旅游业与其他产业相比更容易受到来自外部和内部的多种因素的影响和制约。从外部因素看,自然界、政治、经济、社会、文化、法律等方面的变化都会对旅游业产生明显的影响。如自然因素中的地震、气候反常,政治因素中的国际关系、战争及恐怖活动等都可能不同程度地使旅游业遭受打击。例如印尼巴厘岛爆炸案、5·12汶川大地震、马航失联、韩国"岁月号"沉没等危机事件都对旅游业形成了很大的冲击。

从旅游业内部看,它是由多种部门构成,各个部门是高度依赖的,任何一个部门出现问题,就会引发一系列的连锁反应,最终造成旅游业供给的失调,影响旅游业的整体经济效益。此外,旅游产品具有不可贮存性,而旅游需求本身却具有明显的季节性,如果无法协调好淡旺季的需求与供给的差异,则会导致该地旅游产业产生大幅度的波动。

任务二　熟悉旅行社

情境设计

赵先生一家参加了某旅行社组织的赴泰国旅游,由领队小王带团出境,小王是第一次带团出境,到达泰国时竟无法将游客带出机场。幸好赵先生对该机场比较熟悉,在其协助下旅游团才顺利出港,与前来迎接的地陪相会。在随后的旅游行程中,小王很少与游客交谈,对游客的询问都推给地陪,对地陪向游客强行推销的计划外的自费项目他听之任之。在行车途中,他要么睡觉,要么听歌,然而一到景点,他热情很高,到处拍照,常常超出地陪要求的时间。一次,一位游客不慎摔伤,他也不闻不问,赵先生感叹说:"我们这次简直是自助游!"

根据以上情境,完成下列任务:
1. 讨论该旅行社领队小王哪些地方做得不够,游客赵先生购买的是什么产品。
2. 讨论旅行社的作用和职能是什么。
3. 讨论哪些旅行社能办理出国业务。

任务分析

旅行社产生于19世纪40年代,现在旅行社已发展成为旅游业的三大支柱产业之一,在旅游业中处于"龙头"地位。旅行社是旅游活动的组织者,协调并安排旅游者食、住、行、游、购、娱的各项内容,旅游者旅游活动的满意度和旅行社的服务密切相关。

相关内容

一、旅行社的概念和类型

(一) 旅行社的概念

2009年2月20日国务院发布了《旅行社条例》,自2009年5月1日起实施。该条例所称旅行社,是指从事招徕、组织、接待旅游者等活动,为旅游者提供相关旅游服务,开展国内旅游业务、入境旅游业务或者出境旅游业务的企业法人。

此定义包含三层意思:一是旅行社的设立要经过旅游行政管理部门审批,属于许可经营的行业。二是旅行社经营业务的范围是从事招徕、组织、接待旅游者,主要包括安排交通服务、住宿服务、餐饮服务、观光游览和休闲度假服务、导游和领队服务、旅游咨询和旅游活动设计服务。此外,旅行社还接受委托服务。三是旅行社是以营利为目的的企业法人。旅行社应当自主经营、自负盈亏、自我约束和自我发展,能以自己的名义独立承担民事责任,依法享有权利和承担相应的义务,同时其经营活动也受到法律保护。

特别提示

何谓"企业法人"

企业法人,是指具有符合国家法律、法规规定的资金数额、企业名称、组织章程、组织机构、固定住所等法定条件,能够独立承担民事责任,经主管机关核准登记取得法人资格的,以营利为目的从事经营活动的经济组织。

(二)旅行社的类型

由于各国各地区的国情不同,旅行社的发展目标和水平不同,使旅行社的经营规模、范围和方式方法各有特色,旅行社的分类也不尽相同。

1. 欧美国家旅行社的分类

欧美国家的旅行社,按经营业务范围不同,一般可分为三大类,即旅游批发商(Tour Wholesaler)、旅游零售商(Tour Retailer)和旅游经营商(Tour Opertailer)。

(1)旅游批发商。是组织并推销旅游产品的一种旅行社,他们预先以最低价格大量预订交通、旅馆、餐饮、娱乐设施及旅游景点等旅游企业的产品,将其组合成一系列旅游产品,通过旅游中间商销售他们的包价旅游线路和项目。他们不从事零售,一般也不从事实地旅游接待业务。这种旅行社一般经济实力雄厚,并且有广泛的社会联系。如美国运通公司(American Express Vacations)、日本交通公社(Japan Travel Bureau Inc)。

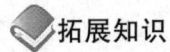
拓展知识

美国运通公司

美国运通公司创立于1850年,总部设在美国纽约,是国际上最大的旅游服务及综合性财务、金融投资及信息处理的环球公司,在信用卡、旅行支票、旅游、财务计划及国际银行业占领先地位,是在反映美国经济指标的道琼斯工业指数30家公司中唯一的服务性公司。

美国运通公司于1891年首先发行了美国运通旅行支票,目前以10种货币发行,在全球旅行支票市场中居领先地位。运通公司是全球最大的独立信用卡公司。在运通公司提供的众多金融及旅游产品及服务中,运通卡为知名度最高的产品。运通公司也是全球最大的旅游服务公司,通过在全世界120多个国家的近2300个运通旅游办事处这一庞大网络,向运通卡会员及顾客提供统一标准及一流的旅游服务。早在1918年,运通公司已在中国上海成立代表处,发展业务。运通公司凭借其已有的服务机构和正在发展的合作项目,在中国建立了一个最广泛的旅游和财务服务网络。运通公司是最早在中国为其全球客户提供服务的公司之一。中国改革开放后,运通公司重返中国。1979年运通公司在北京成立了第一个代表处,此后分别在上海、广州和厦门开设了代表处,并由中国国际旅行社办事处作为其旅游代理,网点遍布全国各地。

资料来源:运通官方网站。

(2)旅游零售商。也叫旅游代理商,是一种向旅游批发商及各有关旅游企业购买产品,出售给旅游者的商业组织或个人。它是联系旅游批发商与旅游者之间的纽带。旅游零售商为潜在的旅游者提供有关旅游的各方面咨询服务;为旅游者代订交通食宿及游览等票据;发售旅行票据和证件;陈列并散发旅游企业的旅游宣传品;向旅游企业反映旅游消费者意见。旅游零售商提供的服务是不向顾客收费的,其收入全部来自被代理企业支付的佣金。一般旅游零售商最接近旅游消费者,所以对旅游者选择旅游目的地的影响很大。

(3)旅游经营商。这种类型的旅行社的业务同旅游批发商基本相同。所不同的是,旅游经营商一般都拥有自己经营的零售网点,除了可以通过中间代理商出售它的包价旅游产品外,还可以通过自己经营的零售网点直接向旅游者出售产品,即"批发兼零售"。

2. 我国旅行社的分类

2009年5月1日开始实施的《旅行社条例》取消了沿用多年的旅行社分类,将旅行社分为两大类,一是经营国内旅游业务和入境旅游业务的旅行社,二是经营国内旅游业务、入境旅游业务和出境旅游业务的旅行社。

《旅行社条例》规定了两大类旅行社的准入条件:

(1)经营国内旅游业务和入境旅游业务的旅行社:①有固定的经营场所;②有必要的营业设施;③有不少于30万元的注册资本;④存入20万元的质量保证金。

(2)经营出境旅游业务的旅行社:①取得经营许可满两年;②增存120万元质量保证金;③未因侵害旅游者合法权益受到行政机关罚款以上处罚。

二、旅行社的作用

旅行社是旅游业的中枢,是连接旅游客源地和旅游目的地,以及旅游者和旅游服务供应商的中介组织,旅行社促进了旅游业的大规模发展。

(一)旅行社是旅游供求的中介环节

从旅游需求来看,由于旅游者需求的多样化、个性化,旅游供应商无法近距离地了解旅游客源市场的需求现状,而旅行社距离客源市场近,能够掌握客源市场的详细信息,并且能够根据旅游者的需求设计旅游线路,组织旅游产品,提供个性化的服务。

从旅游供给来看,旅游供给在空间上是不可移动的,如作为旅游供给重要组成部分的旅游资源就具有不可移动性。对于旅游者来说,要了解更多的旅游供给方面的信息,需要通过旅行社的帮助。

由于旅游需求的多样化、个性化与旅游供给空间上的不可移动性等构成了矛盾,而旅行社在旅游需求与旅游供给之间形成了一条联系紧密的纽带,从而推动了旅游需求的不断增长和旅游供给的不断扩大。

(二)旅行社是旅游活动的组织者

旅游活动涉及很多方面,不仅涉及食、住、行、游、购、娱等旅游服务供应部门和企业,还涉及海关、边检、卫生检疫、外事、侨务、公安、交通管理和旅游行政管理等政府机关。旅行社的主要任务之一就是把旅游企业的各类旅游产品和服务组合成多种多样的形式,适应不同旅游者多样化的需求。其主要工作内容就是编排日程计划,组合成线路产品的形式供旅游者选择和消费。从旅游者需求角度来看,特别是对团队旅游而言,旅行社起着旅游活动组织者的作用。人们只要选定旅游目的地,其他一切活动皆由旅行社负责组织安排。旅行社不仅为旅游者组织旅游活动,而且还起着协调旅游业各有关部门和其他相关行业的作用,保障旅游者在旅游活动各环节的衔接与落实。

(三)旅行社是旅游产品的销售者

由于旅游活动的异地性,旅游目的地产品很难直接对旅游者销售。虽然旅游业中的交通运输部门、住宿部门等也直接向旅游者出售自己的产品,但相当数量的产品都是通过旅行社销售的。旅行社以低于市场价格从饭店、交通、景点及其他旅游企业和旅游服务供应部门购买旅游者所需要的各种服务项目,形成旅行社产品的生产要素,再对这些要素进行不同的设计组合,最后加上旅行社提供的旅游服务内容(如特色导游),形成系列化的特色产品。旅行社把旅游者所需要的产品和服务集中起来,一次性地销售给旅游者,使旅游者不需要耗费精力和体力去逐个解决旅游活动的基本需要,有效地为旅游者解决了出行的许多麻烦和困难,为他们节省了大量的时间和便利。

（四）旅行社是推动旅游业发展的重要因素

旅行社的存在和发展，极大地推动了旅游市场的活跃和发展，使旅游业更加兴旺发达。因为旅行社可以通过多种手段向旅游者提供旅游信息，帮助旅游者做出合理的选择，旅行社可以为旅游者提供各种便利条件，全方位满足旅游者安全、方便、舒适等各种旅游服务要求。这些作用促使更多的人加入旅游者的队伍，进一步推动了旅游业的发展。

三、旅行社的基本业务

（一）按经营范围划分

旅行社的业务按照经营范围，可以划分为入境旅游业务、出境旅游业务和国内旅游业务三种。国家旅游局2009年4月颁布的《旅行社条例实施细则》对这三种业务的规定如下：

1. 入境旅游业务

该业务是指旅行社招徕、组织、接待外国旅游者来我国旅游，香港特别行政区、澳门特别行政区旅游者来内地旅游，台湾地区居民来大陆旅游，以及招徕、组织、接待在中国内地的外国人，在内地的香港特别行政区、澳门特别行政区居民和在大陆的台湾地区居民在境内旅游的业务。

2. 出境旅游业务

该业务是指旅行社招徕、组织、接待中国内地居民出国旅游，赴香港特别行政区、澳门特别行政区和台湾地区旅游，以及招徕、组织、接待在中国内地的外国人，在内地的香港特别行政区、澳门特别行政区居民和在大陆的台湾地区居民出境旅游的业务。我国公民的出境游由港台游、出国游、边境游三部分组成。

3. 国内旅游业务

该业务是指旅行社招徕、组织、接待中国内地居民在境内旅游的业务。

（二）按服务流程划分

1. 产品开发业务

旅行社产品开发与设计是基础性业务。旅行社主要针对旅游者的需求，整合旅游资源，开发设计出具有特色的旅游产品，以最大限度地满足旅游者的需求。

2. 旅游服务采购业务

旅游服务采购业务是指旅行社为了生产旅游产品而以一定的价格向有关旅游服务供应部门或企业购买各种旅游服务要素的一种业务活动。旅行社的采购业务主要涉及交通、住宿、餐饮、景点游览、娱乐和保险等部门。这项业务直接关系到旅行社产品的成本和质量。

3. 旅行社产品销售业务

产品销售业务是指旅行社采取各种策略，有效地促进旅游产品在其目标市场销售的活动。这项业务是旅行社的关键性业务，特别在旅游市场竞争日趋激烈的条件下，采取有效的促销手段，引导旅游者产生实际购买行为，显得越发重要。

4. 旅游接待业务

旅游接待工作是对已经预订旅行社产品或服务的旅游者，在其到达目的地后提供相应的产品或服务，使其圆满地实现此次出游的目的。这是旅行社日常业务的主要内容。

四、旅行社产品的类型

旅行社产品不同于一般的物质产品，它是一种以无形服务为主体内容的特殊产品，是包含了旅游住宿、旅游餐饮、旅游交通、旅游景点、旅游线路、旅游购物、旅游娱乐和旅游服务等诸多要素的"组合产品"。以上各种要素的有机结合，构成了旅行社产品的重要内容。旅行社产品的形态是多种多样的，主要包括以下类型：

（一）包价旅游

包价旅游是指旅游者将全部或部分旅游费用预付给旅行社，由旅行社根据和旅游者签订的合同相应地为旅游者安排旅游途中的食、住、行、游、购、娱等活动。包价旅游又分为团体包价旅游、散客包价旅游、半包价旅游、小包价旅游和零包价旅游。

1. 团体包价旅游

团体包价旅游是指10人以上的旅游者组成旅游团，采取一次性预付旅费的方式，将各种相关旅游服务全部委托一家旅行社办理。

这种类型在第二次世界大战后逐渐形成，20世纪60年代后广泛流行。其采取全包形式，包括往返交通、旅行中住宿、饮食、旅游点游览及保险等。团体包价旅游对旅游者来说，一是省心，二是省钱。对旅行社而言，好处是客房、机票预定期长，操作管理方便，人均收入和创利比较高。缺点是旅游者不自由，个性化需求得不到满足。

2. 散客包价旅游

散客包价旅游是指10人以下的包价旅游项目。参加散客包价旅游的多为自愿结伴而行的亲朋好友，采取一次性预付费的方式将各种有关旅游服务全部委托旅行社办理。散客包价旅游不能享受团体包价旅游的优惠，但其他内容与团体包价旅游相同。散客包价旅游的特点是自由灵活，缺点是散客旅游者拿不到较低的房价和机票折扣，单人车费高。

表 5-1 团体旅游和散客旅游的划分标准

	团体旅游	散客旅游
国际划分标准	15 人以上	14 人以下
中国划分标准	10 人以上	9 人以下

3. 半包价旅游

半包价旅游是在全包价旅游基础上扣除午餐和晚餐费用的一种包价形式。旅行社设计半包价旅游可以降低产品的直观价格,提高竞争力,还可以方便旅游者能够自由地选择品尝地方风味。团体包价和散客包价都可以采用这种包价形式。

4. 小包价旅游

也叫可选择性旅游,由可选择和非选择部分构成。可选择部分包括导游、风味餐、节目欣赏和参观游览等,旅游者可根据自己的实际需要进行自由选择,费用支付可以采取预付或是现付的形式。非选择部分一般包括接送、住房和早餐,旅游费用事先预付。小包价旅游具有经济实惠和灵活方便的特点。

5. 零包价旅游

零包价旅游是一种独特的旅游包价形式,多见于旅游发达国家。旅游者参加这种形式的旅游时,必须随团前往和离开旅游地,但在旅游目的地的活动则是完全自由的,就像散客一样。零包价旅游的特点是,旅游者可以获得团体机票价格的优惠,并且可以由旅行社统一代办旅游签证。

(二) 组合旅游

组合旅游是指旅游者在指定的日期到达旅游目的地,由目的地旅行社将他们集中起来组团旅游,每团人数不限。旅游者既可随团活动,也可自由活动。旅游活动结束后,旅游团在旅游活动结束的地点解散,旅游者各自返回居住地。这种旅游的特点是组团时间短、无领队、选择性强,而且也有较多的自由时间。

(三) 单项委托服务

单项委托服务又称零星代办业务或委托代办业务,是旅行社根据旅游者的具体要求而提供的各种有偿服务。其主要对象是散客,但包价旅游团中个别旅游者的特殊要求也视为单项委托服务。单项委托服务所包含的内容十分广泛,其中常规性的旅游服务项目有导游服务、代办签证、代订饭店客房、交通集散地接送服务、代客联系参观游览项目等。

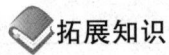 拓展知识

我国主要的旅行社

根据有关数据显示,到2012年底,我国共有旅行社24944个,主要旅行社有中国国际旅行社、中国旅行社、中国青年旅行社、中国康辉旅行社、上海扬子国际旅行社、上海外航国际旅行社等。

中国国际旅行社总社成立于1954年,是目前国内规模最大、实力最强的旅行社企业集团,荣列国家统计局公布的"中国企业500强",是500强中唯一的旅游企业。国旅总社在海外10多个国家和地区设有14家分社,在全国122个城市拥有20多家控股子公司和122家国旅集团理事会成员社,总资产50亿元。

中国旅行社总社的前身是1949年11月成立的厦门华侨服务社。2007年,港中旅集团与中国中旅集团完成了"航母型"合并重组,双方旗下的核心产业——中国旅行社总社(CTS)、港中旅国际(CTI)、招商国旅(CMIT)、香港中旅社和海外分社,经过整合重组,组成了中国旅行社总社有限公司,成为港中旅集团旗下负责旅行社业务的全资子公司。整合后的中旅总社坚持以业务流程的再造、商业模式的创新、组织架构的重建、实体布局的推进和天地联网的实施来推动企业的发展,提升企业品牌影响力,在2010年实现在全球及国内建立8个区域公司、150家分、子公司、500家直营门市,最终实现旅游业务"中国第一、亚洲前茅、世界一流"的品牌目标。2008年,中国旅行社总社被国家旅游局评定为国际旅行社第一名。

资料来源:百度百科。

五、我国旅行社发展的趋势

(一)对旅行社产业分工体系进行有效调整

目前我国旅行社的行业特点是以国内旅行社为主体的小规模旅行社占绝大多数,但我们并没有否定少数大规模旅行社的存在。事实上,正是为数有限的大规模旅行社在一定程度上带动了行业平均利润水平的上升,但它们却不能改变行业利润率逐年下降和我国旅行社行业正逐渐成为一个低利润行业的事实。此外,我国旅行社行业的另一突出特点,是我国旅行社行业基本合理的地理分布。因此,我国旅行社行业分工体系的调整已是势在必行。

(二)大型旅行社集团化

规模较大的旅行社通过合并、兼并或其他方式重新组合,形成一定数量人、财、物一体化的紧密型旅行社集团。旅行社集团的构架,也可以承袭现行一些大社采用的总社和各热点地区分支社的形式,但总社和各分支社在人、财、物等资

源上应是一体的,组织管理采用集团企业的管理方式。从微观角度讲,这种旅行社集团有利于真正发挥其在采购、预订、营销、资金、人才等方面的优势,有利于实现规模经营,获得规模经济;从宏观角度讲,这些有限的大型集团企业的存在,可以引导和稳定市场,克服旅行社市场因过度分散和紊乱造成的问题。

(三) 中型旅行社专业化

中型旅行社的专业化主要体现在所经营的产品上。与旅行社集团凭借自己的实力,通过经营标准化产品达到规模经济的指导思想不同,中型旅行社应针对某些细分市场,对某些产品进行深度开发,形成特色产品或特色服务。需要指出的是,分布在不同地区的专业化旅行社,可以采用连锁经营的方式实现联合。连锁经营是把这些中小规模旅行社的力量集中起来,使其可以像旅行社集团那样拥有产品开发、采购和促销等方面的优势。这实际上是另一种形式的规模经营,符合利用规模经营提高低利润行业经济效益的原则。当然,由于受单体旅行社规模的限制,连锁社所经营的产品类型不可能太多,而只能是专业化和特色化的旅游产品。

(四) 小型旅行社通过代理实现网络化

小旅行社的调整,是通过内部改造或增设的方式,在全国范围内实现网络化,成为旅行社业面向旅游者的窗口。旅行社的网络化实际上是由旅游需求的特点所决定的,因为随着社会经济的发展和人们所受教育水平的提高,旅游需求在我国也将日益普及,其结果是旅游需求可能在任何一个地方产生,为了便于消费者的需求和购买,旅行社营业的场所必须广泛设立于消费者便于购买的所有地方,即所谓的网络化布局。

任务三　熟悉旅游饭店

情境设计

迪拜的阿拉伯塔酒店是世界唯一一座七星级的酒店。由英国设计师 w.s. atkins 设计,建在海滨的一个人工岛上,外观如同一张鼓满了风的帆,一共有56层、321米高,是全球最高的饭店,比法国埃菲尔铁塔还高上一截。这里的豪华程度令人叹为观止,202套复式客房、200米高处的可以俯瞰迪拜全城的餐厅以及世界上最高的中庭。到过这里之后,你才能真正体会到什么叫作金碧辉煌。它的中庭是金灿灿的,它的最豪华的780平方米的总统套房也是金灿灿的。客房面积从170平方米到780平方米不等,最低房价也要900美元,最高的总统套房则要18 000美元。总统套房在第25层,家具是镀金的,设有一个电影院,两间卧室,两间起居室,一个餐厅,出入有专用电梯。

这家酒店因其优良设施和高档服务而号称"七星级酒店"。住店旅客可以坐豪华的劳斯莱斯汽车直接往返于机场,也可从酒店28层专设的机场坐直升机,花15分钟空中俯瞰迪拜美景。客人如果想在海鲜餐厅就餐的话,会被潜水艇送到餐厅,这样他们在就餐前可以欣赏到海底奇观。

资料来源:百度百科。

根据以上情境,完成下列任务:

1. 讨论阿拉伯塔酒店给游客带来什么样的感受。
2. 讨论旅游饭店的作用是什么,分为哪些类型。
3. 讨论旅游饭店分哪些等级。

任务分析

作为旅游业三大支柱之一的饭店业,是旅游供给的基本构成要素,是一个国家或地区发展旅游业必不可少的物质基础,是获得旅游经济收入的重要来源。没有发达的饭店业,就不可能有发达的旅游业。由于游客的需求差异,旅游饭店的类型、等级和功能也各不相同。

相关知识

一、饭店的发展

我国是世界上最早出现旅馆的国家之一,远在3000多年前的殷商时期就出现了官办的驿站,它是我国历史上最古老的官办住宿设施。现代饭店的雏形是中世纪流行的欧洲客栈,1760年出现在伦敦,30年后出现在美国。旅游饭店的发展进程大体上可以分四个阶段。

(一)古代客栈期(18世纪前)

商业性接待最早可能出现在中东两河流域。农业生产出现剩余之后,出现了粮食和其他产品的贸易活动,旅店业的出现可以方便地为商人提供餐饮和住宿。在中国古代,由政府或私人提供的驿站或客栈分别被称作客舍(周代)、群邸(汉代)、邸店(南北朝)、同文馆或大同馆(宋)。在西方,客栈作为一种住宿设施真正流行还是15—18世纪。18世纪世界许多地方的客栈不仅是过路人寄宿的地方,还是当地的社会、政治与商业活动的中心。一般来说,客栈等简单的住宿设施还不是完整意义上的饭店,只是饭店的雏形。

(二)权贵饭店期(18世纪末—19世纪中叶)

18世纪后期,在欧洲大陆上出现了许多以"hotel"命名的住宿设施,专为上层统治阶级服务的豪华酒店出现。饭店成了为上层人士提供奢侈享受的场所。欧洲第一个真正可称为饭店的住宿设施被认为是德国的巴登建立的巴典别墅。20世纪初,美国也出现了一些豪华饭店,其中瑞士籍饭店主恺撒·里兹开办的饭店是豪华饭店时期最具代表性的,其著名的经营格言"客人永远不会错"一直传诵至今。

(三)商业饭店期(19世纪末—20世纪50年代)

"现代连锁饭店之父"美国人斯塔特勒凭借自己多年从事饭店业的经验和对市场的敏锐观察,于1908年建造了"在一般公众能负担的价格之内提供必要的舒适与方便、优质的服务与清洁卫生"的饭店,从而开创了现代连锁饭店的先河。商业饭店期使饭店业最终成为以一般平民为服务对象的产业,从各个方面奠定了现代饭店业的基础。20世纪30年代,中西式饭店将输入中国的欧美饭店业经营观念和方法与中国饭店经营环境的实际结合,成为中国近代饭店业中重要的部分,为中国饭店业进入现代饭店时期奠定了良好的基础。

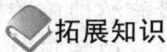 拓展知识

上海中西式饭店的代表——和平饭店

上海和平饭店建于1929年,原名华懋饭店,属芝加哥学派哥特式建筑,楼高77米,共十二层。华懋饭店是由当时富甲一方的英籍犹太人爱利斯·维克多·沙逊建造的,外墙采用花岗岩石块砌成,由旋转厅门而入,大堂地面用乳白色意大利大理石铺成,顶端古铜镂花吊灯,豪华典雅,有"远东第一楼"的美誉。

饭店落成以后,名噪上海,以豪华著称,主要接待金融界、商贸界和各国社会名流。如美国的马歇尔将军、司徒雷登校长等,剧作家Noel Coward的名著《私人生活》就是在和平饭店写成的。三四十年代,鲁迅、宋庆龄曾来饭店会见外国友人卓别林、萧伯纳等。

新中国成立后,饭店于1956年重新开业,起名和平饭店。近年来,和平饭店对客房、餐厅等进行了更新改造,焕然一新,而建筑风格仍保持了当年的面貌,使下榻于此的宾客仿佛置身于时间隧道,在现代与传统、新潮与复古的融合、交错中浮想万千。

资料来源:百度百科。

(四)现代饭店期(20世纪50年代以后)

第二次世界大战以后,出现了国际性的大众化旅游,这种社会需求的变化促使饭店业进入现代饭店时期。亚洲地区的饭店业从20世纪60年代起步发展至今,其规模、等级、服务水准、管理水平等毫不逊色于欧美的饭店业。每年评选出的世

界十大最佳饭店中,亚洲地区的饭店往往占有半数以上,并名列前茅。由香港文华东方饭店集团管理的泰国曼谷东方大酒店,十多年来一直在世界十大最佳饭店居排行榜之首。中国的现代饭店业发展历史不长,但发展速度惊人,其经营理念、管理水平都得到了迅速的提高。

二、饭店在旅游业中的地位和作用

旅游饭店是旅游者外出进行旅游活动的"生活基地",常被称作旅游者的"家外之家",旅游者的基本生活需要在这里得到满足。旅游饭店的发展程度直接影响到旅游业的进一步发展。旅游饭店在旅游业中的地位和作用主要体现在以下几方面:

(一)饭店是发展旅游业的重要物质基础

旅游业的综合性特点,决定了一个旅游地(国家或地区)要想发展旅游业、进一步做大做强这个产业,就必须依赖于旅游业相关的诸多行业,尤其是旅游业的三大支柱。旅游饭店是旅游地旅游综合接待能力的重要构成要素,旅游饭店的规模大小、数量多少,直接反映了发展旅游业的物质基础条件,是衡量旅游地旅游接待能力的重要标志之一。具有特色和良好市场竞争力的知名饭店,不仅能吸引众多旅游者前来光顾,而且还可以被整合进入旅游产品,对旅游者的吸引力强度就更为突出。一般说来,凡是旅游业发达的国家,其饭店业也必将是较为发达的。

(二)饭店是旅游业创收的重要部门

旅游饭店多功能多元化的发展方向和趋势决定了旅游饭店是增加旅游业收入的重要部门。旅游者在旅游饭店消费期间,不仅基础的饮食、住宿等旅游生活需要能得到很好满足,而且还能享受到文娱、购物、康体健身、订票等多种服务,饭店提供的这些服务项目增加了旅游饭店的收入,提高了整体经济效益,更使得旅游饭店业的收入在整个旅游业收入中所占的比重越来越大。据有关统计资料显示,在世界旅游业收入中,旅游饭店业收入通常占一半左右。旅游饭店经营的涉外性明显,通过直接向海外旅游者提供高档次的产品和服务,成为赚取外汇的重要场所和手段。

(三)饭店是解决劳动就业的重要部门

相对于第一、第二产业来讲,第三产业本身就具有解决就业的优势,而旅游饭店是典型的劳动密集型企业,尤其是岗位多、功能全的综合性旅游饭店,本身就能吸纳不少社会劳动力,而且旅游饭店的发展,又会带动和促进与其经营相关的许多行业的发展,间接为社会创造更多的劳动就业机会。一般说来,旅游饭店每增加一间客房,就可以为社会提供1~3个直接就业岗位和3~5个间接就业机会。

三、饭店的类型

对旅游饭店进行分类有利于其市场定位,也有利于旅游饭店产品的推销和同类旅游饭店之间的比较。饭店分类是识别饭店经营特性的方法之一,由于旅游饭店的类型不同、需求不同,旅游饭店的服务项目、内部设施、营销策略也不同。通常根据接待设施及其提供服务的覆盖面,将饭店分为无限服务型饭店、有限服务型饭店和辅助性接待设施三类。

(一)无限服务型饭店

无限服务型饭店一般设施齐全,提供服务范围十分广泛,也是传统饭店中类型较为丰富的一类饭店。

1. 根据饭店的客源市场,分为城市型商务饭店和度假型饭店

城市型商务饭店分布非常广泛,为从事商业活动或公务活动的人士提供所需设施及服务。商务客人在饭店的客源结构中应当占有主导的份额,这是衡量商务饭店的一个基本标准。根据行业经验,一般会达到70%以上的比例。商务饭店多建于人口流动较大的大、中城市的中心地区,具有地理位置优越、设施完备、功能齐全、通信手段先进,服务项目全面、服务质量较高的特点。

度假型饭店也叫胜地饭店,大多位于自然环境优美、气候宜人的地区,多在海边、湖畔、山林或温泉疗养地,远离繁华的城市中心和大都市,如夏威夷、加勒比海地区、泰国的巴蒂亚、我国的青岛和三亚等。这类饭店通常开辟各种娱乐体育活动来吸引旅游者。有些饭店采用单元房,除设有卧室和卫生间,还设有厨房。这种类型饭店又分为疗养型饭店和观光型饭店。

近年来,许多饭店业发达的国家出现了度假型与商务型相结合的饭店,即所谓的休闲商务饭店,这类饭店也是当代饭店发展方向之一。

☞ **行业动态**

石梅湾艾美度假酒店

图5-1 石梅湾艾美度假酒店正门

图5-2 石梅湾艾美度假沙滩

石梅湾艾美度假酒店坐落于海南省万宁市东南的石梅湾旅游度假区内,绵延6公里的银色沙滩、青皮林、自然纯朴的黎族原始生活风貌,带来恍若世外桃源般的宁静享受。酒店拥有客房275间,其中25栋别墅。面积1071平方米的超豪华总统别墅,配备私家泳池、健身房及两个餐厅,数米之外就是一望无垠的中国南海美景。石梅湾艾美度假酒店内设6家餐厅及酒吧、1个设备齐全的健身中心、水疗中心、"企鹅"儿童俱乐部和丰富的水上活动设施。酒店邻近4个高尔夫俱乐部,住店客人随时可前往高尔夫球场淋漓挥杆、挑战自我。

石梅湾艾美度假酒店所置身的自然美景及奢华的时尚设计可令每一位宾客流连忘返。眺望洁白纯净的沙滩,前往附近的四个高尔夫球场挥杆搏击,潜入水下奇幻世界,或者在沙滩上慵懒地感受海风轻拂……令客人远离城市的喧嚣,感受古老青皮林与美丽南中国海的拥抱,度过一段美妙而惬意的时光。这是海南首家环境清幽宁静型滨海度假酒店,是中国最具吸引力的度假酒店之一。

资料来源:百度百科。

2. 根据特定细分市场,分为公寓饭店、汽车旅馆、青年旅舍

公寓饭店面向家庭,软硬件配套是按照饭店的标准来配置的,而且纳入了饭店的行业管理范畴。

汽车旅馆的客源主要是驾车旅游者,主要分布在公路沿线、汽车出租率较高的地方或者交通中心,其设施简单但是设计规范,消费水平较低。

青年旅舍主要面对青年旅游者,以安全、经济、卫生、隐私、环保为特点。1912年,世界上第一个青年旅舍在德国诞生,一经推出就受到年轻人的欢迎。现在青年旅舍已经成为世界上最大的住宿连锁组织,世界上有1000万青年旅游者在使用青年旅舍。

行业动态

国际青年旅舍

国际青年旅舍联盟(Hostelling International,简称 HI),前身为 International Youth Hostel Federation (IYHF),是一个超过 90 个青年旅舍协会的联盟,分布在 80 多个国家。国际青年旅舍已经遍布各个国际旅游区的中心地带,除了传统的学生和青少年外,今天旅舍的客人则很多是三十岁左右的或是全家开车出行或是独自出游的背包一族。

青年旅舍向人们提供的不仅仅是一条干净的床单,其旨在提高对世界各族青少年的教育,鼓励他们更多地了解、热爱和关心郊野,欣赏世界各地的城市和乡村的文化。另外提供没有种族、国籍、肤色、宗教、性别、阶层或政见区别的环境,促进青少年对本国和国外更深的了解。同时向人们展示一种健康、回归自然的生活方式。每晚来自四面八方的青年联欢、交流;每天清晨清理"旅舍杂务";在当地考察,自己动手打理生活;不使用一次性用具;戒烟、戒酒——这种生活方式有利于改善生活在城市里的孩子们的心理和生理健康水平,也培养青年人朴素、自律和关心他人的美德。在青年旅舍生活、睡觉、吃饭使得住客们必须考虑他人的需要,并爱护"他们"旅舍的公共财物。

图 5-3 重庆磁器口古镇上的纯真年代国际青年旅舍

3. 根据饭店的规模和经营方式,分为集团经营饭店、独立经营饭店、联合经营饭店

集团经营饭店是指由旅游饭店集团以较为统一的管理方式经营的饭店。

独立经营饭店一般是由投资者独立经营的单个饭店,目前我国多数中小型饭店都属于这种类型。

联合经营饭店一般是由多家单个饭店联合而成的饭店企业，借联合的力量来对抗集团经营饭店的竞争，形成规模经济。

特别提示

何谓饭店集团

饭店集团又称连锁饭店或饭店联号，是指饭店集团在本国或世界各地拥有或控制两家或两家以上的饭店，并且这些饭店采用统一的店名、店标，统一的经营管理方式，统一的管理规范和服务标准，联合经营形成的系统。

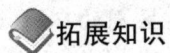拓展知识

2013年全球十大酒店集团

1. 洲际酒店集团：酒店3606座，房间537 533间。洲际酒店集团拥有多个酒店品牌，包括洲际酒店、皇冠假日酒店、假日酒店、假日快捷酒店。特许经营约占88.9%，委托管理约占6%，带资管理及其他占5.1%。在中国均委托管理，投资极少。

2. 胜腾：酒店6344座，房间532 284间。品牌为戴斯(天天)、豪生、速8等，是全球排名第一的特许经营酒店集团，特许经营饭店数占100%。2005年10月初，胜腾酒店集团成为全球范围内华美达品牌新主人。2004年6月8日在北京王府井开业了其第一家酒店。目前，在中国的31座城市里已经有54家开业或即将开业的速8酒店。

3. 万豪国际集团：酒店2672座，房间485 979间。集团以经营及特许经营的方式管理万豪、JW万豪、丽思－卡尔顿、万丽、万怡等品牌，发展和管理产权经营度假式酒店；特许经营占53.1%，委托管理占42.3%，带资管理及其他占4.6%。

4. 雅高：酒店4065座，房间475 433间。带资管理占46.5%，租赁饭店占21.8%，委托管理占15.4%，特许经营占16.3%。雅高名下五大品牌为索菲特(豪华型)、诺富特(高级)、美居酒店(多层中级市场品牌)、宜必思酒店(经济型)、Formule1(大众化)。索菲特和诺富特以委托管理为主。Ibis(宜必思)是一只水鸟的名字。雅高集团于20世纪60年代成立，总部设在巴黎，是欧洲最大的旅游和酒店管理服务集团，现有员工15万，旗下经营的酒店分布在92个国家和地区，合资经营的项目更分布在全球140个国家和地区。自1985年进入中国市场以来，在中国管理的酒店已超过35家，其中索菲特(Sofitel)21家、诺富特(Novotel)12家、宜必

思(Ibis)2家。

  5. 希尔顿：酒店2747座，房间472 720间。希尔顿国际集团在全球的发展以谨慎著称。

  6. 精选：酒店5132座，房间417 631间。总部位于美国的马里兰州，是纽约证券交易所的上市公司。

  7. 最佳西方：酒店4195座，房间315 875间。最佳西方酒店管理集团1946年在美国创立，2002年起进入中国，目前已有18家四星级以上的酒店。

  8. 喜达屋：酒店845座，房间257 889间。品牌为威斯汀、喜来登、圣－瑞吉斯、福朋、寰鼎、至尊精选、W饭店。特许经营占41.8%，委托管理占28.5%，带资管理及其他占29.7%。1985年进入中国市场，在中国有19家酒店，在建17家。在华酒店为委托管理、特许经营及有选择的带资管理。喜来登是集团旗下最大的一个品牌，在全球70多个国家拥有400多家酒店。喜来登酒店是进入中国的第一家国际饭店管理集团，于1985年开始管理北京的长城饭店。1990年，喜达屋开始在西安开设酒店。圣－瑞吉斯是最高档饭店的标志，代表着绝对私人的高水准服务，历史久远。第一家圣－瑞吉斯饭店是1904年阿斯托上校在纽约开办的，阿斯托上校采用了全欧洲化的服务来款待自己的朋友和商务伙伴。这种服务在业内独树一帜，使圣－瑞吉斯饭店成为全球饭店业的经典。2000年3月1日，坐落于北京建国门外大街的北京国际俱乐部饭店正式将其英文名改为St. RegisBeijing（圣－瑞吉斯北京，原中文名不变），这标志着该饭店将完全按照圣－瑞吉斯饭店的模式和标准运作，成为它在亚太地区的第一家饭店。

  9. 卡尔森：酒店922座，房间147 129间。卡尔森集团在中国的市场份额已经占了亚太地区的25%，尽管其业务量在印度地区更大，而利润显然是中国更高。未来10年，另外代表卡尔森旗下高端酒店品牌的7家丽晶酒店和5家丽笙酒店也将在中国建成。丽笙酒店及度假村是定位五星级的品牌，其在63个国家有着超过413家酒店。

  10. 凯悦：酒店738座，房间144 671间。品牌为凯悦、君悦、柏悦。以特许经营为主。在中国内地酒店4座，采用委托管理。凯悦饭店及度假区饭店集团包括两个独立的集团公司——凯悦饭店集团和凯悦国际饭店集团，分区域管理全球的215家凯悦酒店。凯悦饭店集团分管美国、加拿大市场；凯悦国际饭店集团管理亚太区。

  资料来源：网易网站。

（二）有限服务型饭店

  有限服务型饭店也被称为经济型饭店，是相对于传统的无限服务型饭店而言的,提供有限服务的饭店,一般是指投资不高、规模不大、功能简单、租金低廉但具备一定服务质量水平的较低档次的饭店。注重品牌和连锁是有限服务型饭店经营的重要特点。

国际有限服务型饭店集团主要采取三种典型的连锁经营方式,即特许经营系统模式、品牌延伸网络模式和兼并收购经营模式。

特许经营系统模式是特许权拥有者授予特许权经营者某种获得许可的特权以从事经营行为,这种获得许可的特权可以包括品牌、操作系统和管理服务等。品牌延伸网络模式是借助原有品牌已建立起来的质量或形象声誉,将原有品牌名称用于产品线或新推出的产品类别上,从而期望减少新产品进入市场的风险,以更少的营销成本获得更大的市场回报。兼并收购经营模式是通过兼并收购扩大饭店规模,为满足兼并收购的资金需要,一般会进行上市融资。

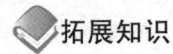 拓展知识

我国的有限服务型饭店

1997年,我国第一家有限服务型饭店锦江之星开业。此后,众多国际有限服务型饭店品牌竞相在中国发展,反过来又促进了本土有限服务型饭店的发展。2006年,成立仅仅4年的如家快捷酒店在纳斯达克成功上市,锦江之星母公司上海融洽国际酒店集团在香港上市。我国有限服务型饭店在资本特别是国际资本的支持下急速扩张。2013年1季度经济型酒店品牌官网Alexa排名前十位的经济型酒店品牌依次是:7天、格林豪泰、华住、如家、速8、锦江之星、国际青年旅舍、莫泰168、桔子酒店、布丁。有限服务型饭店是目前国内饭店业的热点投资方向,随着消费市场的成熟,市场竞争将会更加激烈,市场将进一步细分,企业的规模优势、品牌优势将进一步显现。

1.7天连锁酒店集团(7 Days Group Holdings Limited):是铂涛酒店集团旗下品牌之一。它创立于2005年,2009年11月20日在美国纽约证券交易所上市(股票代码:SVN)。2013年6月27日,7天连锁酒店集团从美国退市。同年7月17日,被铂涛酒店集团私有化收购。7天连锁酒店秉承让顾客"天天睡好觉"的愿景,致力为注重价值的商旅客人提供干净、环保、舒适、安全的住宿服务,满足客户核心的住宿需求。7天连锁酒店在全国的分店总数已经突破2000家,覆盖国内超过300个主要城市。业已建成经济型连锁酒店全国网络体系。

2.格林豪泰酒店管理集团:是由徐曙光先生携多家美国公司在中国创办的专业化酒店管理集团,旗下拥有格林东方酒店、格林豪泰酒店、青皮树酒店、格林联盟酒店4个优质品牌及多个子品牌。目前,格林豪泰已经覆盖北京、上海、天津等400

多座城市,拥有1600多家连锁酒店。此外,格林豪泰正在美国、印度、印度尼西亚和越南等国开发连锁酒店。

格林豪泰酒店的服务宗旨是:超健康、超舒适、超价值、超期望。酒店价格优惠,交通便利,环境安全。为客人提供舒适安静的客房,环保卫生的日用品,温馨洁净的卫浴,健康可口的早餐,自助洗衣服务以及免费快速上网服务等。

3. 华住酒店集团:是国内第一家多品牌的连锁酒店管理集团,全球酒店20强。自2005年创立以来,华住在短短数年间已经完成全国31个省市的布局,并重点在长三角、环渤海湾、珠三角和中西部发达城市形成了密布的酒店网络。2010年3月26日,"华住酒店集团"的前身"汉庭酒店集团"(NASDAQ:HTHT)在纳斯达克成功上市。

截至2013年9月30日,华住在中国超过200个城市里已经拥有1300多家酒店和超过30 000名员工,个人会员数量超过1300万,同时签约超过150家世界500强企业,超过260家国内500强企业。

华住旗下拥有6个酒店品牌,商旅品牌有禧玥酒店、全季酒店、星程酒店、汉庭酒店、海友酒店;度假品牌有漫心度假酒店。

华住立足为宾客提供从高端到平价、从商务差旅到休闲度假的住宿体验。在客人体验方面,华住在业内做出多项创新:从领先业内的符合人体工程学的床垫、荞麦双面枕、免费wifi上网、自助选房到0秒退房等服务。

4. 如家酒店集团:创立于2002年,2006年10月在美国纳斯达克上市(股票代码:HMIN)。作为中国酒店业海外上市第一股,如家始终以顾客满意为基础,以成为"大众住宿业的卓越领导者"为愿景,向全世界展示着中华民族宾至如归的"家"文化服务理念和民族品牌形象。

如家酒店集团旗下拥有如家快捷酒店、和颐酒店两大品牌,截至2012年年末已在全国279座城市拥有连锁酒店2013家,形成了遥遥领先业内的国内最大的连锁酒店网络体系。

经济型连锁酒店品牌——如家快捷酒店,提供标准化、干净、温馨、舒适、贴心的酒店住宿产品,为海内外八方来客提供安心、便捷的旅行住宿服务,传递着适度生活的简约生活理念。

中高端商务酒店品牌——和颐酒店(Yitel),旨在满足境内外中高级商务及休闲旅游人士的需要,以精致时尚的环境设计、舒适人性的客房设施、便捷高效的商务配套、恰到好处的热情款待,带领宾客体验前所未有的旅行新乐趣。自信而不张扬,和气但不平庸,环境与人融为一体,平衡之道,尽在魅力和颐。

资料来源:百度百科。

(三)辅助性接待设施

辅助性饭店设施除具备接待食宿服务,其迅速发展的原因是这些设施设备本身还具备一些吸引活动、参与娱乐的吸引力。世界上许多国家针对旅游者开设的博彩活动主要设立在赌场饭店中,这时饭店的住宿功能并非具有主要吸引力所在了。其他一些辅助型饭店设施包括露营地、产权饭店、农家乐等。

露营地一般设在交通方便、环境宜人的游览度假区,主要接待以汽车为主要交通工具的家庭旅游者。旅游者在露宿营地住帐篷、汽车住宅或其他能够移动的临时住宿设施,目前已经逐渐成为当代比较流行的一种旅游住宅形式。产权饭店是将饭店每间客房分割成独立产权出售给投资者,投资者一般不在饭店居住,而是将客房委托给饭店经营获取投资回报,同时还可以获得饭店赠送的一定期限的免费入住权。

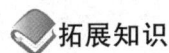
拓展知识

大、中、小型饭店的界定

按饭店规模的不同,可以划分为大、中、小型饭店。规模划分的主要指标是饭店拥有的能够出租的客房数量。国际上采用的客房数量标准是:客房数量大于600间,属于大型饭店;拥有1000间客房以上的饭店属于超大型饭店;客房数量介于300~600间之间属于中型饭店;客房数量300间以下属于小型饭店。我们国家的标准是在国家标准的基础上将三种类型各减少100间,来区分大、中、小型饭店。即500间以上、200~500间、200间以下。

四、饭店的等级划分

饭店等级评定是世界上旅游发达国家通行的一项制度。我国于1988年颁布了《中华人民共和国旅游涉外饭店星级评定规定和标准》。实行饭店星级评定制度,是我国饭店业与国际接轨的重要里程碑,它标志着我国饭店业已经走向全面成熟,跨入了国际现代化管理的新阶段。

(一)国外饭店等级评定制度

从世界范围看,各国等级评定的机构是不同的,有的是由饭店业协会主持的,如美国、澳大利亚、瑞士、奥地利等国家;有的是由国家旅游管理部门主持评定的,如西班牙、日本、韩国等国家。还有一些国家是两者的结合。

世界各国各地区对饭店级别进行划分时,也采用不同的分级制度,而且表示级别的标志也有所不同。有的采用星级制,也有部分使用钻石级和皇冠级,有的使用字母级别制,有采用数字级别制。

（二）我国饭店等级评定制度

我国采用的饭店分级制度是欧美地区流行的"五星制",即把旅游饭店划分为五个等级,由低到高依次为一星级、二星级、三星级、四星级、五星级。五个等级相应以不同数量的★符号表示。依据国家2003年新修改的星级评定规定和标准,其中五星级中还含有白金五星表示最高档次。一般讲,五星级饭店是超豪华级饭店,是最高级别的饭店,四星级饭店是豪华饭店,三星级饭店是中档饭店,二星级、一星级饭店属于低档次饭店或经济型饭店。

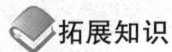拓展知识

我国的白金五星级饭店

2003年,国家旅游局根据旅游饭店市场新形势,对星级标准进行了修订,其中一个重要内容就是在五星级之上增设更高档次的"白金五星级",使之成为我国"星评"体系中的"至尊级别"。

那么什么样的酒店才能成为"中国顶级的酒店"呢？白金五星级的评选标准非常苛刻,首先要具有两年以上的五星级饭店资格,且有多次接待全球500强企业和省部级以上政府部门的经验。其次,白金五星级在"硬件"设施和"软件"服务上,比五星级饭店有更高的要求。如饭店要位于城市中心商务区或繁华地带,交通极其便利；要提供正规西餐和宴会的高级西餐厅；其主要区域应无立柱,现代化会议设备设施齐全；普通客房有效使用面积不小于36平方米(不含走道和卫生间)；要有净高度不少于5米、至少容纳500人的宴会厅；对于行政楼层提供24小时管家式服务；经营业绩连续三年居所在地五星级饭店前三名；在满意度方面,既强调宾客满意度,也强调员工满意度等。

2007年8月,北京中国大饭店、上海波特曼丽嘉酒店、广州花园酒店正式挂牌白金五星级饭店。"白金五星"并非"终身制",也需过"年审"关,如果有某一项达不到既定标准,都要被"降级"甚至"摘星"。

资料来源：中国经济网。

（三）我国旅游饭店星级评定的范围、组织及权限

我国接待海外旅游者以及国内客人的任何饭店、度假村都属于评定范围。凡属于准备开业或正式开业不满1年的饭店,给予预备星级,正式开业1年以上的正式评定星级。

我国国家旅游局设立旅游饭店星级评定机构,负责全国旅游饭店评定的领导

工作,并具体负责全国五星级(含预备五星级)饭店的评定与复核工作。省自治区、直辖市旅游局设饭店星级评定机构,具体负责本地区四星级(含预备四星级)以下饭店的评定与复核工作,并负责向国家旅游局推荐五星级(含预备五星级)饭店。计划单列市、副省级城市旅游局和地(市)级优秀旅游城市旅游局在各省、自治区旅游局指导下,具体负责本地区三星级(含预备三星级)以下饭店的评定与复核工作,并向所在省、自治区旅游局推荐四星级(含预备四星级)饭店。非优秀旅游城市的地(市)级旅游局和县级优秀旅游城市旅游局在上级旅游局指导下,具体负责本地区二星级(含预备二星级)以下饭店的评定与复核工作,并向上级旅游局推荐三星级(含预备三星级)饭店。

(四)我国旅游饭店星级评定的标准

依据星级饭店评定规定和标准,我国饭店星级评定标准围绕饭店设施设备、服务和管理水平三方面进行综合评价,主要涉及六个具体项目,即:饭店建筑、设备、设施和服务项目的必备条件要符合分数标准;饭店设施、设备检查评分表;饭店维修保养状况检查评分表;饭店清洁卫生检查评分表;饭店服务质量检查评分表;饭店宾客意见检查评分表。

五、饭店业的发展趋势

旅游饭店的发展经历了漫长的历史过程,至今已初具规模。目前,人们的可自由支配收入和闲暇时间不断增加,对旅游的需求也日益增长,世界各地旅游业都在迅速发展壮大,饭店业的竞争日益激烈,呈现出新的发展态势。作为旅游业三大支柱之一的饭店业,也必然要适应旅游业的发展而不断变革。

(一)饭店服务产品向功能化发展

饭店产品功能化是客人的需求,是质量的保证,也是饭店创收的渠道。营造饭店功能化产品,是未来最明显、最突出的一个发展趋势。不同客人有着不同的需求,满足客人的需要必须具备多种功能。如休闲客人对客房内健康设施、洗浴设备要求较高;爱好音乐的客人可能喜欢听中国的古典音乐、西方名曲,客房内就需要有听音乐的设备。同时,住店客人对每日账单、航空时刻表、电话留言功能需求很大。所有这一切都需要饭店完善客房设备功能。

(二)管理手段向智能化、现代化发展

在知识经济时代,科技成为饭店生存和发展的资本。饭店管理将会更多地应用新科技、新知识,强化其智能性。首先,饭店管理借助计算机手段,在前台和客房管理、员工系统、后勤物资库房管理等环节都采用计算机管理,大大提高了工作效率,节约了人力资源。其次,饭店可利用新科技加强信息管理。饭店通过互联网拓展饭店形象信息,收集来自全球的各类所需信息,以满足旅游者尤其是商务旅游者

对信息的强烈渴求。最后,饭店可利用新科技加强服务能力。饭店可将电视与电脑联为一体,实现前台和后台的多项传播,如有客人在前台办理好登记入住手续,客人一进房间,电视上即显示"欢迎某某先生(小姐、太太)"字样。客人外出归来,电视屏幕能自动显示留言、到访、天气等信息。未来,饭店借助于新技术,可大大改善各种设施设备,营造出一种无所不在的人性关怀,在提高客人舒适程度的基础上提高客人的满意度。

(三)饭店服务向定制化发展

饭店业将进入一个"消费者至上"的时代。十个客人将有十个不同的声音,个性化、多样化的消费潮流使每个客人都希望通过购买、消费不同的产品或服务来表现出自己独特的个性、品位和格调。因而,对于饭店而言,在提供各类服务时,就不能再将理想的服务模式定在规范化服务这一起点上,而应通过"量体裁衣"的方式为每一位消费者提供最能满足其个性需求的产品或服务,即定制化服务。

 特别提示

所谓定制化服务模式,就是饭店为迎合消费者日益变化的消费需求,营造出一种"特别的爱给特别的你"的"高尚"境界,以针对性、差异化、个性化、人性化的产品和服务来感动企业的诸多"上帝"的服务模式。这种服务模式的基本特征是:第一,饭店充分理解客人的需求,即以客人的需求作为服务的起点和终点,既要掌握客人共性的、基本的需求,又要分析研究不同客人的个性需求;既要注意客人的静态需求,又要在服务过程中随时注意观察客人的动态需求;既要把握客人的显性需求,又要努力发现客人的隐性需求;既要满足客人的当前需求,又要挖掘客人的潜在需求;第二,个性化,即饭店要强调一对一的针对性服务;第三,人性化,即强调用心服务,真正体现一种真诚的人文关怀精神;第四,极致化,即在服务结果上追求尽善尽美,要求做到尽心和精心。

(四)饭店营销向网络化发展

随着知识经济时代的到来,电子技术、计算机技术、网络技术开始介入饭店的各项活动,尤其是在营销领域,互联网的出现将给饭店业的营销活动注入更新的活力,比如出现了网络关系营销。所谓"网络关系"营销,是指饭店企业借助网络、电脑和数字交互式媒体来实现营销目标。它是一种以消费者为导向、强调个性化的营销方式,适应了定制化时代的要求;它具有极强的互动性,是实现饭店全程营销的理想工具。它还能极大地简化客人的购买程序,节约客人的交易成本,提高购物效率。并且,网络关系营销更多地强调饭店应借助于电子信息网络,在全球范围内拓展客源,为饭店走向世界提供基础。

(五)饭店产业组织向集团化发展

随着饭店业竞争更加激烈,单体饭店已经不能满足市场的需要,所以饭店业的集团化成为趋势,并且在不断发展。目前,国外知名饭店集团以"联合舰队"的态势直逼中国饭店市场。这些饭店集团打破地域和行业限制,实行联号、联合、联网和客源合作,形成网络和规模。并且,饭店集团还与旅行社、旅游经销商、航空公司等实行一体化系统经营,形成超大旅游集团。

(六)饭店环境向绿色、低碳方向发展

可持续发展观念的出现,使得饭店业带上了浓厚的社会责任色彩。可以预见,今后将会出现大量的绿色饭店。节约能源,减少消耗,保护环境,倡导绿色消费,提供绿色服务,将成为我国饭店业发展的重要战略。绿色客房、绿色餐厅、绿色食品等将会成为饭店的主要服务产品。饭店业还会有意识地在客人中进行绿色教育,引导客人成为资源的节约者、环境的保护者。在可持续发展观念的支配下,饭店业将坚持"竞争双赢"理念,即饭店企业在竞争中不是以打败对手为最终目的,而是在和平共处的背景下相互促进,共同合理高质地利用社会资源。

任务四　熟悉旅游交通

情境设计

2014年马航失联事件震惊了世界,这次事件对马来西亚的旅游业有一定程度的影响,最直接的影响是游客对前往马来西亚时搭乘航空公司的选择。之前马来西亚航空是多数中国游客前往马来西亚的选择,但之后客人多会避开它,选择亚航、东航、南航等航空公司的航班。MH370是"红眼航班",很多游客因为本次事件而对"红眼航班"安全性产生怀疑。中国民航管理干部学院航空法研究中心副主任刁伟民认为并无道理:"飞机是否安全主要和飞机的性能、后期保养维修、飞行员的操作技术以及具体驾驶情况有关,和红眼航班没有直接关系。"

根据以上情境,完成下列任务:
1. 讨论飞机在旅游中起着什么样的作用,安全性如何。
2. 讨论旅游交通工具还有哪些。

任务分析

旅游交通的发达与否直接影响到旅游业的发展。旅游活动的异地性使交通成

为人们外出旅游的前提条件。它为旅游者顺利往返于出发地和旅游目的地以及旅游景点之间提供了条件和手段。因此,旅游与交通有着十分密切的联系,旅游之所以能成为现代人的一种生活方式并在全球范围内广泛开展,是现代化交通运输发展的结果。随着现代科技的发展,旅游交通的类型越来越多,体验性越来越强,成为旅游活动的重要内容。

相关知识

一、旅游交通的概念

(一)旅游交通的概念

旅游交通是指旅游者为了实现旅游活动,借助某种交通工具,实现从一个地点到另一个地点之间的空间转移过程。为人们旅游提供交通运输服务的各个部门、多种设施与服务,形成了旅游交通产业。

根据旅游者空间转移的地理范围和旅游过程,可以将旅游交通分为三种空间尺度,即客源地和旅游目的地之间的往返过程,同一旅游目的地内,以及旅游景区中的移动过程。

1. 客源地到目的地间移动

旅游活动的实现须以旅游者从客源地至目的地之间的空间转移为前提条件,这种移动也被称作旅游外部交通,是指旅游者从客源地到达旅游目的地所依托的中心城市之间的交通。一般来说,其空间尺度是跨国、跨区域或者跨省市,其交通方式主要是航空、铁路和高速公路。如,中国广东省的旅游者去黑龙江省哈尔滨旅游,要从广东乘飞机到哈尔滨。

2. 目的地内移动

旅游目的地内的移动是指旅游者到达旅游目的地所在的或者所依托的旅游中心城市后,搭乘当地交通工具所进行的中小尺度移动。在这个过程中,独立旅游景区内的移动以外的一切交通活动,都可以称作旅游目的地交通,如从当地火车站到住宿点的交通,从住宿点出发前往各大游览景点的交通等。其交通方式主要是公路交通、城市公交系统和水上交通。

3. 旅游景区中移动

旅游景区中的移动是指旅游者到达旅游景区之后,在不同景点内或景点间进行的空间转移。具体交通方式有景点内的步行区交通、索道、各种游览车(船)、飞行器(直升机、滑翔机、热气球)等。景点间的交通可以有专门的旅游交通,也可借助连接不同景区间的公共交通方式。

 **特别提示**

旅游交通和公共交通的关系

虽然旅游交通的服务对象是旅游者,然而在实际的旅游活动开展过程中,旅游者使用最多的、最广泛的依然是社会公共交通,诸如民航客机、普通列车、客轮、市内公共交通等。因此,不难理解,旅游交通是和整个交通运输体系联系在一起的,旅游交通是整个社会交通运输网络中的一部分。

(二)旅游交通的硬件构成

旅游交通线路、旅游交通运载工具、旅游交通的起始终点站是旅游交通设施构成的三个基本要素。它们的发展状况都直接影响旅游交通功能的发挥。旅游交通线路有自然形成的和人工铺设的两大类;旅游交通运载工具主要可分为现代的、传统的、特殊的三大类;旅游交通起始终点站则是旅游交通运输的集散地。

图5-4 郑州黄河湿地国家公园铺设的木栈道

（三）旅游交通的特点

由于旅游交通是社会公共交通运输体系的组成部分,所以旅游交通具有和一般公共交通运输相同的特性。因为旅游活动的特殊性和旅游主客体的特殊性,决定了旅游交通必须具备与旅游活动相适应的一些特点。

1. 游览性

旅游交通要有游览性。旅游交通在线路设计、工具设施以及站点建设等方面都应考虑游览观赏的需要。旅游交通线路,特别是公路、铁路和水运线路一般连接若干旅游景点,或者经过风景、民族风情特别浓郁的地区,旅游者在旅行中就可以集中参观游览景点,领略沿途美景;旅游交通工具富有特色,有代表高科技水准的磁悬浮列车、有传奇色彩的东方列车、有浓郁民族特色的羊皮筏等,这些旅游交通工具本身对旅游者就具有巨大的吸引力。

2. 舒适性

现代旅游是一种享受、娱乐活动。旅游的食、住、行、游、购、娱各个环节都应注意满足旅游者追求舒适享受的要求。旅游交通和社会交通相比较,既要快速、安全、正点,更应注重舒适性。因而旅游交通工具更加注重了运输工具的豪华性,服务水平的全面优质性。旅游专列无论在车厢设施、服务质量和项目、乘客定员、列车速度等各方面都优于一般旅客列车。旅游车船公司提供的交通工具,也是尽可能带空调、音响、电视的豪华型车船。最为豪华舒适的旅游交通当属巨型远洋游轮,它们拥有星级客房、各式风味餐厅、购物中心和各种娱乐、健身设施,被旅游者称赞为"海上浮动的旅游胜地"。

3. 季节性

旅游活动的季节性决定了旅游交通带有明显的季节性特征,往往在旅游旺季或双休日的交通客运量要比平时增加数倍。我国国内的旅游旺季主要集中在三个旅游黄金周和暑期,在平时,外出旅游的时间主要是在双休日里。旅游交通的季节性变化,导致旅游旺季和旅游高峰时间内旅游交通的运力紧张,旅游淡季和低谷时间则出现旅游交通运力浪费。在国际上,实行季节性差价是保持旅游交通客运量相对稳定的常用措施之一。旺季和高峰期间提高交通票价,限制客流量,淡季和低谷期间适当降低票价,刺激客流量的增加,从而保持旅游交通客流量在全年各季节呈现相对均衡性。

4. 区域性

因为受旅游者的流向(流动方向)、流量(游客数量)、流时(旅行时间)和流程(旅行距离)等因素的影响,旅游交通线集中分布在旅游客源地与旅游目的地之间,以及旅游目的地内各旅游集散、居留、餐饮、游览、购物、娱乐等场所之间,具有明显的区域性。

二、旅游交通在旅游业中的地位和作用

旅游交通是旅游业发展的重要标志之一,现代化旅游的大发展必须依赖现代化的交通运输业。旅游交通在旅游业中的重要作用表现在以下几方面:

(一)旅游交通是实现旅游活动必不可少的条件

旅游者要实现旅游的目的,完成旅游活动过程中的空间转移,就必须借助于交通工具。毕竟,现代旅游者用于旅游活动的时间是有限的,因此选择不同的外出旅游交通方式就显得尤为重要。从人类的旅游发展史看,不管是古代、近代还是现代旅游,交通的发展始终是旅游活动的先导。各个历史时期交通的发展状况直接影响到旅游的发展规模、旅游形式和内容。现代大众旅游活动的出现,正是得益于"二战"后交通运输业的迅速发展。

(二)旅游交通是发展旅游业的先决条件

现代旅游业发展必须凭借发达的现代交通运输业。旅游业是依赖旅游者的来访而生存和发展的产业。只有旅游者能够光临,旅游业的各类设施和服务才能真正发挥作用,才能真正产生综合效益,旅游交通决定着旅游地的可进入性,旅游交通不发达,就不可能有发达的旅游业。例如,一个国家航空交通运输系统的发展直接制约着国际旅游业的发展,我们国家在向世界旅游强国迈进的过程中,一个需要突出解决的问题就是完善民航交通业的发展。旅游交通是制约旅游业发展的"瓶颈",只有交通发达、运力充足的旅游地对旅游者才更具吸引力,旅游业的综合竞争实力才更强。

(三)旅游交通可以促进旅游目的地的兴起和发展

要开辟旅游景点、发展旅游业,发展旅游交通是关键。我国地域辽阔,旅游资源十分丰富,但有些地区由于交通闭塞,尽管风景优美,但难以吸引大批旅游者前往。如我国的九寨沟、张家界等许多景区都曾因交通闭塞而鲜为人知,而在改善了旅游交通条件之后,才吸引了大量的旅游者前去旅游,逐渐发展成为国内外知名的旅游胜地。现在我们国家还有相当一部分旅游景区,仍受制于旅游交通条件的困扰而没有得到更好的发展。

(四)旅游交通是旅游业收入的重要来源

在旅游者外出旅游的各种花费构成中,"食、住、行"三方面的花费是必需的部分,旅游交通收入成为旅游业创收的重要组成部分。旅游交通费用在旅游消费中究竟占多大比重,这取决于旅游的距离和旅游档次。旅游者外出行期越长、路程越远,交通运输费的支出也就越多,对入境旅游者而言,国家和地区因此而创收的外汇收入也就更多。据调查,在来华的国际旅游者消费结构中,交通费用约占到全部费用的一半。在国外,旅游者的支出中有30%~40%用于交通,而国内旅游收入构

成中的比例也是较大的。

（五）旅游交通是旅游活动的重要形式

现代旅行方式越来越强调交通过程中的舒适和享受，旅游交通不仅是旅游者到达旅游目的地的重要手段，而且乘坐交通工具本身也是一种旅游活动方式。如颇具地域文化和民族风情特色的乌篷船、羊皮筏、滑竿、狗拉雪橇等，乘坐本身就是一种旅游体验。另外，有些旅游活动必须借助交通工具才能实现，如乘船游览江河湖海，乘车游览野生动物园等旅游活动。

三、现代旅游交通方式

随着现代旅游的发展，旅游者对旅游交通的要求也越来越高，但其基本的要求依然是快速、安全、方便、舒适和经济。根据交通工具、线路和地理环境不同，常用的旅游交通方式可分为航空交通、水上交通和陆上交通（公路、铁路）三种。这三种方式各有特点，在具体运作过程中有机结合，优势互补，协调发展。除了这三种常用工具，不同的地区和民族还有自身独特的交通方式，这些成为旅游交通的重要补充。在旅游活动中，旅游者往往结合使用几种交通运输方式，互相衔接，完成旅游活动的全过程。

（一）航空交通

航空旅行是现代远程国际旅游最主要的大众旅行方式，多用于洲际、国际、大中城市间等物理距离较大的旅游活动中，是国际长途旅游者的首选。根据世界旅游组织的统计，到发展中国家的入境旅游者90%以上都是通过航空旅行方式实现国际旅游。组织方式主要有定期航班、非定期航班（临时航班、专线旅游航班、包机）和其他空中服务等三种。

航空旅行的优势在于快捷、舒适、安全、灵活，航线的开辟不受地面的各种天然或人为障碍的限制，但是票价高，空港占地面积大，用地条件高，飞机起落噪音污染严重，易受天气条件制约，时有班机延误、取消等现象发生，影响旅游者的行程安排。

航空旅行的搭乘工具是航空器，主要有飞机、热气球等。20世纪40年代以后，飞机成为航空器的主角，目前飞机使用数量已占各类航空器总数的97%以上。飞机作为航空器的绝对主体，除了速度和安全性，旅游者越来越关注其舱内设施的舒适、安静和便利。目前，世界上主流航空公司都把头等舱和公务舱设施建设作为提高竞争力的重点。中国航空公司也逐步引进空客380、波音787等超大豪华客机，让商务旅游者也能享受国际一流的乘机服务。

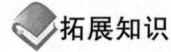 拓展知识

空中客车 A380

空中客车 A380（Airbus A380）是欧洲空中客车工业公司研制生产的四发 550 座级超大型远程宽体客机，空中客车 A380 投产时也是全球载客量最大的客机，空中客车 A380 有"空中巨无霸"之称。2010 年 8 月 1 日，中国首条 A380 定期航线正式启用。

空中客车 A380 全机身长度双层客舱与四台发动机成为最易辨认的独特外形。空中客车 A380 在单机旅客运力上有无可匹敌的优势。在典型三舱等（头等舱、商务舱、经济舱）布局下可承载 525 名乘客。空中客车 A380 飞机被空中客车公司视为其 21 世纪的"旗舰"产品。A380 投入服务后，打破波音 747 在远程超大型宽体客机领域统领 35 年的纪录，结束了波音 747 在市场上 30 年的垄断地位，成为载客量最大的民用客机（不过载重量最大的民用飞机仍是安东诺夫的 An – 225 梦想式运输机）。

空中客车 A380 采用了更多的复合材料，改进了气动性能，使用新一代的发动机、先进的机翼、起落架，从而减轻了飞机的重量，使油耗及二氧化碳排放更低，降低了营运成本，A380 飞机机舱内的环境更接近自然。客机起飞时的噪声比当前噪声控制标准（ICAO）规定的标准要低得多。A380 是首架每乘客（座）/百公里油耗不到 3 公升的远程飞机（这一比例相当于一辆经济型家用汽车的油耗）。

资料来源：百度百科。

（二）陆上交通

陆上交通包括铁路、长途公共汽车、城市公共汽车与其他公路交通，私家车，租赁汽车，以及其他陆上交通方式。

1. 铁路旅行

铁路旅行是旅游业的重要组成部分，具有客运量大、票价低、行驶速度快、连续性强及受气候变化影响小、安全可靠、环境污染小等优点，但也具有灵活性较飞机和汽车差、造价高、修筑工期长、受地区经济和地理条件限制等缺点。

地铁交通即是地下铁路交通，是比较特殊的铁路旅行方式，属于城市的地下轨道交通系统。还有一种修建在地上或高架桥上的城市轨道交通系统，被称作城铁或轻轨，往往和地铁线路实现对接，构成城市内的快速交通系统。这是旅游者尤其是散客在市内休闲旅游活动时喜爱选择的旅行方式之一。

图 5–5　北京地铁一号线

　　铁路旅行的运载工具是火车,或称列车。按照列车运行速度,我国旅客列车主要可分为5个类别。在动车和高铁出现之前,特快旅客列车是等级最高、运行速度最快的旅客列车,一般在首都与各大城市及国际间开行,有国际特快和国内特快,国内特快又分为直通特快和管内特快。快速旅客列车是仅次于特快列车的第二等级,又分为直通快速列车和管内快速列车,一般在提速区段内开行。普通旅客列车是第三等级,分为普通旅客快车和普通旅客慢车,一般在大中城市间开行。临时旅游列车是名胜古迹、旅游胜地所在站和大中城市间开行的旅客列车,分为直通旅游列车和管内旅游列车。随着铁路旅行的发展,近年来我国在特快列车的基础上,开通了动车和高铁列车,更为快速和舒适。

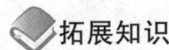拓展知识

高速铁路

　　高速铁路简称"高铁",是指通过改造原有线路(直线化、轨距标准化),使最高营运速率达到不小于每小时200公里,或者专门修建新的"高速新线",使营运速率达到每小时至少250公里的铁路系统。高速铁路除了列车营运达到一定速度标准外,车辆、路轨、操作都需要配合提升。

　　我国对"高速铁路"的定义分为两部分:一是既有线改造达到200公里/小时和新建时速达到200~250公里的线路,在这部分线路上运营的时速不超过250公里的高速列车称为"动车组(D车)",以及按D车模式运行的跨线G车,同时可执行普通客运列车及少量货运列车作业的运营模式;二是新建的时速达到300~350公里的线路,这部分线路上运营时速达到300公里及以上的"高速动车组(G车)"以

及最高时速达 300 公里的 D 车。我国营运高速铁路里程世界第一,已达 1.3 万公里。高速铁路的顾客对象多数以商务旅客为主,游客是第二主要客户。

资料来源:百度百科。

2. 公路旅行

公路旅行是旅游交通中一种最普遍、最重要的中短途旅行方式,该方式所占比重高达 66%~69%。目前,各个国家都广泛修筑了高速公路,大大便利了旅游活动的开展,提高了旅游的效率,也使得公路旅行活动更加广泛。

公路旅行的特点是灵活、方便,能深入到旅游点内部,短途旅行速度快,公路建设投资少、工期短、见效快,但运载量小,受气候变化影响较大,安全性能较差,排出的尾气对大气有污染。

公路旅行的运载工具种类较多,可以分为客运汽车、出租汽车、旅游汽车和家用汽车等。在各国的旅行社经营的团队旅行方式中,多为豪华旅游大巴。家用汽车是一般自驾车旅游者常用的交通工具,主要是轿车、商务车和越野车。我国自驾车旅行已经逐渐成为出游的新趋势,在美国、日本和西欧一些国家,自驾车旅游已占到 90% 左右。

图 5-6 柏林街头的旅游观光汽车

(三) 水路交通

水上交通一般包括船运航线和轮渡、游轮和其他水上交通服务。它们具有运量大、耗能低、投资少、占地少等特点,但速度慢,准时性、连续性和灵活性都不如其他交通工具,受季节、气候、水深等自然条件影响较大。

水路旅行的运载工具包括普通轮船和游轮两种。普通轮船通常作为大陆和岛屿之间的通勤工具,或者作为河流、湖泊及港口之间的轮渡工具,中远距离的轮船交通已经日渐稀少。但由于轮船旅行具有悠闲、安全、能欣赏沿岸风光等优点,受到旅游者的广泛欢迎。根据船舶的驱动系统的不同,可将旅游功能的船体分为人工操纵的划艇、游船和机器推进的汽艇、游船、游艇、游轮等多种类型。

游轮是一种排水量较大、旅客承载数量较多的机动轮船,又可分为内河游轮和海上游轮。目前世界上最大的游轮公司是美国嘉年华、英国皇家加勒比和新加坡丽星游轮,它们占据全球游轮市场80%的份额。

图5-7 重庆朝天门码头的游船

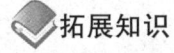

世界最大游轮"海洋绿洲"号

由皇家加勒比游轮公司斥资约14亿美元建造的"海洋绿洲"号成为世界上最大的豪华游轮,这艘巨轮长约360米,宽接近50米,拥有16层甲板,体积约为"泰坦尼克"号的5倍。它历时3年建成,可容纳2000多名船员和6000多名乘客,像"一座远洋航行的城邦",除客房、餐饮和购物场所及各类运动场馆外,还配备绿地公园、儿童游乐场、赌场和攀岩壁等,设施之完备堪比一座陆上城市。

与其他轮船根据甲板分区的做法不同,"海洋绿洲"号以类似城市街区的形式划分各个区域。酒吧所在区域名为"皇家步行区",拥有多家风格迥异的餐馆、酒吧和商场,类似城市中的步行街。乘客在这里可以品尝来自世界各地的美酒和种类繁多的美味佳肴,还可以流连于各种商店,享受不同的购物体验。

除餐饮和购物外,"海洋绿洲"号还可满足乘客诸多需求。船上的露天游乐场配备有手工雕制的旋转木马,可供孩子们嬉戏。赌场内成排的老虎机吸引着人们前去一搏。户外甲板上的泳池边设有海滩风格的休闲场地,泳池内则由造浪机掀起波浪,供人们模拟冲浪。甲板上设有露天攀岩壁,还有专业教练为攀岩爱好者提供指导和帮助。船上还提供SPA按摩服务,甚至包括肉毒杆菌注射等美容项目。

资料来源:百度百科。

(四)其他交通方式

人们在旅行过程中,可以根据自身偏好和所处环境采用其他多种个性化旅行工具。从休闲运动性的自行车、各种畜力拉动的骑乘工具、人工服务的轿子、登高的索道,到水上承载的竹筏、独木舟等,各有情趣。

1. 自行车

在一些西欧国家,自行车旅游占有重要一席。自行车具有便宜、方便、环保的特点,受到一些旅游者的喜欢。瑞士建立了自行车公路网,并对自行车的路线难易程度进行分组。素质"千湖之国"美称的芬兰,由于地形限制和环境保护的要求,建立了全国性的自行车线路网络。在英国、新西兰等国家,自行车旅游有较大发展,在那里,专门为自行车旅游者开辟了自行车游憩道和配套设施。在中国,自行车旅游刚刚兴起,正逐步由代步工具变成休闲运动器具,成为新的旅游方式。

2. 马车

现代旅游中使用马车作为交通工具主要是体现其乡土气息和复古风情,满足旅游者求新、求异的心情。马车多用于景区内的旅游活动,一般会在外观上采用比较华丽的装饰,内部布置舒服的座椅,除了作为交通工具,更重要的是一种新奇的旅游体验。

图 5-8 维也纳街头的观光马车

3. 索道

索道主要应用于具有一定的高差、旅游者攀登难度较大、费时费力较多的地方,通常建于山地旅游区,或是跨越河道、湖泊水面的旅游区。索道对自然地形适应性强,爬坡能力大,可有效缩短运输距离,受气候条件的影响较小,基建费用省,能耗低,污染少。乘坐索道能够在空中一览景区风光,因而受到旅游者的青睐。自1983年我国第一条客运索道在泰山开通以来,各地旅游区共有客运索道400多条。

除上述交通工具,还有一些特色旅行工具,如轿子、电瓶车、三轮车、滑竿、溜索、骑马等,这些交通工具的活动范围小,与景区自然条件及当地民俗风情紧密结合,构成了具有地方特色的旅游项目。

图5-9　柏林街头的多人脚踏车

任务五　熟悉旅游购物

情境设计

《旅游法》实施后,各旅行社对购物项目十分敏感,游客对购物旅游存在着解读误区,有些地方则建议不要再发展购物旅游了……那么,面对旅游产业加速融合发展的新购物时代,地方对购物旅游该一如既往地提倡还是该毫不犹豫地放弃?浙江省旅游局多举并措对地方购物旅游的健康发展进行了引导,义乌、海宁、诸暨等地的"购物"景区(点)则亮出了他们的发展举措。他山之石可以攻玉,望他们的经验能给其他购物旅游景区(点或者街区)的发展给予正能量的借鉴。

近年来,浙江多举并措推进购物旅游的健康发展,其中包括通过创建旅游强县等途径,加强旅游基础服务设施建设的完善;通过创建A级景区等方式,培育一批能够诚信经营的具有地方特色的旅游购物景区(点);通过开展大型展会等形式,全方位地推广浙江旅游商品等。据不完全统计,目前,通过浙江省A级旅游景区评定,被评为四星级(含四星)以上的购物景区有杭州市清河坊历史街区、海宁中国皮革城景区、诸暨华东国际珠宝城、义乌国际商贸城购物旅游区等。通过浙江省《旅游商品购物点质量等级划分与评定》标准,被评为四星级(含四星)以上的旅游购物点有桐乡世贸中心、平湖中国服装城、宁波陆龙兄弟海产中心(公示期)、桐乡濮院毛衫品牌直销中心、萧山众安恒隆广场等。

资料来源:中国旅游报 2013 年 12 月 12 日,有改动。

根据以上情境,完成下列任务:

1. 讨论购物对游客的意义是什么。

2. 讨论有哪些旅游商品,哪些商品受欢迎。

3. 讨论购物在旅游业中有什么作用。

任务分析

旅游购物属于旅游消费中的弹性消费,而弹性消费具有广阔的发展空间,因此,旅游购物消费占旅游者总消费的比重,就成为了旅游业是否发达的重要指标。旅游业发达国家购物的比重大约能占到总收入的 40% 以上,目前我们国家的旅游购物在过去相当长一段时间,一直徘徊在 30% 左右,一方面说明我们国家的旅游购物已经有了相当大的发展,另一方面也说明我们国家的旅游购物还不够发达。所以研究旅游购物,发展旅游购物是我国从旅游大国迈向旅游强国的重要内容。

相关知识

一、旅游购物的类型

旅游企业为了针对客源市场进行有差别的市场营销活动,更好地组织和规划旅游商品的生产经营,需要对旅游购物进行细分。

(一)按税种,可划分为不免税购物、免(关)税购物及购物退税

1. 不免税购物

不免税购物是外国旅游者在旅游目的地国购买的商品价格中包含在该国生产和流通过程中已经交纳的间接税(在我国主要是增值税和消费税)。

2. 免(关)税购物(Duty-free)

免(关)税购物指购物者在国家有关部门特别批准的场所购买免交关税的商品。这一做法主要针对特定人群(如短期入境者),采取特定支付方式(如使用指定外国货币付款)。此类购物场所多设在出入境口岸或国际交通运载工具上,个别的也有设在中心城市。

3. 购物退税(Tax-free)

购物退税主要是指将外国旅游者在旅游目的地国购买的商品价格中所含的在该国生产和流通过程中已经交纳的间接税(在我国主要是增值税和消费税)予以

退还给旅游者的政府行为。一般来说,游客在授权商店购买商品携带出境时,凭有关凭证在出入境口岸或其他指定地点办理退税。

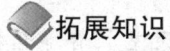
拓展知识

海南免税购物

海南省政府在博鳌亚洲论坛2014年年会期间作国际旅游岛推介,吸引境内外数十家媒体的百余名记者关注。海南省常务副省长谭力在发布会上表示,海南将扩大免税购物规模,将三亚免税店建成全球最大免税购物中心。

目前国内只有海南享有离岛免税这一独特的政策,吸引了大量的游客到海南购物旅游,节假日和旅游旺季时,常常出现万人逛店购物的盛况。2013年海口、三亚免税店接待游客110万人次,销售总额32.92亿元人民币。海口免税店经过改造,面积由原来的三千多平方米扩展到四千多平方米,增加一千二百平方米,三亚免税店由市内迁至海棠湾国际购物中心,面积由一万平方米扩大到六万平方米,投入运营后将成为全球最大的免税购物中心。

资料来源:中新网。

(二)按有无目的性,划分为休闲购物和专门购物

1. 休闲购物

休闲购物是指旅游者主要追求商品的享受功能,寻求某种刺激、寻求欢乐或讨价还价,以及喜欢把四处游览当做一种休闲活动,产品的美学价值和购物环境会引起购买冲动。一般而言,大部分旅游者属于休闲购物者,愿意购买那些有特殊纪念意义的纪念品、土特产品。对他们而言,购买过程中获得的人生体验比得到某种商品更为重要。

2. 专门购物

这种购物又称为购物旅游,指旅游者有明确的购物目的,主要追求商品的实际功能,看重其所要购买商品的质量以及其购物活动在时间和金钱方面的价值。对旅游者而言,购物是主要目的和活动,参观游览等活动反而是一种附带性活动。对这类旅游者来说购物经历的实效价值尤其重要,他们一般手持购物清单,所购买的商品主要集中在那些有产地优势、价格优势、名牌优势的优势产品上,如游客到香港购买名牌化妆品、皮鞋服装,到日本购买电器,到韩国购买人参等。

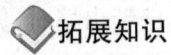拓展知识

购物天堂——香港

购物天堂是对香港的雅称。香港素来被中外游客称作"购物天堂",香港店铺售卖着世界各地不同特色的货品,有国际顶级品牌至地方特色小商品。因香港特别行政区政府采取低税率政策,在香港出售的大部分商品都不征税,所以在香港购物,货品价钱相应较低,普遍低于其他国家地区,因此吸引中外游客前往香港购物及旅游。

在香港购物,不论是货品种类、价格还是服务,都是世界知名的。香港的零售商铺每年都有多次换季减价的促销活动,为顾客提供额外的优惠。香港的服务员大多受过专业的优质顾客服务训练,态度殷勤友善,服务以客为先。故赴香港旅游必能享受到称心如意的购物经历。

香港购物点林立,商品种类包罗万象,取价公道。拥有各式各样的露天市集、充满奇趣的夜市和琳琅满目的豪华大型商场,货品林林总总、应有尽有,令人目不暇接,堪称购物天堂。

香港购物消费十分方便,因为香港各地段都有大型购物商场,例如中环的置地广场、国际金融中心商场;金钟的太古广场;铜锣湾的时代广场、崇光百货;尖沙咀的半岛酒店商场、海港城、新世界中心;沙田的新城市广场等。一般来说,中环一带的商场大多比较高级,商品高档次,高价格;而铜锣湾、尖沙咀等地是一般市民购物的好去处;至于油麻地、旺角一带,物品档次不高,商品价格较低廉。有人说,以档次算尖沙咀就是香港的东单,而旺角就是香港的西单。

资料来源:百度百科,有删减。

(三)按消费人群,划分为国内旅游购物和国际旅游购物

1. 国内旅游购物

国内旅游购物是指国内旅游者在本国境内的旅游过程中进行的购物活动。他们旅游购物的选择范围更为宽广,其购物侧重点更多的不是纪念性商品而是日用消费品,如玻璃搪瓷陶瓷制品、针棉纺织品、丝绸及丝绸复制品,以及名酒名点、土特食品、名贵药材等,都可以成为国内游客购物的对象。购物范围远超出旅游商品专营市场和专营商店,旅游目的地的消费品市场几乎都可以成为国内旅游者的购物目标。

2. 国际旅游购物

国际旅游购物是海外游客在本国境外的旅游市场中进行的购物活动。国际旅游者主要来自经济发达地区,有较强的消费能力,其购物侧重点更多的是纪念性商品。国际旅游者在语言、民俗及习惯上存在一定障碍,容易受团队旅游形式的局限。

☞ 行业动态

中国游客，境外购物狂

20世纪80年代，米兰、伦敦和纽约的奢侈品商店里到处都是日本人，挑选着最昂贵的商品。30年过去了，中国游客取代了日本人，横扫世界商场，成为黯淡的全球经济背景中难得的亮色。

中国旅游研究院的年度报告显示，2011年中国游客在境外支出的近三分之一费用（32%）用于购物。实际上，国人海外旅游费用的几个大项中，购物一项所占比例最大，而交通、住宿和门票的总和仅占总支出的40%。

国外旅游业者普遍认为中国游客"挺有钱"

西班牙马德里市中心某宾馆做前台经理的JAVIER表示，感觉中国游客挺有钱的，外出回宾馆的时候，几乎都拿着大包小包的名牌货。中国游客和他谈论的话题不像其他国家游客大多是询问景点、特色文化等。他们关心的还有西班牙的房价，如何在西班牙做生意等。

而"睡廉价房，买高档货"则是欧洲旅游业者对中国游客的描述。欧洲旅行委员会在一份研究中估计，不少中国游客会把超过三分之一的旅游预算用在购物上，宁肯把吃和住的钱节省下来买奢侈品。

根据美国旅游协会的数据，中国游客在美国期间的支出平均比其他游客多三分之一。英国旅游局负责人则透露，2012年伦敦奥运期间中国游客在英国的单笔消费居首位，平均每单笔消费为203.04英镑。国际退税机构环球蓝联的数据表明：2011年，中国人的退税总额占法国退税总额的四分之一，高居首位，其后是俄罗斯、日本、美国，而在五年前，日本还居首位，其次是美国、俄罗斯，然后才是中国。"中国游客已经变得越来越抢手了。"法国旅游发展署中国专员齐勇如此评价。

各国频出贴心服务"讨好"中国游客

中国游客在海外的大手笔让各国商家喜上眉梢，频频提供优待政策，极大限度地方便国人购物。

在巴黎的老佛爷百货，为了欢迎中国顾客，这里所有柜台都可以使用中国银联卡刷卡消费，许多品牌都聘请了懂中文的导购——仅在一家名牌店，就有二十多名能说中文的导购。然而，由于中国游客实在太多，LV、Gucci、Longchamp等奢侈品牌，常常需要排队等候入场。LV甚至推出了"限购令"，每本护照限买1个包。新加坡在众多旅游景点增设了华文导游，设立了华文指示牌和说明。中国游客可以乘坐遍及全岛的公共交通系统游览各处景点，一路都会得到懂华文的新加坡人的热心帮忙。

图"便宜"、随大流却不知为何要买

究竟是什么让大批的中国游客将购物变成了出境游的主打项目？据了解，正是"比国内便宜，买了就算是赚了"的比较思维与"人有我有"的趋同心里最终导致了国人的疯狂购物。一对来自长沙的中年夫妇，随旅行社来到巴黎奥斯曼大街，一路上在导游带去的每一个店里都要采购一番，从LV包到劳力士手表，花费超过十万元人民币，他们的理由是"国内的东西几乎要贵三成以上，买这些早就把机票钱赚回来了"。买奢侈品反倒赚了，这是中国游客的普遍心态。

对外经贸大学祥祺奢侈品研究中心研究员曾明月说，"大家都是坐着大巴车去的，很容易受影响。进到店里，所有人都挤在皮具、手表、化妆品这些奢侈品那里。"正是在这种"互相激动"中，中国游客成为外国游客中花钱最多的。对于那些迅速买下的奢侈品，很多中国游客也并不能明白为什么要买它。

联合国世界旅游组织亚太部主任徐京亦表示，外国人可能会在沙滩上躺一个礼拜，但中国人不会，"中国人有了钱，但消费的观念和范围还比较窄"。

资料来源：中国网。

二、旅游购物的特点

旅游购物不同于日常生活中的一般购物，了解二者之间的差别，掌握旅游购物特有的发展规律，对发展旅游购物具有重要意义。

（一）旅游购物具有明显的波动性

旅游购物的主体是旅游者，而不是当地居民。旅游者是一个流动的群体，不像当地居民那样具有长期性和稳定性的特点，对同一种旅游商品重复购买的概率较低。旅游活动的季节性特点直接影响旅游购物，因此，旅游者数量在不同时间和地点表现出来的差异，使旅游购物具有较大的波动性。

（二）旅游购物追求旅游商品的抽象价值

一般商品的购买者是以日常生活为目的的，注重实用性和经济性。旅游者购物时则更注重商品的纪念性、艺术性、礼品性，对实用性方面则相对要求低一些。此外，旅游者对包装、造型也有独到的要求。

（三）旅游购物风险较大

旅游购物的风险大于一般购物活动，主要原因有两个方面：一是旅游者难以全面掌握旅游商品质量、价格等方面全面真实的信息，冲动购买和从众购买行为较多，购买决策未必理智；二是如果旅游商品出现问题，也难以像一般商品那样进行退换。

（四）销售网点的布局不同

旅游商品的销售网点必须根据旅游者活动的特点，因此其网点主要设置在旅游城市的商业繁华地带、旅游景点、名胜古迹附近和宾馆饭店及购物中心等地。

三、旅游购物的地位与作用

旅游购物的发展与旅游业及国民经济总体发展水平密切联系。一般来说,商品经济发展水平较高、旅游资源相对丰富和地理位置相对优越的地区,旅游购物发展较快。同时,旅游购物的发展又可以推动旅游业和国民经济的进一步发展。

(一)旅游购物成为旅游业的一个重要组成要素

随着旅游业的发展、旅游的范围和消费形态的变化,旅游购物成为旅游活动中不可或缺的内容,并且成为旅游经济中新划分出来的独立的领域。从旅游目的地的角度来看,旅游购物是旅游经济的重要构成要素,而不是可有可无的附属品。在很多地方,旅游购物已经成为振兴旅游经济的新的增长点。从旅游者的角度来看,认识的变化也是日趋明显的。过去说到旅游就会想到参观游览、住宿等,而近年来除了游玩之外,人们开始关心能否购买物美价廉的商品,旅游购物已成为人们的重要旅游项目。

(二)旅游购物是旅游业创汇、创收的重要来源

旅游经济效益和创汇能力主要体现在旅游收入多少,而旅游收入即游客消费支出总额,其规模主要取决于两个因素:接待人数和旅游消费水平。前者受旅游接待能力、旅游环境容量及客源的制约,属于速度发展型。后者则要以最大限度满足游客消费需求为条件,旅游消费水平提高程度取决于能够满足其消费需求的程度,属于效益发展型。而旅游消费构成中,旅游购物的花费是"活消费",需求弹性大,范围也相当广泛,其旅游经济收入具有相对的无限性。为此,许多国家都在购物旅游上大做文章,旅游购物创汇率已成为衡量旅游业发达程度的标志。

(三)旅游购物是提高旅游业整体竞争力的重要要素之一

旅游业的发展一方面是通过开发旅游新产品增加供给来满足不断增长的旅游消费需求,扩大市场规模,这是一种外延式扩张;另一方面通过对旅游购物、餐饮、娱乐市场的管理和整合,提高产品和服务质量,刺激旅游者的购物、娱乐和餐饮需求,这是内涵式扩张。内涵式扩张的一个重要途径就是大力发展旅游购物,提高旅游购物支出占旅游总支出的比例。旅游购物发展的力度在一定程度上决定着旅游业进一步发展的深度,衡量一国旅游业发达水平的一个重要标准就是旅游收入中购物及娱乐所占比重的大小,旅游目的地的竞争优势也越来越取决于购物经历的增值和集约促销宣传活动的效果。

四、旅游商品

旅游商品作为旅游购物的对象,它是旅游购物的核心层次,任何一种旅游购物

都离不开旅游商品。因此,发展旅游购物首先要开发有特色的、有吸引力的旅游商品,这是发展旅游购物的关键。

(一)基本概念

旅游商品也叫旅游购物品,是指旅游者在旅游目的地国家或地区的旅游过程中所购买的各种物品。而旅游购物品经营业,就是指主要从事旅游购物品的设计、生产、经营、销售的企业,是满足旅游者在旅游活动中购物需求的企业。

(二)旅游商品类型

旅游商品是一种特殊商品,其特殊性主要在于它的购买者是旅游者。根据旅游者的需求,旅游商品可以分为四种类型:旅游纪念品、旅游日用消费品、旅游专用品和其他商品。

1. 旅游纪念品

旅游纪念品是旅游商品中品种最多、数量最大、销量最好的商品,也是最受旅游者喜欢的物品。对一般旅游大众来说,旅游纪念品真正的意义并不在于这件物品的价值,重要的是它可以证明旅游者曾经到过什么地方,曾经有过什么经历。一般旅游纪念品要标上产地、地名,或用产地的人、地、事物特征作商标。

(1)旅游景点型:它是以文物古迹、自然风光为题材,为特定旅游景点开发制作的,古文物复制、仿制品等属于这类纪念品,如兵马俑复制仿制品、彩陶复制品等。此外,介绍风土人情、景点特色、历史沿革、名人诗文、土特产品的专著、游记等书刊、导游图、风光图片、明信片等也属于这一类型。

(2)事件依托型:它是一种专门为特定事件或活动(如运动会、风筝节)开发的旅游纪念品,如2008年北京奥运会期间推出的带有福娃标志的书包、玩具、T恤衫、纪念币等商品;再如,2011年上海世博会的护照等。

拓展知识

2013年北京园博会吉祥物——"园园"

2013年第九届中国(北京)国际园林博览会吉祥物——"园园"。

吉祥物方案作品"园园"运用北京市市花"月季"为设计元素,糅合了现代手法和传统的、民族的表现元素,绽放的花朵有力地展现了"绿色交响、盛世园林"的主题,时尚化、拟人化的设计活泼可爱、富有活力、充满着自信,集"健康、活泼、开放、动感、时尚、和谐"于一体。

"园园"作为第九届园博会的专属注册标志,将对外授权,设计开发符合园博会理念的多品类商品。通过特许商品经营,进一步传播园林文化,塑造和推广北京园博会品牌形象,提升品牌美誉度,繁荣商品市场,为园博会的运营提供部分资金支持,进而提高园博会服务能力,完善运营体系建设。

资料来源:百度百科。

(3)名优特产品:这类产品种类很多,可分为工艺品、土特产品、旅游食品等。工艺品是观赏性、陈设性较强,艺术价值较高的旅游商品,包括雕塑工艺品、织绣工艺品、金属工艺品、漆器工艺品等。

(4)名牌产品:指在一国或世界上被消费者普遍认可的商品,它们已成为一个国家或一个城市非常有代表性的商品,如法国的化妆品、日本的电子制品、中国的茶叶、韩国的人参等。

2.旅游日用消费品

旅游日用消费品是旅游者在旅游活动中所必备的生活日用品,主要满足旅游者在旅游活动中的日常需要,是旅游者外出的必需品。它包括穿着和日用品两大类,如各种旅游服装、鞋、器械、洗涤用品、化妆用品、娱乐用品等。它不同于一般日用品,要求日用品艺术化,有纪念意义,带有礼品性质。

3.旅游专用品

旅游专用品是指满足旅游者从事旅游活动专门需要效用的旅游商品,最显著的特点是具有专用性,如旅游专用鞋、服装、望远镜、照相器材、风雨衣、电筒、指南针、游泳用品、各种应急品,等等。

4.其他商品

许多旅游目的地国或地区在出入口岸、码头、火车站内向国际游客供应旅游商品。如机场免税商店里出售来自世界各国,特别是工业发达国家的特色商品,包括美国和德国的高级轿车,法国的名酒、香水,意大利的皮革制品,澳大利亚的毛织品,南非的钻石,南美洲的咖啡,等等。这类商品具有明显的名牌优势和价格优势,受到旅游者的欢迎。随着免税业的发展,这类商品在旅游购物中的比重逐渐上升。

图 5-10　排队购买重庆磁器口陈麻花的游客

（三）旅游商品的特点

1. 特色

特色是旅游商品的生命，独特性和比较优势为其生存的根本。旅游商品的特色指的是源于不同景点、不同区域、不同文化和不同习俗的工艺性、纪念性差异，即具有地域特征、传统和民族风格，它能够反映旅游者特定的旅游体验。随着旅游者的需求及人们生活方式的变化，艺术性与实用性的结合越来越成为旅游商品的一个重要特色与发展趋势。

2. 高品质

旅游商品一般具有回忆、纪念性意义，它有保存价值，或者作为礼物赠送给自己的亲朋好友。因此，旅游商品的质量要上乘，最忌讳粗制滥造。但要注意，质量上乘并不完全意味着原料稀缺、价格昂贵，而是与它的纪念意义相一致。

3. 便携性

旅游者不同于一般购买者，他们总在流动中，因此其商品应便于携带，在体积、重量、包装等方面应能满足旅游者这一特殊要求。当然，对于一些特殊的商品，由于现代服务方式的改进，托运便捷，也可以有例外。

任务六　熟悉旅游景区

情境设计

2012年广东省惠州市旅游局以品牌创建为目标，积极推动旅游景区的各项工作建设。据了解，罗浮山、惠州西湖以创建国家5A级旅游景区为抓手，积极推动两个景区的创建步伐。罗浮山为创建国家5A级旅游景区，建设完善了景区的各项旅游服务设施，高规划、高起点地建设了游客服务中心，重新改造和建设了景区大门和广场，安装了景区智能信息系统。惠州西湖也积极加大各项工程的建设步伐，丰湖书院的改造顺利进行，春节期间可向市民、游客开放。

龙门南昆山、惠东巽寮湾也加入到创建5A级旅游景区的行列。在环大亚湾经济带滨海旅游的建设中，惠州以惠东巽寮景区为核心，认真整合和规划惠东、大亚湾两个县（区）的海岸线，积极推动两地合力做好土地盘整、用林用海、租岛租海等工作，大力推动环大亚湾滨海旅游区域的建设。

根据以上情境，完成下列任务：

1. 讨论5A级旅游景区的标准是什么。
2. 讨论旅游景区有哪些类型，其作用是什么。
3. 讨论旅游景区的未来发展趋势是什么。

任务分析

旅游景区是旅游中游览环节的主体,是旅游消费活动的最终载体,是旅游业发展的基础。旅游景区在旅游的发展过程中占有重要地位,也是旅游业总体形象的代表。由于划分标准不同,旅游景区可以分为不同的类型,满足不同需求旅游者的需要。

相关知识

一、旅游景区的概念

(一)旅游景区的界定

旅游景区有时也称旅游景点,两者的差别习惯上理解为空间区域尺度的不同,但在很多场合下,经常被互相混用不做区别。本书一般采用旅游景区这一概念。在英文中,旅游景区通常用 visitor attractions、tourist attractions 或 attractions 等词,有时也用 places of interests、site 等词。

随着旅游业的快速发展,工业、农业旅游兴起,使得工厂、农村都成为了游客的游览场所,今天景区的外延已较几十年前大大扩展,旅游者游览经过之处都可以称为景区。国家质量技术监督检验检疫总局颁布的《中华人民共和国旅游区(点)质量等级的划分与评定国家标准》(GB/T 17775—2003)中对旅游区进行了界定:"旅游区是以旅游及其活动为主要功能或主要功能之一的空间或地域,具有参观游览、度假、康乐健身等功能,具备相应旅游服务设施并提供相应旅游服务的独立管理区。"该管理区应有统一的经营管理机构和明确的地域范围。包括风景区、文博院馆、寺庙观堂、旅游度假区、自然保护区、主题公园、森林公园、地质公园、游乐园、动物园、植物园及工业、农业、经贸、科教、军事、体育、文化艺术等各类旅游区(点)。

一般而言,旅游景区所包含的范围比旅游区窄、面积小,通常是具有一定空间范围和边界,由各个相对独立的旅游景点组合成的旅游区域,其不仅包含若干特定的旅游景观,同时还包括为满足各种旅游活动所安排的旅游设施和服务条件,应该是一个实体单位。

(二)旅游景区应具备的条件

根据以上旅游景区的概念分析,旅游景区应具备以下几个条件:

1. 旅游景区要具有特定的旅游吸引物

旅游吸引物是旅游景区的核心,也是吸引游客向往的根本所在,其中旅游资源是旅游景区吸引游客的素材,景区内的景点或活动是吸引游客的载体。无论是以经济开发为目的的景区还是以保护为主的景区,或是以各种自然风光为主题的景区还是以文化内涵和活动内容为主题的景区,都必须是对旅游者产生较强的吸引力的旅游吸引物,并以这种吸引物的文化内涵和活动内容区别于其他不同的地区。没有特色的吸引物就不可能形成具有特色的旅游景区。

2. 旅游景区要有明确划定的地域范围

不论旅游景区的规模有多大,都有一个确定的管辖空间范围,常表现为进入的限制性,也就是门票范围。旅游景区的空间范围划定,主要以景区主体旅游吸引物为标准,即每一个景点都有多个不同特色的旅游吸引物主体,并以此为核心组成一个旅游景区。旅游景区的经营管理者和游客必须在划定的范围内从事经营活动和旅游活动,而景区的开发也是在确定的空间地域范围内进行规划设计、开发建设。

3. 旅游景区必须具有必要的旅游设施和服务

旅游资源经开发后,必须具有相应的基础设施和服务接待配套设施,提供相应的综合性旅游服务,旅游景区的旅游功能才能得以发挥。这是旅游景区区别于旅游资源的关键。

4. 旅游景区要有统一的管理机构

每个旅游景区要有一个明确的管理主体,对旅游景区内的旅游资源保护与开发、服务与经营进行统一的管理。它是旅游景区管理的主体,是服务的供给方,这个主体可以是政府机构,或是具有部分政府职能的事业单位,也可以是独立的法人企业。

二、旅游景区的特点

旅游景区具有以下几个方面的特点:

(一) 综合性

旅游景区是由不同要素构成的,这些要素在不同的文化、经济、环境背景下相互组合成不同类型的旅游景区,构成旅游景区的每个要素的质量都必须是相一致的,任何一个要素质量的低劣,都会影响游客的旅游质量。

景区的旅游活动是包含食、住、行、游、购、娱等六大要素的综合性活动,旅游活动综合性越高,规模范围越大,景区竞争力越强。

(二) 地域性

旅游景区是一个独立的地域空间范围,具有固定的经营服务场所。此外,地域性还表现在旅游景区的地域差异性上,即由于自然、历史、社会、文化、环境的影响,旅游景区特征也不尽相同。

(三) 功能性

旅游者进行旅游活动的原动力主要来自于对外界强烈的好奇心和满足放松身心、休闲度假的需要等。旅游功能是景区吸引力的主要体现,是景区的价值基础。不同类型的景区具有不同的旅游功能,主要有观光游览、娱乐休闲、康体游憩、科学考察、文化教育等,但景区能使游客从中获取愉悦、快乐感受的全新体验的基本功能是不变的。

(四)创新性

旅游景区的创新性是指景区不是一成不变的。一方面旅游景区是可以依托原有自然和人文资源,经过设计、建设和改造,形成符合人们意愿和自然规律的旅游空间的;另一方面一些本身旅游资源匮乏的地区,或为了增强旅游吸引力,或为了塑造地方形象标志,或为了营造地方文化展示场所,出现了完全再建性的旅游景区,如深圳华侨城的世界之窗和欢乐谷、上海东方明珠塔、各地的纪念馆和博物馆等。

图 5-11　上海东方明珠塔

三、旅游景区的类型

旅游景区的类别很多,人们对其划分方法也存在不同,下面介绍几种常见的旅游景区类型的划分方法。

(一)按照旅游资源的特征划分

1. 自然类的旅游景区

以自然景观为主的景区称为自然类旅游景区。它是在一定地域环境中形成的能吸引游客前往旅游的山地水体、气象气候、动植物等自然地理要素所构成的地域组合,是旅游景区中分布最广、比重最大、最为普遍、最受欢迎的一种类型。它主要包括各类山河湖海自然风景区、国家公园、森林公园、地质公园、自然保护区、野生动物园等。如桂林山水、湖南张家界、四川九寨沟、吉林长白山天池等。

图5-12 桂林山水

2. 人文类的旅游景区

以人文景观为主的景区称为人文类旅游景区。它是在人类生产、生活活动中形成的艺术和文化,是能够激发游客进行旅游活动的物质财富和精神财富的总和,主要包括各类历史文化名城、古代工程建筑、古代宗教、古代园林及综合型人文旅游地等。典型的代表如故宫、八达岭长城、颐和园等。

图5-13 福建永定土楼

3. 复合类旅游景区

是指具有丰富的自然资源和人文资源,两者相互映衬、相互依存而形成的相对独立的景区,该景区的自然资源和人文资源的旅游价值均较高。典型的代表如泰山、五台山、峨眉山、黄山、西湖等。

4. 主题公园类的旅游景区

是根据一个特定的主题,采用现代科学技术和多层次空间活动设置方式,集娱乐活动、休闲要素和服务接待设施于一身的现代化旅游目的地,是人类现代科学技术和劳动的结晶,以迪斯尼乐园和深圳华侨城集团下属的锦绣中华、民俗文化村、世界之窗、欢乐谷等为代表。

图 5-14　开封清明上河园

5. 社会类的旅游景区

是根据一个特定的主题,采用现代科学技术和多层次空间活动设置方式,集娱乐活动、休闲要素和服务接待设施于一身的现代化旅游目的地,是人类现代科学技术和劳动的结晶,以深圳华侨城集团下属的锦绣中华、民俗文化村、世界之窗、欢乐谷、迪斯尼乐园等为代表。

图 5-15　清明节的武汉大学

(二)按照旅游景区的功能和设施划分

1. 观光型旅游景区

观光型旅游景区以观光为主要功能,旅游吸引物主要以观赏性较强的自然景观和人文景观为主,观光游览为主要的旅游活动,其设施主要为方便游客而建设。这类景区一般都具有较高的审美价值,能够满足游客观赏游览的需求。如张家界、黄山、厦门鼓浪屿等。

2. 度假型旅游景区

以度假为主要功能,旅游吸引物主要是宜人的气候、安静的环境、高等级的环境质量、优美的景观和舒适的度假设施。根据度假活动内容可分为海滨度假区、山地度假区、温泉度假区、滑雪度假区、高尔夫度假区等。如三亚亚龙湾、河北北戴河等。

图5-16 北戴河

3. 生态型旅游景区

这类景区以保护生态环境、珍稀物种,维护生态平衡为主要功能。这类景区的生态环境较好,一般都拥有一些珍稀物种,需要进行保护,对于维护区域生态平衡和保持生物多样性具有重要作用。如森林公园、湿地、动物保护区、自然保护区等。

图5-17 广州长隆野生动物世界可爱的梅花鹿

图5-18 广州长隆野生动物世界栖息的骆驼

4. 科学考察型旅游景区

以科学考察和普及科教知识为主要功能,旅游景区的吸引物以具有较高科学研究价值和科学教育价值的景观资源为主,提供的设施主要以满足游客求知为目的,如地质公园、天文馆等。

5. 娱乐体验型旅游景区

以满足游客游乐体验为主,旅游景区吸引物主要是现代化游乐设施,如深圳的欢乐谷、美国迪斯尼乐园等。

图5-19 珠海珍珠乐园

(三)按照旅游景区的等级划分

根据国家质量监督检验检疫总局2004年发布的《旅游区(点)质量等级的划分与评定》(修订)(GB/T17775—2003),将旅游区(点)质量等级划分为五级,从高到低依次为 AAAAA、AAAA、AAA、AA、A 级旅游区(点)。旅游区(点)质量等级标志、标牌、证书由国家旅游行政主管部门统一规定并颁发。

 特别提示

旅游景区等级划分的依据是《服务质量与环境质量评价细则》《景观质量评价细则》的评价得分,并结合《游客意见评价细则》的得分综合进行。其中《服务质量与环境质量评价细则》包括旅游交通、游览、旅游安全、卫生、通信、旅游购物、综合管理、旅游资源与环境保护8个评价项目。《景观质量评价细则》包括资源要素与景观市场价值两大评价项目。每一评价项目继续分为若干评价子项目。对各子项目赋分值,各旅游区(点)按各评价项目及子项目的相应得分确定等级。《游客意见评价细则》是旅游区(点)质量等级评定的重要参考依据,包括总体印象、可进入性、游路设置、旅游安排、观景设施、路标提示、景物介绍牌、宣传资料、讲解服务、安全保障、环境卫生、旅游厕所、邮电服务、购物、餐饮、旅游秩序、景物保护等评价项目。每一评价项目分为很满意、满意、一般、不满意四个档次,并依次计算游客满意率。

我国自2005年8月5日起实施《旅游区(点)质量等级评定管理办法》,该办法第四条规定:凡在中华人民共和国境内,正式开业从事旅游经营业务一年以上的旅游景区,均可申请参加质量等级评定。2013年8月19日,经过全国旅游景区质量等级评定委员会组织评定,共有157家国家5A级旅游景区。见表5-2。

表5-2　我国的AAAAA级景区

省(直辖市)	景区
北京	故宫博物院、天坛公园、颐和园、八达岭-慕田峪长城、明十三陵景区、恭王府景区、北京奥林匹克公园
天津	天津古文化街旅游区(津门故里)、天津盘山风景名胜区
河北	秦皇岛市山海关景区、保定市安新白洋淀景区、承德避暑山庄及周围寺庙景区、保定涞水县野三坡景区、石家庄平山县西柏坡景区
山西	大同市云冈石窟景区、忻州市五台山风景名胜区、晋城阳城县皇城相府生态文化旅游区
内蒙古	鄂尔多斯达拉特旗响沙湾旅游景区、鄂尔多斯伊金霍洛旗成吉思汗陵旅游区
辽宁	沈阳市植物园、大连老虎滩海洋公园-老虎滩极地馆、大连金石滩景区
吉林	长春市伪满皇宫博物院、长白山景区、长春净月潭景区

续表

省(直辖市)	景区
黑龙江	哈尔滨市太阳岛公园、黑河五大连池景区、牡丹江宁安市镜泊湖景区
上海	上海东方明珠广播电视塔、上海野生动物园、上海科技馆
江苏	苏州园林(拙政园—留园—虎丘)、苏州昆山周庄古镇景区、南京钟山—中山陵风景名胜区、中央电视台无锡影视基地三国水浒城景区、无锡灵山大佛景区、无锡鼋头渚景区、苏州吴江同里古镇景区、南京夫子庙-秦淮河风光带、常州环球恐龙城景区、扬州瘦西湖景区、南通市濠河风景区、泰州姜堰区溱湖国家湿地公园、苏州市金鸡湖国家商务旅游示范区、镇江三山风景名胜区(金山—北固山—焦山)、苏州吴中太湖旅游区(旺山—穹窿山—东山)、苏州常熟沙家浜—虞山尚湖旅游区
浙江	杭州市西湖风景名胜区、温州乐清市雁荡山风景名胜区、舟山市普陀山风景名胜区、杭州淳安千岛湖风景区、嘉兴桐乡乌镇古镇、宁波奉化溪口—滕头旅游景区、金华东阳横店影视城景区、嘉兴南湖旅游区、杭州西溪湿地旅游区、绍兴市鲁迅故里—沈园景区
安徽	黄山市黄山风景区、池州青阳县九华山风景区、安庆潜山县天柱山风景区、黄山市黟县皖南古村落—西递宏村、六安市金寨县天堂寨风景区、宣城市绩溪县龙川景区
福建	厦门市鼓浪屿风景名胜区、南平市武夷山风景名胜区、三明泰宁风景旅游区、福建土楼(永定·南靖)旅游景区、宁德屏南(白水洋·鸳鸯溪)旅游景区、泉州市清源山风景名胜区
江西	九江市庐山风景旅游区、吉安市井冈山风景旅游区、上饶三清山旅游景区、鹰潭市贵溪龙虎山风景名胜区、上饶婺源县江湾景区、景德镇古窑民俗博览区
山东	烟台蓬莱阁—三仙山—八仙过海旅游区、济宁市曲阜明故城(三孔)旅游区、泰安泰山景区、枣庄台儿庄古城景区、济南天下第一泉风景区(趵突泉—大明湖—五龙潭—环城公园)、青岛崂山旅游风景区、威海刘公岛景区、烟台龙口南山景区
河南	郑州登封嵩山少林景区、洛阳龙门石窟景区、焦作(云台山—神农山—青天河)风景区、安阳殷墟景区、洛阳嵩县白云山景区、开封清明上河园景区、平顶山鲁山县尧山—中原大佛景区、洛阳栾川县老君山—鸡冠洞旅游区、洛阳新安县龙潭大峡谷景区
湖北	武汉黄鹤楼公园、宜昌三峡大坝旅游区、宜昌三峡人家风景区、十堰丹江口市武当山风景区、恩施土家族苗族自治州巴东神龙溪纤夫文化旅游区、神农架生态旅游区、宜昌长阳县清江画廊景区
湖南	衡阳南岳衡山旅游区、张家界武陵源—天门山旅游区、湘潭韶山旅游区、岳阳岳阳楼—君山景区、长沙岳麓山—橘子洲景区

续表

省（直辖市）	景区
广东	广州长隆旅游度假区、深圳华侨城旅游度假区、广州白云山风景区、梅州梅县雁南飞茶田景区、深圳观澜湖休闲旅游区、清远连州地下河旅游景区、韶关仁化丹霞山景区、佛山西樵山景区
广西	桂林漓江景区、桂林兴安县乐满地度假世界、桂林独秀峰·靖江王城景区
海南	三亚南山文化旅游区、三亚南山大小洞天旅游区、保亭县呀诺达雨林文化旅游区、陵水县分界洲岛旅游区
重庆	重庆大足石刻景区、重庆巫山小三峡—小小三峡、武隆喀斯特旅游区（天生三桥—仙女山—芙蓉洞）、酉阳桃花源景区、黑山谷景区
四川	成都青城山—都江堰旅游景区、乐山峨眉山景区、阿坝藏族羌族自治州九寨沟旅游景区、绵阳北川羌城旅游区、乐山大佛风景区、阿坝藏族羌族自治州松潘县黄龙风景名胜区
贵州	安顺黄果树大瀑布景区、安顺龙宫景区
云南	昆明石林风景区、丽江玉龙雪山景区、丽江古城景区、大理崇圣寺三塔文化旅游区、中科院西双版纳热带植物园、迪庆藏族自治州香格里拉普达措国家公园
西藏	拉萨布达拉宫景区
陕西	西安秦始皇兵马俑博物馆、西安华清池景区、延安黄陵县黄帝陵景区、西安大雁塔—大唐芙蓉园景区、渭南华阴市华山景区
甘肃	嘉峪关文物景区、平凉崆峒山风景名胜区、天水麦积山景区
宁夏	石嘴山平罗县沙湖旅游景区、中卫市沙坡头旅游景区、银川镇北堡西部影视城
青海	青海湖景区、西宁市湟中县塔尔寺景区
新疆	昌吉回族自治州阜康市天山天池风景名胜区、吐鲁番葡萄沟风景区、阿勒泰地区布尔津县喀纳斯景区、伊犁地区新源县那拉提旅游风景区、阿勒泰地区富蕴县可可托海景区

> 拓展知识

创建 5A 级旅游景区的标准

创建 5A 级旅游景区必须达到十个方面标准：

1. 旅游交通。交通设施完善，进出便捷；停车场布局合理，管理完善；景区内游览线路布局合理、顺畅。

2. 游览。游客中心设施齐全，功能充分；各类标识设置合理，制作规范，特色突出；公众信息资料品种齐全，内容丰富；导游服务满足游客个性化需求；游客休息设施充足。

3. 旅游安全。安全制度完善，工作全面落实；安全设施完全、完好；建立紧急救援机制。

4. 卫生。环境整洁；旅游厕所布局合理，数量充足，标识醒目，建筑造型景观化；垃圾箱布局合理，分类收集；食品卫生。

5. 邮电服务。提供邮政、公用电话、移动电话服务；通信方便，服务亲切。

6. 旅游购物。购物场所布局合理，建筑协调；旅游购物环境整洁，管理规范；旅游商品种类丰富，特色突出。

7. 经营管理。管理体制机制健全，贯彻有力；管理人员配备合理；企业形象良好；规划科学；投诉处理及时、妥善；业务培训全面、效果良好。

8. 环境和资源的保护。空气、噪声、水环境质量达标；景观保护有效；景区景观协调。

9. 旅游资源吸引力。具有世界级旅游资源；观赏游憩价值极高；旅游资源保护完好。

10. 市场吸引力。主题鲜明，特色突出，世界知名，美誉度极高；市场辐射力很强。

资料来源：http://www.njfzm.net/chinese/shownews.asp? id=192。

> 行业动态

三明市启动 5 家 A 级旅游景区创建工作

三明市旅游局召开 2014 年度 A 级旅游景区等级标准创建会，对县（市、区）旅游局拟定上报的 A 级旅游景区创建计划进行科学梳理，认真分析。经研究决定，2014 年度将致力于创建 5 家 A 级景区，分别是："将乐玉华洞"申报 5A 级旅游景区；泰宁明清园、永安天斗生态旅游度假区、宁化客家美食文化城创建 4A 级旅游景区；清流中华客家祖山文化园创建 3A 级旅游景区。

近年来,三明市积极加快 A 级旅游景区品牌创建工作,截至 2014 年 3 月,三明市共创办 A 级旅游景区 10 家,其中 5A 级 1 家,4A 级 6 家,3A 级 2 家,2A 级 1 家;另有等级待评定 3 家。目前,三明市各 A 级旅游景区品牌创建点已全面启动创建工作,正严格按照《旅游景区质量等级的划分与评定》国家标准(GB/T17775—2003)有序推进相关工作。

资料来源:今日三明网。

四、我国旅游景区的发展趋势

随着旅游业的不断发展,旅游竞争程度不断加剧,旅游景区的数量会不断地增加,旅游景区产品质量不断提高。世界旅游组织预测,到 2020 年中国将成为全球第一大旅游目的地。旅游景区作为旅游产业的核心要素的地位越来越显著,作为我国旅游产业的重要组成部分,旅游景区未来发展将呈现以下趋势:

(一)景区竞争市场化

随着大量景区的开发建设,景区之间的竞争日益激烈,景区市场化程度将不断提高。一方面旅游景区数量急剧增加,质量也在不断提高,精品景区开始增多;另一方面景区之间的竞争由较低层次的价格战开始转向品牌竞争、文化竞争,景区更加注重质量的提升,景区的治理模式也由行政事业管理向多样化景区治理模式转变。

(二)景区管理信息化

随着旅游业的发展,信息技术的重要性日益凸显,旅游行业各部门之间的有效快捷沟通也变得越来越重要了。更多的景区着手打造数字化景区,实现资源保护数字化、景区经营管理智能化以及旅游产业整合网络化。这将大大提高景区管理和服务的水平和效率,增加景区的业务来源。数字化景区是一项复杂的工程,整合了计算机网络技术、现代通信技术、数据库技术等,代表了景区的未来发展方向。

(三)景区产品服务品牌化

游客对旅游产品和服务质量的要求不断提高,越来越多的景区意识到景区的核心竞争力是品牌,他们开始着手打造景区的特色并使之系统化,确立其产品及服务的优质形象,以获得游客的高度认同,成为景区的忠实游客。同时,他们对景区商标品牌保护的重视程度也越来越高,如苏州寒山寺一连注册了"寒山寺""寒山钟声"等商标,甚至连"枫桥夜泊"景点也不放过。

(四)景区理念生态化

随着人们绿色消费理念的不断增强,倡导"生态旅游"和"低碳旅游"的旅游者对旅游产品质量的要求越来越高,更加注重景区生态环境的保护。现代文明消费呼唤景区旅游生态化、景区设施的生态化、能源的生态化和活动的生态化,这直接影响到景区的生态安全,关系到景区的可持续发展。

(五)景区企业集团化

景区企业的集团化可以增强企业的实力,通过资源共享,节省成本和费用。集团成员的优势互补有助于提升企业的运作和管理效率,同时提高企业创新能力和综合竞争能力。一方面景区与其他景区或非旅游企业在组织或资本上进行重组,实施横向联合。与其他景区进行联合可以增强景区的吸引力,可以分享营销渠道,共同研发创新;与非旅游景区联合可以增强整体抗风险能力。另一方面景区与其他旅游相关企业如旅游饭店、旅游交通企业等进行联合重组构建旅游集团,使原来的外部交易成本内部化,即提高了企业运作效率又降低了运营成本。

☞ 案例分享

韩国直航六日游行程

2011年河南康辉国际旅行社推出郑州—韩国直航六日游旅游线路,行程安排是这样的:

第一天,从郑州乘飞机赴韩国仁川机场,抵达后转乘其国内航班赴济州岛,入住酒店休息。

第二天,早餐后乘船前往济州岛的离岛"牛岛",该岛位于济州东端,是一个岛中岛,这里鱼类资源丰富,自然环境优美,可以看到海女、石墙路等济州特有传统文化,特别安排骑自行车环岛游。后游览城邑民俗村,了解济州的民俗风情,午餐后前往天地渊瀑布和火山喷发而成的将军石,继而前往神秘之路怪坡,体验汽车倒行的奥秘。

第三天,乘飞机返回首尔,前往韩国故宫——景福宫、国立民俗博物馆、韩国总统官邸——青瓦台总统府,参观土特产高丽参专卖店及韩国国宝级加工厂——紫水晶加工厂、电器店。之后前往清溪川广场,此处耗资3900亿元的净水工程,将原有的污流变成生态溪流、清水溪流,供人休息,后前往韩国代表性的购物街东大门市场自由购物。

第四天,前往湖光山色美轮美奂的岛屿—南怡岛,参观韩剧"蓝色生死恋""冬季恋歌"拍摄场景,这里还有松树、水杉、栗子树等树林,受到恋人们的钟爱,之后游览MBC大长今主题公园。可自费参观韩国最大的室内游乐园乐天世界。

第五天,早餐后,可自费前往南北韩军事分界线"三八线",参观统一展望台、第三隧道、临津阁。临津阁是韩国公民可进入的最北端,登上统一展望台可远眺朝鲜,祈求南北韩离散家庭早日团聚。午餐后参观泡菜学校,亲手体验韩国国粹——

泡菜的全部制作过程,深刻体会韩国传统文化(这是每个韩国少女结婚前都要学习的课程)并体验赠送的穿韩服拍照,之后前往化妆品店,晚餐后前往华克山庄,可自费欣赏华克山庄的表演,也可在赌场一试你的运气,后入住酒店。

第六天,早餐后,经韩国土产店自由购物,后前往仁川国际机场乘飞机返回郑州。

分析: 旅游活动包括食、住、行、游、购、娱六大要素,旅游业是综合性产业。旅游业的依托性非常强,一方面它的发展依托交通、餐饮、住宿、娱乐等多个相关行业的协调发展,另一方面旅游业的发展又会带动这些部门的发展。旅行社在旅游业中起着重要的作用,它将旅游的各个要素——交通、住宿、餐饮、游览、购物、娱乐等项目,有效地组合起来,编排成一条完整的、有特色的旅游线路,出售给旅游者,同时它还负责旅游活动的组织、协调,让旅游者能够没有后顾之忧进行旅游。这也是团体包价旅游的优势所在。

思考与练习

一、填空题

1. 旅游业的三大支柱产业是_____、_____和_____。
2. 欧美国家的旅行社,按经营业务范围不同,一般可分为_____、_____和_____。
3. 通常根据接待设施及其提供服务的覆盖面,将饭店分为_____、_____和_____。
4. 旅游交通具有舒适性、_____、_____和_____。
5. 根据旅游者的需求,旅游商品可以分为_____、旅游日用消费品、_____、_____。

二、选择题

1. 在我国涉外饭店星级评定工作中,三星级饭店的评定是由(　　)
   A. 各省、自治区和直辖市旅游局评定
   B. 国家旅游局星级评定机构评定
   C. 计划单列市、副省级城市旅游局和地(市)级优秀旅游城市旅游局评定
   D. 由省、市旅游局初评后,报国家旅游局确定
2. 观光农业是属于(　　)
   A. 自然类旅游景区　　　　B. 人文类旅游景区
   C. 社会类旅游景区　　　　D. 主题公园类旅游景区

3. "世博护照"是属于( )的旅游商品。
   A. 旅游景点型   B. 事件依托型   C. 旅游专用品   D. 名牌产品
4. 早在商代就已经出现,古代中国最早的住宿设施是( )
   A. 馆   B. 驿站   C. 亭   D. 邮
5. 根据接待设施及其提供服务的覆盖面,可将饭店分为( )。
   A. 无限服务型饭店   B. 商务型饭店
   C. 有限服务型饭店   D. 辅助性接待设施

三、判断题

1. 旅游业是劳动密集型的行业。
2. 在欧美地区,只从事旅游零售业务的是旅游经营商。
3. 我国《旅行社条例》规定,外商投资旅行社不得经营任何出境旅游业务。
4. 散客包价旅游是指10人以下(包括10人)的包价旅游项目。
5. 在全包价旅游基础上扣除午餐和晚餐费用的一种包价形式是小包价旅游。
6. 我国饭店采用的是五星制,最高级别是白金五星级。

四、问答题

1. 旅行社产品有哪些类型?
2. 旅游饭店分为哪些类型?我国旅游饭店的发展趋势是什么?
3. 比较各旅游交通方式的优缺点。
4. 简述旅游购物的地位和作用。
5. 旅游景区类型是如何进行划分的?

五、实训题

根据本项目所学知识,对当地的旅游饭店进行调查并进行分类,了解这些饭店的客源构成。

项目六　聚焦旅游市场

学习目标

1. 掌握旅游市场的概念、特点，掌握旅游市场细分的概念和标准。
2. 了解世界旅游市场概况和未来发展趋势。
3. 了解我国旅游市场概况。

项目分析

旅游市场是旅游企业经营活动的主体和开发对象，同时也是构成各种营销活动的运作平台。研究旅游市场就是深度研究旅游者的旅游需求，创新开发适销对路的差异化的旅游产品，增强旅游市场的核心竞争力，进一步扩大旅游市场，取得可观的综合效益。学术界和业界对旅游市场的研究逐步在深入，相关理论也日趋成熟。但究竟什么是旅游市场？为什么要对旅游市场分类？如何分类？世界旅游市场和中国旅游市场的发展特点是什么？未来走向如何？这都是本项目要重点探讨的问题。

任务一　了解旅游市场

情境设计

《爸爸去哪儿》引亲子旅游热潮

2013年10月11日，湖南卫视携手众明星——林志颖、郭涛、王岳伦、田亮、张亮及"星二代"们共同推出大型明星亲子旅行生存体验真人秀节目《爸爸去哪儿》，瞬间火遍大江南北。第一站选择在北京灵水村拍摄。随着节目的热播，灵水村"一夜成名"，不仅明星们住过的房子成为游人参观的景点，就连孩子们喂过的小山羊、抚摸过的小狗也都成了宠物明星，游客们争相合影留念，当地比往年同期游客增加了近7倍。真可谓《爸爸去哪儿》到哪火哪儿！除了北京的灵水村，五个萌宝和他们的明星爸爸所到之处——宁夏的沙坡头景区、山东的鸡鸣岛、云南普者黑、黑龙江雪乡等地都从"默默无闻"几乎瞬间便"声名鹊起"。"爸爸,爸爸,我们去哪里呀?"那稚气的发问,也得到了现实中越来越多爸爸们的回应——中国亲子游市场不断升温。

根据以上情境,完成下列任务:
1. 讨论什么是旅游市场,旅游市场是如何形成的。
2.《爸爸去哪儿》引发的旅游热潮反映了旅游市场的哪些特点?

任务分析

旅游市场是实现旅游产品交换的场所,是连接旅游需求与供给的纽带和桥梁,在旅游业运行中发挥着重要的作用。随着旅游的发展,旅游市场规模不断扩大,形式多样,内涵丰富。旅游市场的健康、有序、繁荣发展,直接推动当地旅游业的发展。因此,要加强并深入对旅游市场进行研究,准确把握旅游市场供需状况,努力开拓客源市场。

相关知识

一、旅游市场的概念

作为市场经济的一部分,旅游市场与一般意义的市场并无本质的区别,其定义也有广义和狭义之分。

广义的旅游市场是从经济学的角度来界定的,指旅游产品交换过程中,反映的各种经济活动和经济关系的总和。重点强调的是旅游经济活动中各种产品和劳务关系,是解决旅游活动供求矛盾的一种经济活动。从这个角度看,旅游市场包括旅游产品经营者、旅游消费、旅游产品、旅游产品营销等几部分。

狭义的旅游市场是从市场营销学的角度界定的。主要是指客源市场,即在一定的时间、地点和条件下对旅游产品具有购买欲望、支付能力的消费群体。从这个意义出发,狭义的旅游市场又称为旅游需求市场或旅游客源市场。

但是,完整的旅游市场应该是由旅游市场供给和旅游市场需求共同构成的。只是在旅游市场营销和有关学术研究中,人们通常还是从狭义的角度进行研究,因此,本项目中讨论的旅游市场仅指旅游需求市场或旅游客源市场。

二、旅游市场的构成要素

从狭义的旅游市场概念出发,旅游市场的构成必须具备四个要素,即旅游者

（人口）、旅游购买力、旅游欲望和旅游购买权利。这四个要素缺一不可，少一个都无法构成旅游市场。

（一）旅游者（人口因素）

旅游市场的规模大小和潜力取决于该市场上人口数量的多少。人口因素又包括以下几个方面：

1. 总人口。一个国家或者地区的总人口越多，潜在的旅游者数量就越多，潜在的旅游需求就越大。例如，同样两个经济发达国家，如果其中一国人口较多，那么相对来说，可能旅游的绝对人数就越多，产生旅游需求的潜在市场也就越大。

2. 旅游者地理分布。世界人口分布极不均匀，一个国家的不同地区人口分布差异也较大。人口的地理分布差异与市场需求有直接的联系，主要体现在旅游消费的需要、购买习惯等方面。例如，中国城市居民的出游率高于乡村，南、北方人对饮食、住宿、娱乐等要求也不尽相同。

3. 旅游者的年龄构成。年龄差异、个人消费结构不同，对旅游产品需求的程度、旅游目的、旅游时间、交通方式的选择和对住宿的标准要求均不相同，因而就形成了以年龄为标准的各具特色的旅游市场。

除此之外，旅游者的性别、职业与文化水平、家庭结构、民族与宗教信仰等的差异都会使旅游者在食、住、行、游、购、娱等方面的需求特征、消费水平表现出显著的不同。

（二）旅游购买力

旅游购买力是指人们支付货币购买旅游产品或相关服务的能力。购买力的高低主要由一个人收入水平尤其是可自由支配收入的多少决定的。因此，一个国家或地区的人均可自由支配收入是产生旅游需求的前提。

（三）旅游欲望

旅游欲望是一种主观愿望，是驱使人们外出旅游的动因。旅游欲望更是在时间、金钱等客观条件都具备的情况之下，把潜在购买力变为现实购买力的重要条件，因而也是构成旅游市场的基本要素。

（四）旅游权利

旅游权利，又称为购买权利，是指消费者可以购买某种旅游产品（服务）的权利。对旅游市场而言，尤其是国际旅游，往往由于国际间的政治、经济关系及其他一些因素或者旅游目的地国家、旅游客源国单方面的政策限制，如不发签证或限制出境等，都会使旅游权利受阻而导致无法形成国际旅游市场。如2013年7月埃及发生严重的社会动荡，日本、美国、德国、法国、英国等主要客源国先后发布到埃及的旅游禁令，使当地旅游市场受到重创。

☞ **行业动态**

赴埃旅游成为"勇敢者的游戏"

三年多来,埃及的安全形势持续反复重创了埃及赖以为生的旅游业。尤其是2013年7月埃及军方罢黜前总统穆尔西,并血腥镇压,在开罗达维亚清真寺外强行清场。埃及事态变化的目不暇接和惊心动魄使得多国对前往埃及旅游发出禁令或拉高警报。9月本是埃及旅游的旺季,但是开罗街头几乎看不到西方游客的身影。即便是原本门庭若市的吉萨金字塔、狮身人面像、埃及国家博物馆等著名的名胜古迹,如今也沦落到门可罗雀。金字塔景区游客每天甚至只有个位数。从2013年6月开始,欧美多国发布针对埃及的旅游禁令,严格限制本国公民赴埃旅游。中国外交部也发出呼吁,希望中国公民避免到访埃及。在这样的旅游警示下,到埃及旅游似乎成了"勇敢者的游戏"。

资料来源:http://news.china.com.cn/world/2013-09/12/content_30003460.htm。

三、旅游市场的特点

(一) 多样性

旅游者是旅游市场的主体,由于旅游者的需求是多种多样的,从而使旅游市场也具有多样性的特点。这种多样性主要表现在以下几个方面:一是旅游购买形式的多样性,如包价旅游、半包价旅游、小包价旅游、散客旅游等;二是旅游产品种类的多样性,即不同国家、不同地理环境、不同民族文化的自然风光和人文景观的不同,必然形成多样的旅游产品,使旅游者获得不同的经历和感受;三是交换关系的多样性,即旅游者可以直接购买单项旅游产品,也可通过客源地或者目的地的旅行社购买综合性的旅游产品。

(二) 季节性

旅游市场的季节性特征十分突出,一方面是因为旅游目的地国家或地区的自然条件、气候条件差异造成的,另一方面是因为旅游者闲暇时间的不均衡。例如,有一些旅游资源会因季节不同而产生淡、旺季的差别;有些目的地直接受气候影响,季节差异性明显,如海滨浴场、漂流、滑雪等;旅游者带薪假期也是造成旅游淡、旺季的主要原因之一,如德国人多在春季出游,法国人多集中在夏季外出旅游。

旅游市场的淡、旺季会造成旅游旺季供不应求,游客满意度下降,而旅游淡季供过于求,人员和设备闲置,资源浪费。因此,旅游目的地国家或地区应当采取多种措施,努力开发淡季旅游市场的需求;合理组织旺季旅游市场的供给,尽可能减少或消除季节性的影响,使旅游市场在时间上朝均衡化方向发展。

(三)波动性

旅游产业是以需求为导向的产业,而影响旅游者需求的因素多种多样,任何一个因素的变化都会引起旅游市场的波动。影响旅游需求的因素主要有物价、个人工资水平、汇率、通货膨胀、国际关系格局、节假日方案调整、甚至旅游者自身的心态等,其中任何一个因素的变化都会引起旅游市场的变化。对某一具体的旅游市场而言,某些意外事件或重大活动都会在一定时间内使旅游市场出现较大的波动性。

(四)全球性

"二战"后,随着生产力的发展和科学技术的进步,旅游活动扩展到世界各地,旅游市场逐步发展成为全球性的市场。在国际政治条件许可的情况下,市场对产品的选择有全球性的自由,不受地域、政治、民族局限等的限制。旅游地的接待对象无民族或国界之分,旅游者的旅游活动也不受地方和国界的束缚。

四、旅游市场的分类

根据不同的经营需要,旅游市场有多种分类方法。本书主要根据国境、地理、消费水平、旅游目的和内容、旅游组织形式等因素,划分为不同的旅游细分市场。在世界旅游市场中,几乎没有一个供应商有足够的实力占据全球旅游市场,满足所有旅游者的需求,因此,对旅游市场分类具有现实意义,既有利于找准客源市场并及时掌握供求关系的变化,又为制定科学的市场决策提供了必要的依据。因此,对旅游市场进行划分,解决旅游市场供需矛盾,就成为旅游市场研究中的核心问题。

(一)按国境划分。按国境划分旅游市场,一般分为国内旅游市场和国际旅游市场。国内旅游市场是指本国居民在国境线范围内进行旅游的市场;国际旅游市场是指旅游活动超出国境线以外的市场。通常,国内旅游市场上主要是本国居民在国内各地进行旅游;国际旅游市场主要接待外国旅游者到本国旅游,以及组织本国居民到国外旅游。

(二)按地理划分。世界旅游组织(WTO)根据世界各地的经济、地理、文化、交通、旅游发展及客源集中程度等状况,将世界旅游市场分为六大区域:欧洲市场、美洲市场、东亚及太平洋市场、非洲市场、中东市场和南亚市场。

(三)按消费水平划分。可以将旅游市场划分为高端旅游市场、大众旅游市场和经济旅游市场。由于旅游者的收入水平、年龄、受教育程度、职业等差异,旅游者的需求和消费水平差别很大。高端旅游市场主要针对社会上层人士,他们不在乎价格,更注重旅游过程中的奢华物质享受和独特的精神追求。大众旅游市场针对固定的中等收入群体,既注重旅游活动的内容和质量,又注重产品的价格。经济旅游市场主要是针对收入较低的人群,他们更注重价格的高低。因此,经营者应科学合理地进行市场定位,吸引更多的客源。

（四）按旅游目的划分。可划分为观光旅游市场、商务会议旅游市场、休闲度假旅游市场和特殊目的旅游市场。人们旅游需要的个性化趋势,催生了更多新兴的旅游市场,如体育旅游市场、医疗旅游市场、修学旅游市场等。

（五）按组织形式划分。分为团体旅游市场和散客旅游市场。

团体旅游也叫包价旅游,主要包括交通、住宿、餐饮、景点门票等旅游产品的基本部分。这种方式价格较为便宜,但是旅游活动不能自由安排,时间上受约束和限制较多。

散客旅游可以按照个人的兴趣爱好自由安排旅游活动内容,也可以委托旅行社单项购买旅游产品的部分项目,但是价格相对较高,旅游者个人在交通及住宿安排上较为费心。

此外,还可以从其他角度对旅游市场进行划分,如根据季节划分为淡、旺季旅游市场,根据距离划分为近程和中、远程旅游市场等。

任务二　熟悉世界旅游市场发展现状及趋势

情境设计

《2013 年全球国际旅行市场趋势分析报告》指出,2013 年全球的经济已经得到稳定,但旅游与休闲行业依然与生俱来地保持着动态的变化。未来五年,每年旅游人数与旅游消费都会有约 4% 的增长。在这段经济增长的过程中,旅游市场将会出现以下几个趋势:

1. 美洲地区:PANK 市场潜力初具。DINK 市场细分群体不再成为值得关注的目标,而 PANK(professional aunts with no kids,没有孩子的大龄职业女性)成为还未开垦的市场中最大的群体之一。

2. 欧洲:分享型经济下的旅游服务成为新的商业模式。

3. 智能手机的崛起推动门房服务移动化。

4. 非洲:狩猎旅行——与孩子们一起。

资料来源:http://article.yeeyan.org/view/360936/385682,有删减。

根据以上情境,完成下列任务:

1. 讨论上文中提出的"分享型旅游服务""门房服务移动化"各是什么含义。

2. 讨论世界旅游市场未来发展趋势是什么。

任务分析

地球在转动,世界在变化。放眼竞争激烈的旅游市场,掌握最新的发展趋势是制胜的关键。旅游市场的全球化和一体化,也正实践着马尼拉宣言所倡导的,政府和非政府组织都应在促进旅游交流与合作当中承担更多的责任,推进国际旅游合作,进一步探索简化签证等便利措施。

相关知识

一、世界旅游市场格局

世界旅游组织发布的 2013 年世界旅游报告显示,即使在全球经济不景气的情况下,国际游客人数还是再度刷新了历史,达到了 10.87 亿多人次,较 2012 年增长 5%。世界旅游组织预测,在 2014 年,随着全球经济环境的改善,这一数字会继续保持增长,国际旅游的前景将更为乐观。

由于现代旅游业是在欧美发源的,北美及西欧国家经济发达、交通便利、入境手续不断简化,使欧美地区在入境、出境游方面长期以来都高居世界榜首。

报告显示,欧洲成为本年度接待国际游客最多的地区,共接待游客 5.63 亿人次。相比 2012 年,亚太地区接待游客数量增长了 6%,涨幅超过全球其他地区。在国际游客出境旅游支出方面,中国和俄罗斯都榜上有名,仅 2013 年前三个季度,中国出境游支出就增长了 28%,俄罗斯增长了 26%,紧随其后的有土耳其、卡塔尔、菲律宾等国。

先进经济体国家的国际旅游人数比新兴经济体增长速度快,但就旅游消费水平而言,新兴经济体国家的旅游消费增长加快,中国的旅游消费增长名列前茅。

旅游业在 20 世纪 90 年代初已经发展成为超过石油工业、汽车工业的世界第一大产业。随着经济全球化和世界经济一体化的深入发展,国际旅游市场更是进入了快速发展时代。纵观近十年来世界旅游市场的发展状况,呈现出以下的特点:

(一)旅游市场呈现地区间发展不平衡

世界旅游市场逐步出现分化,呈现"三足鼎立"的新格局。欧洲和北美长期以来一直是世界上最受欢迎的目的地,也是最大的客源市场,是全球旅游市场的"双雄"。目前,这两个地区的国际旅游者人数和国际旅游总收入合计都占世界的 80% 左右。但经济全球化和区域经济一体化的进程深刻影响着世界旅游市场的发展,也打破了原有的旅游市场格局。欧洲和北美地区经济增长速度趋缓,国际旅游的发展速度相对缓慢,在全世界国际旅游中占据的比重有逐年下跌的趋势。东亚及太平洋地区由于经济的迅猛发展,在世界旅游中占据的比重不断上升。东亚及太平洋地区有着巨大的人口基数,在未来将成为世界上最大的客源输出地区。据预测,到2020年,东亚及太平洋地区接待国际旅游人数占全球份额将上升为27.3%,超过北美(届时为17.8%),位居世界第二位,进一步巩固"三足鼎立"新格局。

(二)旅游市场国际化竞争显著

由于国际间贸易和资本的相互渗透,旅游企业要在未来的市场竞争中取胜,就必须放眼全球市场。对于旅游市场来说,国际间的竞争日趋激烈。旅游饭店连锁集团、航空公司都在世界五大洲寻找自己企业的目标,建立全球性销售网络。实力雄厚的旅游跨国企业都力图在北美、西欧、东亚建立稳固的阵地,这三个地区现已成为国际竞争的战略要地。

(三)在线旅游市场异军突起

旅游业与科技、文化、商务等产业融合越来越密切,特别是与信息产业的"珠联璧合"使旅游业成为跨领域、跨行业的综合性、战略性产业。信息技术、网络技术的快速发展,促进了旅游需求的多样化、旅游管理信息化、旅游装备科技化,尤其是在线旅游预订业务、电子旅游信息、电子签证等正在改变旅游市场环境。

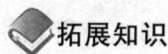 拓展知识

在线旅游市场

在线旅游是指依托互联网,以满足旅游消费者信息查询、产品预订及服务评价为核心目的,囊括了包括航空公司、酒店、景区、租车公司、海内外旅游局等旅游服务供应商及搜索引擎、OTA、电信运营商、旅游资讯及社区网站等在线旅游平台的产业。因其主要借助互联网,与传统旅游产业以门店销售的方式形成了巨大差异。

对于中国在线旅游市场来说,1999年携程、艺龙成立,但"在线旅游"作为一个新的服务业态成型于2003年,是以携程上市为标志,派卡及电话逐步取代门店销售成为旅游产品销售的新渠道。作为当时旅游市场的主要商业模式,携程成为中国在线旅游产业的旗帜,以呼叫中心为主的OTA成为中国在线旅游产业的研究方向。随着去哪儿、驴妈妈、途牛等新网站的出现,正式标志着中国在线旅游产业新模式的出现。

资料来源:http://www.chinaz.com/start/2014/0220/339781.shtml。

二、世界旅游市场的发展趋势

(一) 世界旅游区域重心向以中国为代表的亚太地区转移

欧洲和北美是两个传统的国际旅游市场,近些年来他们在国际旅游市场上的份额呈进一步缩小之势,世界旅游重心由传统市场逐渐向新兴市场转移。上个世纪70年代以前,欧美地区是最为主要的旅游目的地,吸引了全球超过85%的入境过夜客源。随着上世纪80年代亚太地区旅游业日益崛起,世界旅游格局开始发生新的变化,欧美市场份额逐渐下降。2010年之后,亚太地区已经取代美洲成为第二大国际旅游目的地。由于亚太地区对旅游业发展重视程度的不断加强,旅游投资的大举进入将优化地区接待水平,同时这一地区的区域旅游需求逐渐加大,世界旅游发展重心将继续东移。预计到2030年,亚太地区接待的入境过夜游客将从目前的2.18亿人次增长到5.35亿人次,在全球旅游市场中的份额也将相应由22%上升到30%,而欧美地区的比重将由67%下降至55%。

(二) 新兴经济体客源地功能崛起

受惠于经济的持续高速增长,新兴经济体消费水平提升显著,特别是中等收入群体迅速扩大,产生了巨大的出境旅游需求。其中,以金砖四国的发展最具代表性。中国、巴西、印度、俄罗斯四国出境人次与消费支出近年来大幅度增长。2012年的出境旅游总人次超过1.2亿,对全球旅游市场的贡献达到12%。2013年,中国出境旅游市场保持快速增长态势,全年出境人数9819万人次,同比增长15%,出境旅游消费将实现1176亿美元新高,同比增长20%。中国人境外旅游消费跃居世界第一。2013年俄罗斯的出境人数达到5410万次,同比增长13.1%。除印度外,其余三国已经出现旅游服务贸易逆差,且逆差呈现不断扩大的趋势。这充分说明,以金砖四国为代表的新兴经济体客源地功能正在崛起。可以预计,新兴经济体未来将成为世界主要的出境客源国,也将成为世界旅游经济平稳运行的重要动力。

 特别提示

"金砖四国"来源于英文BRICs一词,是指巴西(Brazil)、俄罗斯(Russia)、印度(India)和中国(China)四国,因这四个国家的英文名称首字母组合而成的"BRICs"一词,其发音与英文中的"砖块"(bricks)一词非常相似,故被称为"金砖四国"。

(三) 市场需求更趋区域化和多元化

尽管国际金融危机对世界旅游发展的影响在持续,但是刚性的旅游需求仍在不断释放,将以短距离旅游代替中长距离旅游的形式出现,更多的区域内部流动将取代区际流动。区域旅游继续盛行不衰的原因是多方面的,首先,邻近国家之间政治、经济、文化联系更为紧密。欧洲各国语言相通,往来手续简便,因此欧洲国际客源中80%在区域内流动。其次,区域旅游时间短,花费少。洲际旅游距离远,要支付高昂的国际交通费。到2030年,区域内部游客将成为入境旅游的主要客源。区域内部和区际游客的数量将分别达到14亿人次和4亿人次,占总量的78%和22%。在亚太等出境游客快速增长的区域,区域内游客数量的份额将由2010年的78%上升到2030年的80%。

旅游市场需求将更趋多元化。据UNWTO预测,以休闲、娱乐和家庭为目的的出行游客数量将保持3.3%的年均增长速度,探亲、就医、宗教等其他目的年均增长3.5%,商务和工作目的年均增长3.1%。到2030年,以休闲、娱乐和度假为目的出行的游客数量占国际入境游客总数的54%,因探亲、求医、宗教为目的出行的为31%,因商务和工作原因出行的为15%。

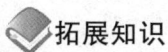 拓展知识

世界旅游市场的中国分量

中国市场是澳大利亚最重要的、发展最快的旅游市场。最新数据显示,2012年3月至2013年2月,整个大中华区赴澳大利亚旅游人数是93万(中国内地65万),快要赶超第一客源国了;中国到访澳大利亚的游客产生了41亿美元的消费,增长达到16%,所以不容置疑,中国市场非常重要。我们预计到2020年中国内地将会给澳大利亚带去90亿澳币国民收入的增长,人数在100万人。这个数字不会很难实现。

资料来源:新京报,2013年5月1日。

任务三　掌握中国旅游市场发展现状及趋势

情境设计

近几年,我国旅游经济持续保持平稳较快增长。三大旅游市场呈现"两增一降"格局,国内、出境旅游保持较快增长,入境旅游基本持平。2013年,全年旅游总收入可达2.9475万亿元,国内旅游人数达32.62亿人次,国内旅游收入达2.6276万亿元;出境旅游人数约9819万人次;入境过夜人数约5570万人次,旅游外汇收

入约 478 亿美元。国家外汇管理局数据显示,2013 年中国旅游服务贸易逆差达 730 亿美元,同比攀升 64%。说明在中国游客出境旅游快速增长的同时,入境旅游发展进程明显滞后。

根据以上情境,完成下列任务:
1. 分析中国三大旅游市场的特点是什么。
2. 讨论中国旅游市场的发展趋势是什么。

任务分析

经济增长是旅游行业发展的根本动力,也是旅游市场发展的最根本基础,更是中国居民出游能力提升的根本动力。我国经济持续快速增长为中国旅游市场的迅速崛起提供了强大的动力支持,黄金周、小长假制度成为国内居民出游的重要制度保证。随着中国老龄化、IT 化、消费需求的转变,中国旅游市场要做好准备,迎接这些新趋势和变化所带来的新挑战。

相关知识

一、国际旅游市场

(一)出境旅游市场

出境旅游从曾经的"奢侈品"发展成为很多中国人生活的一部分。

2013 年,中国公民出境总人数为 9819 万人次,比 2012 年增长 18%,中国出境旅游规模创下历史新高。预计 2014 年,中国出境旅游人数为 1.1 亿人次,增长 13% 左右。中国出境旅游市场持续快速增长。根据有关机构数据显示,中国出境游客在过去的 6 年内年均增长率高达 23.57%,但与世界发达国家出游率 300%~400% 相比,中国整体出游率 158% 仍相距甚远。伴随国民经济快速发展、人口老龄化及中老龄人口出游意愿强烈,出境旅游市场潜力巨大。世界旅游组织曾预测,到 2020 年,中国将超过英国、法国成为世界第四大旅游客源国,仅次于德国、日本和美国,年出境旅游将达 1 亿人次,占世界总份额的 6.2%。世界第一大出境旅游市场正在中国形成。居民收入增长驱动消费升级、人民币升值、签证政策放松等是中国出境游市场持续高速增长的主要驱动因素。

表6-1 2008—2013年中国出境旅游人次

年份	出境旅游人次(万)	增长量(万人次)	增长率
2008年	4584.44	487.53	12%
2009年	4765.63	181.19	4%
2010年	5738.65	973.02	20%
2011年	7025.00	1286.35	22%
2012年	8200.00	1175.00	16.7%
2013年	9819.00	1619.00	18%

资料来源:国家统计局网站。

近10年来,我国公民出境旅游呈快速增长的态势,尤其是因私出境旅游的快速增长,也成为我国综合国力增强、居民生活水平提高、对外开放扩大的最为直接和生动的见证。根据国家旅游局统计显示,2001年,我国公民出境游目的地有18个(含港澳),截至2013年10月,我国公民出境旅游目的地数量已达150个。

☞ 行业动态

出境旅游"新"意盎然

日前,2014年中国出境旅游交易会(COTTM)发布的数据显示,中国出境人数和购买力均跃居世界第一。除了不断壮大的市场,新的目的地和新的旅游产品涌现,是当前中国出境游市场的最大特点。相比以往,传统的中国游客出境游目的地,即欧洲、北美、澳大利亚、东南亚等国家和地区的参展商少了,而中美洲、非洲等"小而美"参展商成为展会的主角。新的旅游产品也随着中国出境游客的多样化、个性化需求的增长而越来越多。滑雪、摄影、朝圣、穿越、自驾等"新奇特"的出境游产品正在热销。

资料来源:国际商报,2014-4-16。

(二)入境旅游市场

1.入境旅游市场的现状

中国入境旅游客源市场结构多年来一直趋于稳定,主要客源来自我国港澳台以及韩国、日本、美国、俄罗斯、新加坡、马来西亚、泰国等国家或地区。其中,港澳台市场占绝对地位,是祖国大陆目前最大的、最稳定的传统市场,不仅为祖国大陆直接提供入境客源,而且还是其他国际客源的中转站。俄、美两国在市场份额中保持稳中有升的态势,成为仅次于港澳台、韩日的重要客源市场。从表6-2可以看出,亚太地区是中国入境外国客源市场的主体,欧洲和美洲是中国入境外国客源市场的重要组成部分。

表6-2 2013年入境旅游外国人人数(按目的分)

	目的					
	合计(万人)	会议商务	观光休闲	探亲访友	服务员工	其他
亚洲小计	1608.83	337.49	572.62	10.34	231.15	457.23
日本	287.75	85.27	51.62	3.51	11.73	135.62
韩国	396.90	129.75	172.71	1.39	38.60	54.46
朝鲜	20.66	5.51	0.29	0.03	9.33	5.50
蒙古	105.00	8.08	5.15	0.05	19.68	72.04
菲律宾	99.67	2.85	22.20	0.11	62.27	12.24
泰国	65.17	4.34	42.13	0.09	12.05	6.57
新加坡	96.66	18.68	32.13	3.86	6.26	35.73
印尼	60.53	2.87	42.34	0.11	10.86	4.36
马来西亚	120.65	11.26	90.00	0.27	9.55	9.58
巴基斯坦	10.65	4.66	3.02	0.02	0.76	2.20
印度	67.67	22.69	17.91	0.15	12.71	14.21
尼泊尔	5.88	0.36	2.17	0.01	1.64	1.71
斯里兰卡	4.95	1.58	0.53	0.00	2.30	0.54
哈萨克	39.35	4.46	19.34	0.23	7.23	8.09
吉尔吉斯	4.99	0.23	2.59	0.01	1.88	0.29
其他	222.33	34.91	68.50	0.51	24.32	94.10
美洲小计	312.38	68.71	152.98	4.73	18.29	67.68
美国	208.53	50.82	97.53	2.09	12.56	45.52
加拿大	68.42	8.99	37.74	2.33	3.07	16.29
墨西哥	6.01	1.69	2.77	0.02	0.49	1.05

续表

	合计（万人）	会议商务	观光休闲	探亲访友	服务员工	其他
其他	29.42	7.21	14.93	0.28	2.18	4.82
欧洲小计	566.00	173.40	223.99	2.14	61.34	105.12
英国	62.50	19.86	22.28	0.42	3.98	15.96
德国	64.93	27.34	15.77	0.45	3.93	17.44
法国	53.35	12.47	19.76	0.30	3.57	17.25
意大利	25.12	8.97	8.91	0.08	1.54	5.63
俄罗斯	218.63	65.61	108.85	0.14	26.90	17.14
瑞士	8.06	2.44	3.20	0.03	0.75	1.64
瑞典	15.90	4.46	4.62	0.12	0.76	5.93
荷兰	18.86	5.51	6.72	0.19	1.94	4.50
挪威	5.14	1.41	1.66	0.05	0.17	1.86
奥地利	6.57	2.45	2.21	0.05	0.50	1.36
比利时	6.84	2.15	2.76	0.04	0.35	1.54
西班牙	13.24	3.93	5.40	0.06	0.74	3.11
葡萄牙	4.94	0.78	2.90	0.00	0.48	0.77
其他	61.93	16.03	18.95	0.20	15.74	11.01
大洋洲小计	86.34	15.63	43.65	2.56	3.78	20.72
澳大利亚	72.31	12.92	37.81	2.06	2.83	16.68
新西兰	12.86	2.49	5.40	0.47	0.63	3.86
其他	1.17	0.21	0.44	0.02	0.32	0.18
非洲小计	55.27	24.13	18.97	0.14	4.96	7.07
其他国家	0.22	0.05	0.08	0.01	0.01	0.07
总计	2629.03	619.40	1012.30	19.91	319.53	657.89

资料来源：国家旅游局网站。

与出境旅游市场的火爆形成鲜明对比,中国的入境旅游市场一直不温不火,甚至近几年呈现下降的趋势。在2013年,中国的入境旅游人数为1.2908亿人次,比2012年下降2.5%,其中,入境过夜游客人数5569万人次,同比下降3.5%。我国入境旅游市场正面临严峻的考验。

2. 入境旅游市场分析

(1)世界经济持续低迷,主要客源市场增长乏力。全球经济始终难以摆脱国际金融危机的阴霾。美国、欧盟和日本三个主要发达经济体困难重重,美国继续面对着高失业率、低速增长的困扰,欧盟成员国大范围陷入衰退,日本经济依然缺乏活力。从近程客源市场来看,我国与周边国家的"摩擦"和"冲突"造成部分外国游客对中国"安全状况"的心理预期下降,再加上日本地震、东南亚台风等自然、社会等因素都对近程客源市场来华旅游产生一定的影响。周边近程市场占据我国入境外国人市场的三分之二,因此近程市场增长乏力直接导致整体入境旅游市场的发展陷入困境。

(2)人民币升值、物价上涨等因素也是导致入境游下滑的主要原因之一。从2008年全球金融危机之后,我国旅游产品价格在国际市场上整体涨幅较大,产品价格优势减弱。新产品、新业态及高端产品开发不足,相对于周边的竞争对手如日本、泰国、越南、马来西亚等国,我国的竞争优势日趋减弱。

中国的入境旅游市场正处于稳定发展与结构调整的关键时期。虽然入境旅游市场总体下降,但外国人入境旅游市场比重逐渐上升,港澳台地区客源市场占比下降。蒙古、印度等新兴市场所占比例也逐年上升。

3. 入境旅游市场的发展措施建议

第一,要强化海外宣传促销力度,从"资金、人才、体制"三个方面切实改进入境旅游的宣传推广工作;

第二,要为入境游客主要来源国家和地区协调更好的签证等服务;

第三,要科学引导旅游产品的转型升级,提升产品品质和特色,向更多的入境游客展示一个既传统又现代,既神秘又可以触摸的美丽中国的形象;

第四,打破入境旅游传统的封闭式发展模式,以更加开放的姿态让外国游客体验中国老百姓的常态生活。

应按照中央"稳中求进"的总体要求,坚定信心,沉着应对,继续遵循"积极发展入境旅游"的原则,坚持服务国家外交战略和发展稳定大局,大力巩固入境重点市场,积极发展入境新兴市场,着力培育入境潜在市场,促进旅游产品体系和服务保障体系建设,强化措施,开拓创新,统筹兼顾,积极促进中国入境旅游市场平稳发展,努力实现2020年成为世界第一大入境旅游目的地国的目标。

二、国内旅游市场

(一)国内旅游市场发展现状

我国的经济增长带来人均可支配收入水平的提高,成为我国居民出游能力提升的根本动力,"黄金周"、长假制还为国内居民出游带来了时间的保证,两者结合促进了居民出游率(出游率=居民出游人次/居民人口总数)的提高。2001年和2003年的居民出游率只有59%和68.4%,2006年居民出游率达到106.1%,2010年这个数字达到140%,市场总量达到21亿人次。另据国家旅游局公布的数据,2009年至2013年中国国内旅游人数和收入保持了平稳较快增长,如表6-3。

表6-3 2009—2013年我国国内旅游人数和收入情况

年份	国内旅游人次(亿)	增长量	增长率	国内旅游收入(万亿)	增长量	增长率
2009年	19.02	1.90	11%	1.02	0.14	16%
2010年	21.03	2.01	11%	1.26	0.24	24%
2011年	26.40	5.37	26%	1.93	0.67	53%
2012年	29.57	3.17	12%	2.27	0.34	17.6%
2013年	32.5	2.93	10%	2.9	0.63	27.8%

可以看出,2008年到2013年,国内旅游人次大幅攀升,国内旅游收入几乎呈现跨越式增长,且增长的速度超过旅游人次的增长速度,表明平均每人次创造的收入增加,也即人均旅游单次消费额增加。旅游产业内需市场的发展空间巨大。中国国内旅游市场规模全球第一。

2013年,《国民旅游休闲纲要(2013—2020年)》和《中华人民共和国旅游法》的正式颁布,将成为旅游行业最重要的政策催化剂。

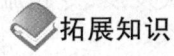
拓展知识

《国民旅游休闲纲要(2013—2020年)》

该《纲要》指出,国民旅游休闲发展目标是,到2020年,职工带薪年休假制度基本得到落实,城乡居民旅游休闲消费水平大幅增长,国民旅游休闲质量显著提高,与小康社会相适应的现代国民旅游休闲体系基本建成。《纲要》提出,各级财政要逐步增加旅游休闲的资金投入,将旅游休闲设施的建设纳入城市建设和地方发展规划,并鼓励社会资金投资建设旅游休闲设施,这将带动地方对休闲设施基础建设的投入力度。《纲要》是继2009年中国政府确立将旅游业建设成为国民经济的战略性支柱产业和人民群众更加满意的现代服务业的目标,即标志着中国旅游业提升到国家战略高度后,中国政府对旅游业发展的又一次积极推动。

《纲要》的颁布符合我国旅游行业由观光游向休闲度假游的结构升级,制定《纲要》的目的是引导国民休闲或休闲业发展。对我国旅游相关行业来说,虽然不能起到立刻提振的效果,但具有长期的利好作用。

(二) 国内旅游市场发展趋势

进入21世纪,世界旅游发展进入了一个全新的时代。中国旅游虽然起步较晚,但发展速度快。中国有着丰富的类型多样的旅游资源,发展势头迅猛,现在已日益成为世界旅游市场上不可缺少的力量,正式从"旅游大国"向"旅游强国"迈进。随着中国经济的快速增长,旅游业的发展也将进一步加快,未来中国的旅游市场将呈现出新的特点与发展趋势。

1. 旅游市场将持续增长

在保持国际竞争力的同时,国内旅游、出境旅游将步入快速发展时期。中国将始终坚持"大力发展国内旅游、积极发展入境旅游、有序发展出境旅游"的基本方针,以入境旅游为主导,国内旅游为基础,促进国内、入境、出境三大旅游市场共同发展。据世界旅游组织预测,到2020年,我国入境过夜旅游者将达到1.37亿人次,占世界旅游市场份额的8.6%,成为世界第一大旅游目的地接待国。

2. 旅游消费市场多元化发展

随着我国经济的持续快速增长和人民生活水平的不断提高,在传统的观光旅游持续增长的同时,休闲度假旅游将逐步取代观光旅游成为未来旅游市场发展的主流,成为与现代生活方式紧密相关的旅游新业态。城乡居民出游的选择将更趋于多项化。与此同时,旅游者的个性化需求日趋明显,而女性旅游者和老年旅游者群体增长迅速。在这种趋势之下,旅游市场细分化将向更深层次发展,专题旅游、特殊旅游更加盛行。

3. 旅游市场竞争国际化

旅游市场的全球一体化使得国际间的竞争愈演愈烈。国际旅游流动性因素进一步激发了市场竞争。近年来,旅游的大众化进程加速,导致游客流向的变化和消费等级扩大,消费内容由单一性向综合性演进等变化导致各国在引导旅游消费、吸引国际客源方面不断推出具有更高竞争力的产品和销售方式。市场竞争国际化使中国旅游市场面临着巨大的市场机会,同时也面对着国际先进旅游企业的巨大挑战。例如,在争夺日本客源市场方面,韩国、新加坡、泰国等都是我国强有力的竞争对手。

4.旅游市场的现代化含量增加

人类科学技术革命,为现代旅游提供了腾飞的翅膀。新一代信息技术正在掀起现代旅游业的"第二次腾飞"。由于旅游产品具有不可储存性、不可转移性以及生产和消费的不可分割性等特点,决定了旅游业是典型的信息依赖型产业,更是信息密集型产业。信息技术已渗透到旅游业的各个环节,尤其是互联网的应用将促进旅游业的"跨越式发展"。未来越来越多的旅游者将会使用互联网和移动设备来进行预定。以信息化为核心的"智慧旅游"将在智慧服务、智慧管理和智慧营销三个方面不断加强旅游资源和产品的开发整合,促进信息化带动旅游业向现代服务业转变,成为我国21世纪旅游创新的着力点。

思考与练习

一、填空题

1. 世界旅游区域重心向_____转移。
2. 旅游市场的季节性特征十分突出,一方面是因为_____造成的,另一方面是因为_____。
3. 未来,"智慧旅游"将在_____、_____和_____三个方面不断加强旅游资源和产品的开发和整合。

二、选择题

1. 通货膨胀、国际关系格局、节假日方案调整等因素都会使旅游市场发生变化,说明旅游市场具有_____的特点。
   A. 波动性　　　　B. 季节性　　　　C. 全球性　　　　D. 无形性
2. 中国入境旅游外国客源市场的主体是_____。
   A. 港澳台地区　　B. 亚太地区　　　C. 北美洲　　　　D. 欧洲
3. _____是中国出境游市场持续高速增长的主要驱动因素。
   A. 消费升级　　　B. 人民币升值　　C. 签证政策放松　D. 全选

三、判断题

1. 目前,中国国内旅游市场规模全球第一。
2. 旅游市场进行划分的标准很多。同一旅游企业所采用的市场划分标准不需要随着时间和市场条件的变化而变化。
3. 亚洲和欧洲是两个传统的国际旅游市场。
4. 中国的出境旅游市场正处于稳定发展与结构调整的关键时期。

四、简答题
1. 对旅游市场进行细分的现实意义是什么？
2. 我国国内旅游发展的特点是什么？

五、实训项目
　　请对当地的旅游市场做出调查，概括当地出境、入境、国内三大旅游市场的特点，并指出存在的问题及改进的措施。

项目七　探究旅游目的地

学习目标

1. 理解旅游目的地,了解旅游目的地的形象定位。
2. 掌握旅游目的地的生命周期。
3. 掌握旅游对经济、社会文化和环境的影响。
4. 了解可持续发展,掌握旅游可持续发展的概念。

项目分析

　　从旅游活动的角度来看,人们普遍认为旅游活动由三部分构成:主体、客体和媒介。主体是旅游者,客体是旅游对象,媒介指各类旅游接待要素。从空间角度来看,可以将旅游划分为三部分:客源地、目的地和旅游通道。客源地指旅游者的出发地,目的地指旅游者的到达地,旅游通道则指交通运输体系及对旅游者的输送过程。随着旅游业的快速发展和旅游者的不断成长,可供游客选择的旅游目的地数量大幅增加,旅游目的地之间的竞争日益激烈。中国旅游业已经进入形象驱动时代,鲜明独特的旅游目的地形象已经成为吸引旅游者的关键因素。旅游目的地势必要在形象定位上提高竞争力,同时又涉及旅游目的地的诸多方面,如旅游目的地的生命周期,旅游在发展过程中对旅游目的地的经济、社会文化和环境的作用,旅游目的地的可持续发展等。探讨这些问题,对旅游目的地的良性、健康、可持续发展具有重要意义。

任务一　了解旅游目的地形象

情境设计

香格里拉——世界的"世外桃源"

　　詹姆斯·希尔顿(James Hilton)的小说《消失的地平线》记述了康韦等四位西方人士,在战时从南亚次大陆一个叫巴司库(作者虚构的某国城市名字)的地方,在乘机转移去白沙瓦时，被一个神秘的东方劫机者劫往香格里拉蓝月山谷的神奇经历。在小说中所描写的整个香格里拉，各种信仰和平共存，四处遍布着基督教堂、佛教寺庙、道观和儒教祠堂。人们对任何事情都保持一种适度的原则，即使对待欢乐也不例外。正如《大不列颠文学家词典》在评述《消失的地平线》时指出的：此书的功绩在于为英语词汇创造了"世外桃源"——香格里拉。

　　云南中甸和四川稻城的自然环境、历史建筑等均与《消失的地平线》中对香格里拉的描述十分类似。中甸在 1997 年以香格里拉为旅游形象定位，并改县名为香格里拉。稻城在 2000 年宣布"香格里拉在稻城"，因中甸较稻城抢先三年使用符合其形象定位的香格里拉，云南香格里拉的知名度和旅游接待量等方面远远超过四川稻城。香格里拉的旅游目的地形象的准确定位及先机把握对旅游目的地地位的影响是毋庸置疑的，香格里拉成了世界的"世外桃源"的代名词。

　　资料来源：http://wenku.baidu.com/view/6ccf74747fd5360cba1adb71.html，有改动。

　　根据以上情境，完成下列任务：
　　1. 讨论上文中提出的"香格里拉"和"世外桃源"的关系是什么。
　　2. 讨论旅游目的地形象对旅游目的地的作用是什么。

任务分析

　　旅游目的地是什么？旅游目的地的学习要从概念开始。认识与把握旅游目的地的概念，才能正确理解目的地系统的构成要素、功能及其特点，并进一步地深入学习目的地的开发内容与管理范畴，为正确地把握旅游目的地的发展方向打下基础。

相关知识

一、旅游目的地的概念

　　何谓旅游目的地？简单地说，旅游目的地是吸引旅游者短暂停留、参观游览的地方。旅游目的地可以是一个景点、一个景区，也可以是一座城市、一个国家。对于旅游目的地的概念，一些专家学者也有各自的观点。

　　根据保继刚和楚义芳的观点，地理学者将旅游作为人类活动的一种空间表现形式来研究，认为旅游空间由旅游客源地、旅游目的地和联系客源地与目的地之间的旅游通道构成。所谓旅游客源地，就是旅游者的居住地，旅行从这里开始，也在这里结束。所谓旅游目的地,是吸引旅游者在此作短暂停留、参观游览的地方。旅游通道则将客源地和目的地两个区域连接起来,是整个旅游系统的桥梁。他们为旅游目的地下的定义为"一定地理空间上的旅游资源同旅游专用设施、旅游基础设施以及相关的其他条件有机地结合起来,就成为旅游者停留和活动的目的地,即旅游地。旅游地在不同情况下,有时又被称为旅游目的地,或旅游胜地。"

库珀等人认为,"旅游目的地是旅游活动的中心。"他们认为,旅游目的地把旅游的所有要素,包括需求、交通、供给和市场营销都集中于一个有效的框架内,可以被看作是满足旅游者需求的服务和设施中心。同时,他们认为,目的地在雷柏(Leiper)的旅游体系模型中作为第三个要素,但在很多情况下它却是最重要的要素,因为目的地以及它的形象能吸引旅游者,驱使人们前来访问,进而激活了整个旅游体系。他们为旅游目的地所下的定义为"目的地是旅游活动中最重要和最有生命力的部分,也是旅游接待的载体,是建立旅游者所需要的旅游吸引物和服务设施的所在地。"

随着现代旅游业的发展,人们的旅游方式在改变,旅游目的地的概念也在发生变化。人们对旅游目的地概念的认识与旅游需求的内容密切相关,旅游需求的变化导致对目的地内涵与外延认识的不断调整,目的地的研究重心也随之发生变化。本教材对旅游目的地的定义为:旅游目的地是指在一定的空间范围内,拥有一定旅游吸引力、能够实现旅游者旅游动机及其综合体验的空间区域。

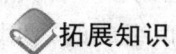拓展知识

雷柏(Leiper)的旅游系统模型

现代旅游业作为一种综合性较强的产业,具有广泛的关联度和强劲的带动性。为了对旅游业进行科学的认识和实施有效的管理,有必要运用系统化思维加以考量。其中,从空间结构角度考察的旅游系统模型中,Leiper1979 年提出、1990 年予以修正的模型的影响力较大,被称为 Leiper 旅游体系模型。此模型包括旅游者、旅游业、客源地、旅游通道和目的地等 5 个要素。

在 Leiper 模型中,重点突出了客源地、目的地和旅游通道三个空间要素,Leiper 把旅游系统描述为由旅游通道连接的客源地和目的地的组合。Leiper 同时也指出旅游系统中的另外两个要素——旅游者和旅游业。旅游者是旅游系统的主体,在客源国和目的地的推拉作用下,旅游者在空间上进行流动。从 Leiper 模型可以看到,旅游业中的不同部门分布于客源地、目的地或旅游通道等不同的空间,共同为旅游者提供一个完整的旅游产品。

Leiper 的主要贡献是把旅游功能系统投射到了地理空间上,他的模型对旅游

空间结构的研究具有重要意义。首先,该模型深刻地揭示了旅游空间结构的本质含义,为旅游空间结构研究指明了方向,即任何有关于旅游空间结构的问题最终都应归结为对旅游系统的研究;其次,Leiper 的模型也为旅游地理学研究提供了一个基本的研究框架;此外,此模型的分析也表明,在旅游系统的研究中,空间距离的摩擦(旅行成本)是必须考虑的要素。

资料来源:http://wenku.baidu.com/view/f09bcb80e53a580216fcfe82.html。

二、旅游目的地的分类

(一)旅游目的地按空间范围大小不同,可以分为四种:

1. 国家旅游目的地

国家旅游目的地是按照国际旅游市场的空间格局来划分的,属于国际性旅游目的地的范畴。

2. 区域性旅游目的地

区域性旅游目的地可以分别从国际旅游市场和国家空间范围层次两个角度进行划分:

从国际旅游市场看,区域性目的地可能包含多个资源和属性相同的旅游目的地国家,如加勒比海区域旅游目的地包括了加勒比海周边地区的古巴、牙买加、多米尼亚等多个国家旅游目的地。从国家空间范围看,指该国范围内多个各具特色的区域性旅游目的地,如我国宁夏、内蒙古、甘肃等西北几个城市组成的"西北风情"区域旅游,旅游目的地包含广泛。还有一些精品旅游线路,如"塞上江南""大漠风光""革命圣地""丝绸之路"等,都是区域性旅游目的地联合推出的旅游产品。

3. 城市旅游目的地

城市是在特定的自然、社会和经济环境中产生、发展和演变的,城市旅游目的地是从一个特定旅游区域空间范围来划分的。

4. 景区旅游目的地

景区是旅游目的地的最小单元。景区以一个特色为主,一般划分明确、面积不大,是独立的单位、专门的场所,主要具有供旅游者参观、游览和观光的功能。

(二)按旅游活动的目的划分

1. 观光旅游目的地

观光旅游目的地指的是拥有独特的自然风光、风景名胜和人文古迹等资源性质和特点,适合于开展观光旅游活动的特点区域。

2. 度假旅游目的地

度假旅游目的地包括海滨、山地、温泉、乡村等度假旅游目的地,这些目的地可满足旅游者度假、放松、休养等需求。

3. **专项旅游目的地**

专项旅游目的地指满足特定旅游需求,如探险、修学、购物、专项研究等而展开相应服务的旅游目的地。

(三) **按生命周期阶段分类**

1. **成长型旅游目的地**

成长型旅游目的地是指旅游目的地的发展处于旅游地生命周期中的介入、探索以及发展阶段,旅游人次显著增长,旅游业处于快速成长之中的旅游目的地。

2. **成熟型旅游目的地**

成熟型旅游目的地是指处于旅游生命周期的稳定或停滞阶段,旅游人次增长缓慢,旅游目的地的发展处于相对稳定的旅游目的地。

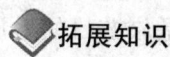拓展知识

中国旅游目的地的发展历程

中国旅游业自1978年以来快速发展,在迄今三四十年的发展历程中,旅游目的地依次经历了以资源为导向、以产品为导向、以产业为导向再到以目的地整体发展为导向的四个发展阶段。当然,这四个阶段并非截然分开,而是存在重合交叉的情况。

1. 以资源为导向的阶段

即对传统资源的直接利用阶段,这是我国旅游业发展初期阶段的特点。主要是以资源性质决定旅游活动类型,然后进行规划开发。

2. 以产品为导向的阶段

随着旅游大众化和旅游市场的扩大,出现了以人文旅游资源为优势,以经济发展为基础的旅游目的地格局。这些旅游目的地通过开发符合市场需求的旅游产品获得了旅游发展的机会。

3. 以产业为导向的阶段

即依靠旅行社、旅游饭店、旅游交通、旅游景点、旅游购物和旅游娱乐等所共同形成的产业优势发展旅游。旅游目的地的关注点是打造一个完善的旅游产业供应体系,也就是食、住、行、游、购、娱。

4. 以目的地整体发展为导向的阶段

此阶段表现为旅游目的地地域的整体发展,包括各类旅游吸引物、旅游服务设施、旅游接待体系、社会经济条件、整体环境等内容。旅游目的地发展旅游的主要关注点是如何塑造整个地域的形象,如何改善社会、经济、文化的整体环境,如何提

高各个相关产业、部门、领域的综合素质。以目的地整体发展为导向的突出表现是区域资源的全面整合、共同打造优秀旅游城市或国家。

资料来源：http://www.docin.com/p-193644711.html?nb=1。

三、旅游目的地的形象定位

要提高旅游目的地的竞争力，保持或提高该旅游目的地的市场地位和市场份额，必须做好旅游目的地的营销。而旅游目的地的形象是吸引旅游者的关键因素，旅游目的地的形象定位对旅游目的地的发展起着至关重要的作用。因此，解决旅游目的地的形象定位、形象口号设计等问题是提高旅游目的地竞争力的方法之一。

（一）我国旅游目的地形象定位的现状

国外研究旅游目的地形象始于20世纪70年代。1971年，美国科罗拉多州立大学的Hunt撰写的博士论文《形象：旅游的一种要素》，被认为是旅游目的地形象研究的第一部著作。随后，西方旅游目的地形象的研究取得了丰硕成果，极大地推动了旅游业的发展。而我国对于旅游目的地形象的关注则始于20世纪80年代末，由企业形象识别战略CIS引发地区形象、旅游目的地形象建设的热潮。

我国旅游目的地形象定位目前呈现不均衡性特点：一方面是部分旅游目的地形象定位恰当、定位鲜明、效果突出；另一方面是较多的旅游目的地的形象定位并不成功。究其原因，有的是忽视目标游客的心理和兴趣，造成目的地形象定位对游客无法形成吸引力；有的是没有找到目的地自身的特色，因差异性不突出而造成定位的雷同；有的是定位不够准确、缺乏目的地形象载体，宣传时缺乏针对性，效果并不突出。还有就是大多数旅游目的地的形象定位缺乏连贯性，造成旅游目的地形象定位的摇摆不定。

（二）旅游目的地形象的定位方法

旅游目的地形象的定位是指对旅游目的地资源及其旅游产品特色进行高度概括，并将符合旅游目的地的形象深入传播到现实旅游者和潜在旅游者心中，并占据一定的位置的过程。从旅游目的地与周边旅游地竞争的角度出发，旅游目的地形象的定位主要有以下几种方法：

1. 领先定位法

领先定位适用于拥有独一无二或无法替代的旅游资源的目的地，又称"领袖定位"。如"桂林山水甲天下""五岳归来不看山，黄山归来不看岳"，如万里长城、兵马俑等。在表达方式上多以"第一""世界""天下""最""唯一"等词汇出现。

2. 比附定位法

比附定位指的是形象定位时并不占据原有形象阶梯的最高阶，而是甘居其次，情愿当第二。如塞上江南(银川)、东方威尼斯(苏州)、东方日内瓦(岳阳南湖)等,在比附定位时要注意的是比附要恰当,不能随意比附。

3. 逆向定位法

逆向定位指的是在形象定位时强调并宣传定位对象是旅游者心中第一位形象的对立面和相反面,同时开辟一个新的易于接受的心理形象阶梯。如城市森林公园、乡村别墅、野生动物园等。

4. 空隙定位法

空隙定位指的是寻找还没有出现的市场空隙进行旅游目的地形象定位。这种方法比较难的就是要寻找恰当的空隙。如巴马的"中国长寿之乡"的定位,就是在此市场一片空白时很好地抓住了先机。

5. 更新定位法

已经处于衰退期的旅游目的地,需要采取重新定位的方法促使其建立新形象替换原来的印象形成,从而占据一个全新的旅游市场空间,这时就要采用更新定位法。如香港1997年回归后,因回归产生的海外游客的认知落差,加上随后的东南亚金融危机,来港的日、韩等客源市场大大萎缩。香港旅游协会在广泛调查和深入研究的基础上,于1998年4月推出了"动感之都"的新形象定位,较好地展现了香港动感、活力、多元化、快节奏和国际化等特色,定位效果较好。

以上是一些较为简单常见的旅游目的地形象定位方法,另外,还有资源—利益定位法、层面定位法等不再赘述。

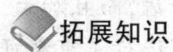 拓展知识

旅游目的地形象定位的表述方式

旅游目的地形象定位的表述形式往往是高度概括、浓缩精华的宣传口号。旅游宣传口号必须简洁、生动、新颖,要富有亲和力和感染力,通过宣传口号绝妙的创意、精辟的语言表达出旅游目的地的独有魅力,给旅游者留下永久而深刻的记忆。

比较成功的旅游目的地宣传口号有:

世界之窗:"你给我一天,我给你一个世界"

苏杭:"上有天堂,下有苏杭"

大理:"风·花·雪·月"

杭州宋城:"给我一天,还你千年"

上海:"精彩每一天"

苏州乐园:"迪斯尼太远,去苏州乐园"

西安:"龙在中国,根在西安"

三亚:"天涯芳草,海角明珠"
山东:"一山一水一圣人"
昆明:"昆明天天是春天"
埃塞俄比亚:"埃塞俄比亚,享受13个月的阳光"
纽约:"I Love New York"(我爱纽约)
宾夕法尼亚:"America Starts Here"(美国从这里开始)
资料来源:原群.旅游主题形象定义与设计——兼评部分旅游目的地宣传口号.中国旅游报,2014。

任务二　掌握旅游目的地的生命周期

情境设计

"尿布事件"

20世纪80年代,"尿布事件"在美国某州引起人们的关注。所谓的"尿布事件"就是禁止和重新使用一次性尿布引发的事件。这主要是因为由于一次性尿布的大量使用,产生了大量的固体垃圾,填埋处理这些垃圾需要大量的土地,压力很大,于是议会颁布法律禁止使用一次性尿布而改用多次性尿布,而多次性尿布的洗涤增加了水资源和洗涤剂消耗量,不仅加剧了该州水资源供需矛盾,而且加大了水资源污染,该州运用生命周期的思想对使用还是禁止一次性尿布进行了重新评估,评估结果表明,使用一次性尿布更加合理,一次性尿布得以恢复使用。"尿布事件"是生命周期评价比较典型的案例之一,影响较大。

资料来源:http://baike.baidu.com/view/982669.htm,有修改。

根据以上情境,完成下列任务:
1. 讨论此次"尿布事件"说明了什么问题。
2. 讨论在旅游中有哪些跟"尿布事件"比较类似的事件。

任务分析

任何事物都有生命周期,旅游目的地同样有生命周期。当旅游目的地处于生命周期的不同阶段时,需要采取不同的营销策略,这样才能延长旅游目的地的生命周期,使旅游目的地重新焕发勃勃生命力。

相关知识

一、旅游目的地生命周期理论

(一) 生命周期理论及产品生命周期理论

"生命周期"最早是生物学领域中的术语,用来描述某种生物从出现到灭亡的演化过程。后来,这词被很多学科用来描述相类似的变化过程。生命周期理论(life-cycle approach)其基本含义可以通俗地理解为"从摇篮到坟墓"(Cradle-to-Grave)的整个过程。此理论由卡曼(A. K. Karman)于1966年首先提出,后来赫塞(Hersey)与布兰查德(Blanchard)于1976年发展了这一理论。生命周期是一种非常有用的工具,标准的生命周期分析认为,市场经历发展、成长、成熟、衰退几个阶段。然而,真实的情况要微妙得多,给那些真正理解这一过程的企业提供了更多的机会,同时也更好地对未来可能发生的危机进行规避。生命周期应用很广泛,特别是在政治、经济、环境、技术、社会等诸多领域经常出现,如产品生命周期、企业生命周期、客户生命周期、需求生命周期、领导生命周期等。

产品生命周期(product life cycle),简称PLC,是产品的市场寿命,即一种新产品从开始进入市场到被市场淘汰的整个过程。产品生命周期理论是美国哈佛大学教授雷蒙德·弗农(Raymond Vernon)1966年在其《产品周期中的国际投资与国际贸易》一文中首次提出的。产品的生命周期具体可以分为表7-1的四个阶段。了解产品不同阶段的不同特征,有助于采取有效的营销策略,延长产品的生命周期。

表7-1 产品生命周期阶段及特征

阶段	特征
导入期	产品刚投放市场,人们对新产品了解甚少,产品知名度低,市场需求不大,销量增长缓慢,经营成本较高,利润较低。
成长期	产品已经形成一定的特色并在市场上有一定的知名度,人们对产品已经熟悉,产品销量大幅增加,利润快速增长。
成熟期	产品鼎盛发展时期,产品已经被大多数旅游者所接受,潜在消费者逐渐减少。产品销量增长开始减缓。
衰退期	随着需求的广泛满足,加之需求的变化以及市场竞争的加剧,产品销量由成熟期的缓慢下降变为急剧下降,利润大幅滑落,并开始出现负增长。

(二)巴特勒的旅游地生命周期理论

探讨旅游目的地,就要探讨旅游目的地的发展过程,比较著名的就是旅游地生命周期理论。1980年,加拿大旅游学家巴特勒将产品生命周期理论系统运用在了旅游地的发展演化上面,提出旅游地生命周期演化模型,形成了旅游地生命周期理论。此后,国内外学者对巴特勒的旅游地生命周期理论进行多方面的理论探讨与实证研究,有效地推动了旅游地生命周期理论的发展。

巴特勒提出 S 型旅游地生命周期演化模型。他认为旅游地生命周期一般经历探索阶段、参与阶段、发展阶段、巩固阶段、停滞阶段、衰落阶段或复苏阶段。旅游地从开始、发展、成熟到衰退是自然界的普遍规律,是一种客观存在的现象。旅游地生命周期理论为研究旅游地的演化过程、预测旅游地的发展和指导旅游地的市场营销和规划提供了理论支撑。

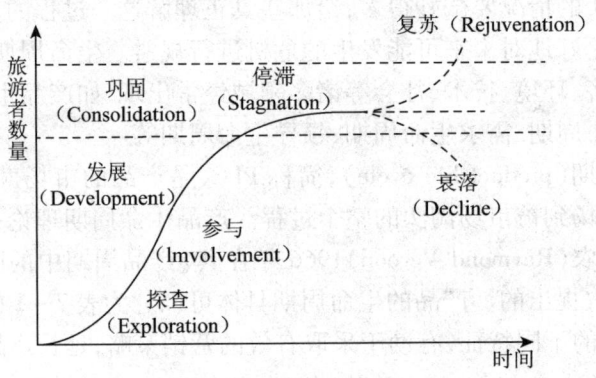

图 7-1 旅游地生命周期曲线图

资料来源:http://image.so.com/i? src = imageonebox&q = 旅游地生命周期模型图。

 特别提示

旅游学界对旅游地生命周期理论究竟是"旅游产品生命周期"(PLC,Product Life Cycle)还是"旅游地产品生命周期"(RLC,Resort Life Cycle)各有争议,国内外对不管是旅游地还是旅游产品的生命周期理论的实证研究也都很丰富。

二、旅游目的地的生命周期

(一)旅游目的地生命周期各阶段特征

根据巴特勒提出的旅游地生命周期演化模型,旅游目的地生命周期也一般分为探索阶段、参与阶段、发展阶段、巩固阶段、停滞阶段、衰落阶段或复苏阶段共六个阶段,每个阶段都有各自的鲜明特征。

1. 探索阶段

探索阶段是旅游目的地发展的初级阶段,特点是只有少量喜欢冒险的、探索型的旅游者到访;旅游地资源中的自然资源是主要的旅游吸引力;旅游地的景点保持原状,基本没有受到旅游的影响;旅游销售渠道基本没有,基本没有竞争。如现在一些交通不便或条件恶劣的地方,仍然处于旅游地的探索阶段,如香格里拉的云南第一高峰——梅里雪山,海拔6740米,游客极少涉足。

2. 参与阶段

游客数量增多,当地开始向游客进行宣传广告活动,客源市场地形成,旅游地的季节性旅游逐渐开始。饭店、餐馆、娱乐等为游客提供的设施开始出现,政府部门对交通等基础设施进行建设,并实施管理。旅游营销强化,拓展了分销渠道。

3. 发展阶段

旅游接待量迅速增长,游客开始逐渐依赖旅行社的预订业务,旅游地的可进入性显著改善,外来投资增加,人造景观出现,旅游的商业气息逐渐浓郁,开始出现对国际客源的营销。

4. 巩固阶段

旅游地的游客总量在这一时期虽然增加,但游客数量的增长速度变缓。旅游地开始出现成熟的特色旅游商业区。外来资本的供给进一步增加,旅游目的地对旅游的依赖程度很高。

5. 停滞阶段

旅游者数量达到最高点,大多数游客是保守的"回头客"。旅游地需要进行大量的促销和开发旅游活动来保持游客的数量。此时,旅游地几乎没有新的商机,竞争非常激烈。

6. 衰落或复苏阶段

过了停滞阶段,旅游目的地有两种发展可能:一是衰落。旅游目的地的旅游者减少,游客开始寻找新的旅游目的地,旅游基础设施破旧,并可能被代以其他用途。当地对旅游业的投资减少,当地投资可能取代撤走的外来投资。二是复兴。旅游目的地的衰落是自然规律,但并不是不可以避免的,通过对旅游目的地的重新定位、寻求新的市场、开发设施的新用途、开发新的旅游产品等都能吸引游客,引导旅游目的地走向复兴。这一时期,要想重振旅游目的地,新推出的旅游产品应切合旅游者的新口味。旅游目的地一边寻求新市场和新产品,一边要保持老市场。

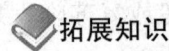 拓展知识

衰落或复苏阶段的5种可能性

（1）深度开发卓有成效，游客数量继续增加，市场扩大，旅游区进入复苏阶段；

（2）限于较小规模的调整和改造，游客量可以较小幅度地增大，复苏幅度缓慢，注重对资源的保护；

（3）重点放在维持现有容量，遏制游客量下滑的趋势，使之保持在一个稳定的水平；

（4）过度利用资源，不注重环境保护，导致竞争能力下降，游客量显著下降；

（5）战争、瘟疫或其他灾难性事件的发生会导致游客急剧下降，这时想要游客量再恢复到原有水平极其困难。

（二）旅游目的地生命周期影响因素

国内外学者在对旅游目的地生命周期所作的大量实证研究中，都试图找到所研究的目标旅游目的地生命周期的主导影响因素，以期探讨对一般旅游目的地生命周期产生影响的因素。如，我国学者对旅游目的地生命周期影响因素的研究中比较有代表性的主要有：保继刚在对丹霞山进行研究时指出，影响该旅游地生命周期的主要因素是旅游形象危机和景区开发不足。保继刚通过研究认为，喀斯特洞穴旅游地生命周期的主要影响因素是旅游资源的共性大、独特性小和空间竞争替代性强。保继刚对颐和园生命周期的影响因素界定是经济发展水平和旅游容量两方面。谢彦君在理论上探讨了影响旅游地生命周期的因素，认为直接影响旅游地生命周期的是需求因素、效应因素和环境因素。伍海琳在强调影响旅游地生命周期的需求因素、效应因素和环境因素的同时，也给出了针对旅游地生命周期各项影响因素的控制策略。陆林通过对黄山、九华山的研究，总结山岳型旅游目的地的影响因素是旅游资源特点，区位条件和政策环境为主。李亚则较为系统地探讨了影响旅游地生命周期的内部因素和外部因素。

相应的，国外学者经过研究总结的影响旅游目的地的因素主要有以下几个方面：环境质量与容量；过度商业化；良好的区位；交通条件；基础设施；旅游资源的丰富；居民的支持度；旅游形象；旅游地的竞争力；外部投资；政府与旅游经营者的作用；外部竞争环境的变化；客源市场的改变；外部政治环境；等等。

探讨旅游目的地生命周期的影响因素，实际上是为了对相关影响因素进行控制和引导，使这些影响因素对旅游目的地能最大限度地发挥积极影响，最终起到对旅游目的地生命周期的调控目的。

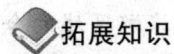拓展知识

延长桂林旅游地生命周期的对策

桂林是我国首批对外开放的旅游城市之一,经过三十多年的发展,旅游业取得了辉煌的成就。但随着其他新兴旅游城市的崛起、游客需求的变化,使桂林旅游的发展面临着新的挑战。桂林这座老牌旅游城市的生命周期已经处于成熟阶段,影响其生命周期的因素主要包括需求因素、供给因素、效应因素和环境因素。要延长桂林旅游地的生命周期,避免其快速走向衰落,如何针对主要影响因素采取相应的对策呢?

一、加强旅游资源和环境的保护

资源开发与环境保护是桂林旅游资源开发过程中的一对矛盾。要想处理好这一矛盾,需要:

(1)发挥政府在旅游资源保护中的主导作用,严格旅游资源开发的审批制度;

(2)理顺利益关系,从根本上解决旅游资源和环境保护问题;

(3)加强旅游资源和环境保护的宣传教育工作。

二、提高旅游产品质量,优化旅游产品结构,完善旅游产品类型

提高桂林旅游产品质量,加强旅游规划和审批管理,建立三级精品旅游区:

(1)国家级旅游精品景区。建设重点是桂林城市旅游风景区、阳朔田园风光旅游度假区、兴安灵渠—乐满地观光度假旅游区;

(2)自治区级精品景区:龙胜龙脊—矮岭风景区、资江—八角寨风景区、荔浦丰鱼岩旅游度假区;

(3)桂林市级景区或景点:主要包括灵川美食城、大圩古镇风景区、临桂名人故居与瀑布风景区(与花屏自然保护区联动)、全州湘江风景区、灌阳月岭—千家洞风景区、恭城文武庙风景区、平乐榕津古镇风景区。

三、加大促销力度,提高游客偏好程度

目前桂林国际旅游客源国主要有东亚和东南亚地区的日本、泰国、新加坡、韩国,欧洲的英国、法国、德国,北美洲的美国、加拿大,以及澳大利亚等。根据1999年的抽样调查,桂林的国内客源市场主要集中在广西本区、广东、湖北、湖南、北京、江苏、上海、浙江等地。根据国内外主要目标市场,桂林应加大旅游宣传促销力度。

四、加强区域合作,提高竞争能力

随着旅游市场竞争的日益激烈,区域旅游合作已成为区域旅游资源持续发展的必然选择。桂林旅游资源开发一方面应坚持建设"大桂林"旅游圈的指导思想,发挥桂林市政府的主导作用,对桂林市区和所辖12个县的旅游资源整体规划,系统地、有步骤地开发,同时加大整体基础设施的建设,对外整体促销,真正做到资

金、信息的共享,树立大桂林的旅游形象;另一方面,加强和其他旅游区域的合作。在广西区内可以与柳州、南宁、北海、梧州等旅游区域联合发展,实现公路等基础设施的互惠性建设和共享、旅游资源的优势互补、对外的联合促销,从而提高广西旅游产品的整体竞争力;在华南大旅游区内可加强与广州、海南等旅游区的合作;此外,针对国际旅游客源市场,可联合上海、北京、西安等著名旅游城市整体促销,提高整体旅游吸引力;与东南亚区域旅游圈联动接轨,构建桂林—河内—下龙湾—广州、桂林—河内—柬埔寨金边—老挝万象—昆明、桂林—拉萨—加德满都—昆明等多条跨国旅游线路。

资料来源:覃江华,蔡平.延长桂林旅游地生命周期的对策[J].桂林旅游高等专科学校学报,2006,17(4):440—442。

任务三　熟悉旅游活动对旅游目的地的影响

情境设计

数字化技术让敦煌莫高窟等文化遗产流传万年

保护与利用之间的尴尬,一直伴随着莫高窟。游客人数太多,对莫高窟文化环境的扰动会很大,直接威胁到文物本身的"寿命"。莫高窟只得采取限制措施:敦煌的洞窟总数达735个,但是每位游客每次只能参观8到10个洞窟,参观时间为两个小时左右。可是,这样一来,游客的抱怨很多,游览时间太短,看起来不过瘾。如何保持保护与利用的平衡呢?莫高窟已经找到了一种新的方式——数字化。利用数字化技术,游客不进窟就可以看到莫高窟的所有壁画,而且可以看得更清楚、更仔细,同时,想看多久,就看多久。

敦煌文化数字化技术是一项烦琐、枯燥而又艰苦的工作。数字化工作分成两部分,前期拍摄环节叫作"化整为零",将每一幅壁画分成31厘米×47厘米的若干小份进行拍摄;后期电脑合成部分叫作"化零为整"、把前期拍摄的碎片式画面处理还原成整体壁画。

为了让敦煌壁画永久保存、永续利用,敦煌研究院数字中心的工作人员每天都要在阴暗逼仄的洞窟内工作七八个小时。他们每4人组成一个拍摄小组,在特制的轨道上,运用高分辨率数字相机小心翼翼地移动和拍摄,以精准获取每一块壁画上的全部信息。

而每个拍摄小组都有一个对应的后期处理小组,另外还有专门的纠正小组、验收小组,全部加起来总共有13个小组60人参与数字化拍摄工作。他们要确保采集的每张照片都符合《敦煌壁画数字化技术规范》的要求。未来,我们可以欣赏到高保真的数字技术,洞窟的绚丽与多姿,将通过高科技的方式展示出来。

资料来源:http://cul.china.com.cn/cswh/2013-08/16/content_6217214_2.htm,有改动。

根据以上情境,完成下列任务:

1. 旅游活动对旅游目的地的影响有哪些?
2. 如何减少旅游活动对旅游目的地的负面影响呢?

任务分析

旅游业的发展涉及社会上的诸多方面,不仅对旅游目的地的经济、社会文化和环境有着积极的影响,同时也造成了消极的影响。全面认识这些影响,对于促进旅游业的健康发展具有重要的作用。

相关知识

一、旅游活动对旅游目的地的经济影响

对旅游的经济影响的研究最早可以追溯到一百多年前的1899年,意大利政府统计局的鲍德奥发表了《在意大利的外国人的移动以及消费的金钱》一文,这可以说是最早的研究旅游经济现象的文章。进入20世纪之后,旅游学的研究主要集中在对旅游过程中的一些经济现象的描述和计量方法的改进,目的在于了解旅游活动的规律,以便于政府制定相应的财政政策和管理措施。

(一)旅游对目的地经济的积极影响

1. 增加外汇收入,平衡国际收支

无论是发达国家还是发展中国家,发展旅游业的一个重要目标就是赚取外汇,平衡国际收支。旅游创汇具有传统商品出口所不具备的很多优点,主要表现在以下几个方面:

(1)换汇率高

旅游出口是一种"无形出口",也就是人们通常所说的"风景出口",旅游者支付的是钱币,带走的只是一种美的享受或美好的印象。这种"出口"可以节省掉有形商品外贸过程中必不可少的运输费、仓储费、保险费、关税等项开支。而且,它还节省了外贸进出口有关的各种繁杂手续,也避免了外贸出口商品运输过程中的损耗问题。

(2) 结算快

出口商品从发货到结算支付往往要间隔很长时间,有的甚至长达几年,而在旅游"出口"中,买方往往要采用预付或现付的方式结算,因此卖方即旅游目的地能立刻得到外汇。结算快不仅有利于解决利息差额问题,减少汇率变化而带来的经济损失,而且在目的地国急需外汇的情况下,也可使得外汇立即发挥更大的效益。

(3) 不存在关税壁垒

在传统商品出口中,进口国往往会对进口商品采用调高关税来控制商品进口量,这就是关税壁垒。而在旅游出口方面,通常不存在客源国实行类似的关税壁垒现象。

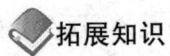 拓展知识

非关税壁垒

旅游产品出口,会受到一些非关税壁垒的影响。非关税壁垒,又称非关税贸易壁垒,就是指一国政府采取除关税以外的各种办法,来对本国的对外贸易活动进行调节、管理和控制的一切政策与手段的总和。其目的就是试图在一定程度上限制进口,以保护国内市场和国内产业的发展。通过这些手段可以起到贸易保护的作用,但也会使本国消费者蒙受损失。非关税壁垒是指关税以外的各种限制进出口的措施。各国所设想的非关税壁垒不下数百种。如美国不时地规定新的卫生标准,使阿根廷的牛肉达不到标准而无法出口美国;哥伦比亚采用"搭配要求"迫使钢材进口商每进口1吨钢材必须购买多吨较为昂贵的国产钢材,等等。非关税壁垒形式多样,且较关税壁垒而言更具有隐蔽性和歧视性。

2. 关联带动功能显著

旅游业的发展既依赖于目的地中相关部门和行业的配合和支持,同时也可直接或间接地带动和促进相关部门和行业的发展。主要表现在以下方面:

(1) 刺激与旅游业相关的基础设施和上层设施的发展

旅游业的发展,以吸引众多的游客为依托。为了适应客源市场的需要,需要改善旅游目的地的形象,必须兴建、扩建旅游饭店,开辟新的旅游景点,营造会议大厦、博物馆、展览馆,修筑城市道路、车站码头和机场等。与之相应的给水排水、煤气、供电、通信等配套的市政工程要跟上。这就为工程建筑业的发展开拓了兴旺的前景,相应的,也提高了基础设施的利用率。

(2) 促进交通运输业的发展

旅游是一种空间移动,交通在旅游业的发展中占有重要地位。交通运输业是

旅游业得以发展的重要物质条件;反之,旅游业的兴旺,又促进了交通运输业的快速发展。游客对现代化运输提出了经(经济)、便(便利)、安(安全)、舒(舒适)、快(快速)的五字要求。

(3)增加对农副产品和其他商品的要求

旅游是现代人们生活方式中的一种高层次的消费,它可使多种消费需求得到综合性的满足,旅游业能刺激农副业、轻工业、商业和工艺美术品等相关产业的发展。

(4)改善投资环境,刺激外商投资

旅游业的发展不仅大大改善投资环境,而且还可以扩大外界对旅游目的地的了解,有助于当地的招商引资。

3. 加速货币回笼

为了减少市场压力,保证经济的正常运行,必须有计划地调节流通中的货币量,加速货币回笼。随着人民生活水平的提高,消费结构的改善,旅游活动的进一步普及,用于旅游消费的支出将迅速增长。同时,旅游消费是一种综合性的高级消费形式,它比日常消费更多、更快地回笼货币,从而减轻由于人们手头货币过多对市场造成的压力,缓解供求矛盾,促进市场的稳定和繁荣。因此,旅游在加速货币回笼、促进市场繁荣与稳定方面有着重要意义。

4. 增加就业机会

一个国家安排就业能力的大小说明其政局稳定的程度和经济发展水平的高低。在我国,固然经济和社会的发展、投资数量的增长可以导致就业机会的增加,但是这会被每年11%左右的人口增长率及劳动生产率的提高所抵消,我国的劳动力闲置、失业人口增加的问题将持续存在,安排国民就业亦是一个严峻的问题。

旅游业是第三产业的重要组成部分,在解决就业问题方面尤其具有重大意义。旅游业处于劳动密集型行业,创造就业机会的成本比其他行业低。旅游服务是人性化服务,在旅游接待工作中,无论是导游服务,还是饭店中的其他服务,都必须靠员工手工完成,因而仍然需要大量的劳动力。

5. 平衡地区经济发展,缩小地区差别

一个国家由于各地区自然和历史条件的差异,经济发展水平是不平衡的。一般沿海地区的经济要比内陆地区经济发达,交通便利地区的经济要比交通落后地区发达,平原地区的经济要比边远地区和山区发达。随着区域性旅游的发展,国内旅游带来了国内财富的移动和再分配,往往是经济发达的高收入地区居民把钱流向经济相对落后、收入低的地区,这种外来的"经济注入"刺激可加速当地经济发展的步伐,从而有助于缩小地区差别。特别是那些物产资源贫乏,限制了物质生产的发展但却拥有较好旅游资源的地区,发展旅游业的经济意义尤为重要。

6. 改善投资环境,促进改革开放

自改革开放以来,中国的旅游业一直是一扇对外的大窗口,通过这个窗口,不断对外进行宣传,让世界了解中国,让中国走向世界。几十年来,"神秘"的中国正在世界上成为"神奇"的中国,中国人之友好好客,中国文化之博大精深,中国山川之秀丽,中国市场之广大,使来访的国际旅游者深刻了解中国的变化,为开放的中国带来了大量经济、文化、科技等方面的信息,扩大了国际交流的影响,促进了中国社会的全面进步。在国内,随着西部大开发战略的实施,神秘而古老的西部正掀起它的"红盖头",向世人展示它迷人的风采。

(二) 旅游对目的地经济的消极影响

虽然旅游业的发展对国民经济有很大的促进作用,但是,任何事物都具有两面性,旅游地的人们在享受旅游所带来的种种好处的同时,也难以避免地感受到发展旅游业给当地经济发展带来的一些问题。

1. 引起物价、地价上涨

大量的旅游者涌入,就意味着大量购买力的涌入。就一般情况而言,由于外来旅游者的收入水平较高或者他们为了旅游而长期积蓄的缘故,旅游者的消费能力高于旅游接待地的居民,因而他们能够出高价购买以食、宿、衣及旅游纪念品为代表的各种物质商品;另一方面,对旅游接待地来说,旅游者购买是需求的增加,在供求不变的情况下,价格自然就会上升。因此,在经常有大量旅游者来访的情况下,难免会引起旅游地的物价上涨。由于这样有可能造成当地供给的不足,不得不增加进口或从其他地方购买供给品,造成接待地旅游收入的漏损。政府发展旅游业,必然会大量建设旅游服务设施、旅游娱乐场所,这样会引起地价的上涨。很多国家的事实证明,在某些旅游目的地尚未开发或开发初期阶段,兴建旅游饭店对土地的投资只占全部投资的1%,而这一旅游区一旦发展起来,具有一定规模时,要想修建一座饭店,则地皮的投资将会上升至全部投资的20%。这种地价的上涨,显然会影响到当地居民的住房建设和发展。

 特别提示

旅游收入漏损是指旅游目的地国、地区或旅游社团和企业,由于需要进口商品、劳务和贷款等原因而导致的外汇收入的减少。

2. 产业结构发生不利变化

在欧洲一些国家中曾有过这样的例子:有些地区原本以农业为主,农业是当地经济的支柱,然而随着旅游业的兴起,大批的劳动力抛弃了农耕而转入旅游服务的

行列。因为从个人收入考虑,从事旅游服务的工资所得远远高于务农收入。由于当地劳动力不足,从而造成了大片田地的荒芜。这种产业结构不正常变化的结果是,一方面旅游业的发展扩大了对农副产品的需求,然而另一方面却是农副业产出能力的下降。如果再加上前述农副产品价格上涨的压力,很可能还会影响社会和经济的安定。

3. 过分依赖旅游业会影响国民经济的稳定

一般来讲,一个国家或地区如果过分依赖旅游业来发展自己的经济,从长远来看都是一种风险,特别是对于像我国这样一个大国更是如此。过分依赖旅游业也会影响国民经济的稳定,这主要是因为:

(1) 旅游需求的季节性

旅游资源以及各种旅游资源为中心组成的旅游产品也有季节性的特点。尽管旅游业在营销时努力减少季节性的波动,但不可能完全消失,因而旅游目的地在把旅游业作为基础产业的情况下,淡季时不可避免地会出现劳动力和生产资料闲置,从而给旅游目的地带来经济和社会问题。

(2) 旅游需求的高弹性

旅游需求不仅受客源地居民的收入水平、闲暇时间和旅游流行时尚的影响,而且还受到目的地的政治、经济、社会乃至自然因素的影响。这些不可控制因素的变化,会导致旅游需求的大幅度变化,一旦这些不可控制因素发生不利变化时,就会使旅游需求大幅度下降,旅游业乃至整个经济都将严重受挫,造成严重的经济和社会问题,影响国民经济的稳定。有人说旅游业是一座"建立在流沙上的大厦"就表明了旅游业的脆弱性和不稳定性。

二、旅游活动对旅游目的地的社会文化影响

(一) 旅游对目的地社会文化的积极影响

1. 促进当地文化的保护和发展

旅游是人类社会特有的一种文化现象,是人们在自己可自由支配的时间里,为满足求新、求奇、求异、求乐等文化体验,满足精神审美和寻求生活乐趣的目的,而到异地进行的游览活动。所以,体验和了解不同文化是旅游的主要动机之一,旅游接待地要满足旅游者的需要,就必须重视民族传统文化的保护、挖掘、开发和利用。可以说,旅游为具有旅游价值的一切文化的保护和复兴做出了贡献。

2. 促进科学技术的发展和人民生活水平的提高

为了适应旅游业发展的时代需要,吸引游客前来参观访问,旅游目的地会不断改进物质条件,新的文化设施会有所增加,文化环境不断优化。这一切的初衷虽然是发展旅游业的需要,但在客观上也改善了当地居民的生活环境。另外,旅游能促

进旅游目的地科学技术水平的提高,因为虽然科学技术的发展是旅游活动产生和发展的前提条件,但旅游发展过程中又不断对旅游目的地科学技术提出新的要求,要求与旅游活动有关的交通运输工具、通信以及旅游服务设施和设备等更加快速、便利、舒适和安全。在旅游活动的影响下,旅游目的地社会的行为方式、价值观念会发生演变,总体上会更加趋向开放,趋向国际化、现代化。

3. 促进对外文化交流,增进相互了解

客观上,旅游起着促进不同地区、民族、国度文化之间相互沟通和相互交流的作用。旅游活动对文化沟通和文化交流的促进优势十分明显。由于旅游过程中不同文化背景的人们通过旅游这种形式的交际活动,亲眼目睹被访问国的社会、经济和文化的现实情况,缩短了不同社会性质、不同民族之间的距离,使人们消除偏见。随着旅游活动开展的深入,各国人民之间的交往加深,国家与国家之间,民族与民族之间的心理障碍和隔阂逐渐消除。并且由于旅游者在接待国旅游过程中是亲眼目睹了该国的情况,因而其宣传的可信度大,外界很少会有人对他们所作的情况介绍表示怀疑。所以,国际旅游的开展在这些方面所起的作用比传统的外交和宣传手段要有效得多。例如,发展"两岸三地"的旅游,就有利于消除文化隔阂,求得文化认同,从而推动祖国统一。

(二) 旅游对目的地社会文化的消极影响

1. 对传统文化的冲击

传统文化是旅游业取之不尽的源泉,文化旅游一直是我国旅游产品的主流。从国家旅游局的一次抽样调查得知,在外国旅游者心目中,认为最具魅力的中国旅游吸引物是风景名胜、文物古迹的占30%,认为是民俗风情、特色文化的占70%。但是,在外来文化和现代时尚的冲击下,许多地区的旅游开发摒弃了珍贵的民族文化特色,忽视特有的文化内涵和价值,古朴的民俗文化和民族风情面临过度商业化的侵蚀。另外由于时间和地点的限制,旅游者需要文化快餐,希望能有机会体验到当地的"异域风情",即使是蜻蜓点水也行。于是,被 D·麦坎内尔称为"伪造的真实"的现象出现了。旅游者希望能真实地体验当地的文化,当地人或是向他们提供这种文化经历,或进行尽可能逼真的模仿表演。传统的民间歌舞、结婚典礼、祭祀仪典等往往被人为地缩短和改变,这种形式的文化有商业化和庸俗化的危险,同时为了某种商业目的任意编造、添加、拼凑,而旅游地根本不存在的伪民俗文化也开始形成。例如,为索取可观的小费,身穿民族服装的女服务员强拉客人与其举行"婚礼",此类闹剧似乎已变成某些民族旅游村的重点活动项目,体验乡土文化的民俗旅游活动中由此而掺杂了色情服务的成分;传统饮食文化中的禁忌也因旅游者的需求而被解除。

2. 不良的"示范效应"

旅游者以其自身的意识形态和生活方式介入旅游地社会之中,引起旅游地居

民的思想变化,产生各种影响,这种作用成为示范效应。示范效应对旅游目的地的影响从接待方的角度看可能是有利的;也可能是有害的。

一方面,对于落后地区来讲,旅游者积极的示范效应有助于提高当地人的素质,落后地区通过模仿和学习,其行为举止、卫生习惯、经商意识都可以得到改善和提高。但另一方面也不能忽视,旅游者大多来自发达国家、发达地区或大都市,他们生活在现代文明的环境中,来到旅游地后,在对旅游地的传统文化感到新奇的同时,有些游客由于对这些传统文化缺少足够的认识和理解,会认为是落后、粗俗和不文明,并不自觉地表露出鄙视的表情。这会使当地的居民自惭形秽,并否定甚至抛弃自己的传统文化,而盲目地模仿外来的现代文明。另外,旅游者在旅游目的地所表现出的富裕程度和行为自由度,会使旅游目的地的年轻居民向往旅游者所在的社会。当他们离开家乡外出打工,会发现现实的残酷,进而刺激他们对自身处境的不满情绪,使某些人趋于消沉,甚至为追求享乐而坠入深渊。殊不知,旅游者的富裕和随心所欲的"自由"都是一种失真的行为。

3. 造成旅游目的地物质文化的破坏

任何旅游目的地的承载能力都是有限的。随着外来旅游者的大量涌入和游客密度的增大,旅游活动对旅游目的地的物质文化也产生破坏。

旅游者对旅游地文化遗产的损害,一种是由其不文明的行为所造成的,另一种则是旅游过度发展的必然结果。因游人乱刻乱画、随意丢弃废物等不文明行为,所直接或间接导致的文物古迹的破坏不胜枚举,更棘手的问题则是旅游过度开发、接待对物质文化造成的损害。例如,列为世界八大奇观之一的埃及金字塔由于长时间有大量游人的攀登而出现严重损害情况,照相机的闪光灯以及数以百万计游客的汗水、呼吸和指印,使得埃及尼罗河谷一些庙宇中的壁画和雕象受到腐蚀;成千上万旅游者的脚步将意大利佛罗伦萨和威尼斯等历史名城的博物馆内珍贵的镶嵌画地板磨平;过多的游人也使建筑物内的空气温度和湿度过高,给名贵油画的保护带来不利的影响。除了来自旅游者直接或间接的破坏之外,旅游地的文化遗产还有可能因开发和保护不当,令人遗憾地被当地人士借发展旅游的幌子所损坏。比如,因规划不当、管理不力或者片面追求短期经济效益,一些古都、古城的历史风貌被削弱,一些古建筑被毁坏或者被改造得面目全非。

三、旅游活动对旅游目的地的环境影响

(一)旅游对目的地环境的积极影响

旅游业对环境的依赖程度很高。如果能够对旅游开发工作进行很好的规划并实施管理,将有助于在以下许多方面维护和改善旅游目的地的环境状况。

1. 有利于保护自然景区和历史古迹

旅游业的发展,离不开旅游资源的开发与保护。为了吸引更多的旅游者并提

高他们的满意程度,旅游经营者会高度重视风景区、野生动物区和历史古迹这些旅游景点的环境保护问题。与此同时,旅游业的发展能够带来大量资金,从而使风景区环境优化、野生动物区受到保护、历史遗迹得到维护、恢复和修整。如武汉重修黄鹤楼、南昌重修滕王阁、山西永济重修鹳雀楼等。

2. 有利于改善基础设施和服务设施

旅游的发展既能改善地方的基础设施,如机场、道路、通信、用水系统和污水处理系统等,又可以促进当地休闲娱乐、住宿餐饮等服务设施的建设,从而使地方经济水平得以提高,地方人居环境得以改善。例如,隶属于河南省郑州市的县级城市新郑市,自1992年开始举办炎黄文化节,特别是2006年举办拜祖大典以来,这座城市的市容市貌和基础设施得到了全方位改善。市内道路开阔平坦,两旁绿化带整齐划一,街边店铺鳞次栉比,整个城市显得整洁而有序。

3. 有利于提高环境质量

发展旅游业客观上还将推进地区环境的"两化",即土地的绿化和环境的净化,整体提高旅游目的地的环境质量。旅游业可以通过控制空气污染、噪音污染、水体污染、垃圾污染和其他环境问题,促使环境的全面净化。如苏州、桂林漓江地区的环境治理,最大的动力即为发展旅游业。

(二)旅游对目的地环境的消极影响

旅游对旅游目的地环境的消极影响主要表现在以下几个方面:

1. 土壤、植被的破坏

有些旅游活动对植被造成了破坏,如旅游者采集花卉影响植物生长,用火不慎造成森林火灾,乱丢垃圾改变土壤的营养结构等。政府或旅游开发公司在旅游开发时也会对植被造成人为的破坏,如为修山路、索道导致植被被砍伐,或者山体被毁坏。

2. 扰乱动物种群结构

生态平衡是经历了几千甚至上万年的自然演替而形成的相对的稳定系统,对任何一个地方而言生态平衡十分重要。但旅游的开发可能会破坏许多野生动物的栖息地或庇护所,游客的造访会干扰野生动物的生活和繁衍。旅游及其相关活动对自然生态平衡系统的破坏,突出表现是植被减少、动物活动规律被打乱、野生动物受到滋扰甚至影响动物繁衍等。

3. 水体的污染

旅游设施和疗养院向海滩、河道和湖泊内排放生活污水,大量的游船和汽艇把含油废水排入水中,水污染又影响到河流中的水生动植物,给它们带来了致死的危险。如桂林漓江,每逢旅游高峰季节,游江船只几乎是首尾相接,组成浩浩荡荡的"船队",不仅破坏了游江意境,而且船舶排放的污物大大超过漓江的自净能力,造成江水污染。

4. 大气、噪音的污染

伴随着游客进入景区以及供游客乘坐的交通工具蜂拥而至,汽车排放的大量有毒尾气、扬起尘埃和众多游人呼出的二氧化碳,以及旅游区内的宾馆、饭店等生活锅炉排放的废气等都对旅游区的空气造成严重污染。另外,汽车、飞机、火车等运载量的增大以及旅游娱乐场所的增多,都会加重旅游目的地的噪音污染。

5. 建筑污染

建筑污染又称视觉污染,是指建筑与旅游设施的建设与自然环境不符,或使原有资源被破坏。如山东泰山、北京西山、中岳嵩山森林公园等,索道悬空,电线杆插天,严重破坏了山岳风景区的原有神态。很多有远见的政府已经认识到其潜在的危害,开始对此做出限制。

6. 地质灾害增多

目前,水土流失已成为各类旅游地严重的生态问题之一。不少山岳型风景区为了方便游客,发展旅游,纷纷建索道、铺电缆、修公路、盖宾馆……这个过程中开山炸石、剥离地表植被是不可避免的。随之而来的便是越来越严重的水土流失,遇震动或足够的降水,引发滑坡、塌方、危岩崩落的概率大为增加。

任务四　理解旅游目的地的可持续发展

情境设计

全国各大院线热播的贺岁喜剧《人再囧途之泰囧》为原本就火爆的泰国游"火上浇油",剧中的清迈成为继曼谷、普吉岛之后的新兴热门目的地。然而,大量中国游客前往清迈,却让泰国北部这个历史文化名城的居民怨声载道。尽管如此,更多的中国游客仍将前来观光。泰国旅游局预计到2014年前来观光的中国游客将超过150万。

在社交网站和论坛上,有人贴出了他们所谓的中国人各种令人讨厌行为的更多证据:没有冲厕所的习惯;开车、骑自行车或停车时无视交通规则;大声喧哗——即便是在五星级酒店里;随地扔垃圾、吐痰、插队;让小孩在公共游泳池中便溺;英语蹩脚导致沟通困难。在目睹了中国农历新年期间人数创纪录的中国游客之后,一些当地人形容他们所遇到的是"文化冲突",而另一些人却认为游客们行为粗鲁、令人讨厌。

资料来源:http://haiwai.zudong.com/info/14936。

根据以上情境，完成下列任务：
1. 讨论旅游中冲突主要有哪些。
2. 如何理解当地居民的旅游心理容量？

任务分析

旅游业的快速发展推动了各国社会、经济和文化进步，但也给社会、环境、资源及人类自身生活造成了负面影响。"旅游破坏旅游"的现象引起了各个国家和相关人士的重视。如何做到"既满足当代人的需求又不危及后代，满足后代需求的发展"为旅游业的进一步发展提出了新的命题。旅游必须走可持续发展道路。

相关知识

一、旅游可持续发展的基本理论

（一）可持续发展的内涵

由于可持续发展涉及自然、环境、社会、经济、科技、政治等诸多方面，研究者的视角不同，对可持续发展的理解也就不同。尽管目前对可持续发展有很多定义，但真正得到国际社会普遍认可的则是在《我们共同的未来》中提到，并在1992年里约热内卢联合国环境与发展大会上得到公认的概念：可持续发展是既满足当代人的需要，又不对后代人满足其需要的能力构成危害的发展。

世界环境与发展委员会（WCED）提出的可持续发展的内涵包括了三个方面：

一是人类的需要。世界环境与发展委员会（WCED）认为，发展的主要目的是满足人类需要，包括基本需要（指充足的食物、水、住房、衣物等）和高层次需要（指提高生活水平、安全感，更多假期等）。对于发展中国家来说，可持续发展首先是实现长期稳定的经济增长，先满足人们基本需要，然后再提高生活水平，满足其高层次需要。

二是资源使用的限制。由于不可再生资源、可再生资源和自然环境承载量都是有限的，而人类目前有限的技术水平和社会组织结构会延续或加剧这种限制。所以，在发展过程中要考虑环境和资源承受能力，达到人和自然之间的长远协调。

三是公平。世界环境与发展委员会（WCED）认为，要满足人类的需要，就必须要实现资源的公平。一方面是代内公平，即当人们发展与消费时，不仅要符合局部人口的利益，而且要符合全球人口利益的发展，特别要满足贫困人口的需求。另一方面是代际公平，即今天的发展不能对满足后代人需求的能力构成威胁。要努力做到使自己发展的机会与后代人的机会平等,不能允许当代人片面、盲目地追求今世的发展与消费,而剥夺后代人本应该合理享有的同等的发展与消费的机会。

(二)旅游可持续发展的概念

关于旅游可持续发展的概念,国内外专家学者已有比较丰富的研究成果。总的来说,关于旅游可持续发展的国外权威的定义有两个:

一是世界旅游组织WTO的定义。1993年世界旅游组织出版了《旅游与环境》丛书,其中《旅游业可持续发展——地方旅游规划指南》一书对旅游可持续发展给出的定义是"指在维持文化完整、保护生态环境的同时,满足人们对经济、社会和审美的要求。它能为今天的主人和客人们提供生计,又能保护和增进后代人的利益并为其提供同样的机会"。这一定义是对旅游可持续发展理念的进一步总结,不仅指出了旅游业本身的特质,而且提出了"主人"和"客人"区际公平发展的思想,对旅游可持续发展的国际认定具有重要的指导意义。

二是1995年《可持续旅游发展宪章》的定义。"可持续旅游发展的实质,就是要求旅游与自然、文化和人类生存环境成为一个整体",即旅游、资源、人类生存环境三者的统一,以形成一种旅游业与社会经济、资源、环境良性协调的发展模式。

虽然旅游可持续发展的概念很多,但它们都存在共同点——着重于对旅游可持续发展的实质的揭露,旅游可持续发展的实质就是"对资源和环境的保护"。因此,从这个共同点出发我们可以将旅游可持续发展的概念表述为:"把旅游开发建立在环境可承受范围之内,让旅游业的发展与资源、环境、经济、社会文化协调发展,不仅满足旅游者和当地居民当前的生活、文化、精神、享受性利益和需要,并能造福于后代子孙的一种旅游发展模式"。

(三)旅游可持续发展的目标

1990年,在加拿大温哥华召开的全球可持续发展大会上,旅游组行动策划委员会提出了《旅游业持续发展行动战略》草案,阐述了旅游业发展的主要目标:

第一,增进人们对旅游所产生的环境、经济效应的理解,强化其生态意识。

第二,促进旅游的公平发展。

第三,改善旅游接待地的生活质量。

第四,向旅游者提供高质量的旅游经历。

第五,保护上述目标所依赖的环境质量。

以上五条目标说明旅游可持续发展是多层面的。

二、旅游目的地可持续发展的措施

随着旅游业的发展,旅游目的地旅游规划、产品开发、营销中的不足也日益显露,尤其是在我国旅游业发展初期,对旅游目的地的产品开发存在急功近利和对旅游资源简单粗暴剥夺的现象,这些行为的后遗症正逐步显现,对旅游目的地的发展造成危害。必须正视这些问题,采取有效措施,促使旅游目的地的可持续发展。

(一)做好旅游容量管理

做好旅游容量管理,这是实现旅游目的地可持续发展的关键所在。旅游容量也称旅游环境容量,又被称为旅游环境承载力。旅游环境容量是一个概念体系,国内专家一般把它概括为基本容量和非基本容量两大类。这里主要探讨基本容量。

基本容量可分为供给与需求两个方面,但具体来说分为五种:

1. 旅游心理容量

这是需求方面的唯一的一个容量概念,它是从旅游者的角度来考虑的,即旅游者于某一地域从事旅游活动时,在不降低活动质量的条件下,地域所能容纳的最大量,也称旅游感知容量。旅游心理容量包括了旅游者的直接旅游心理容量和旅游目的地居民的相关旅游心理容量。一般情况下,旅游心理容量可能是最不稳定的量数,会因时、因地、因人而呈现出很大的不同。2010年"十一"黄金周7天,北京共接待国内旅游者930万人次。以故宫为例,其累计接待54万人的客流量超过了最大容量的两倍。许多景点人满为患,游客游览时心理感知质量下降。

特别提示

旅游心理容量一般包括旅游者的心理容量和旅游目的地居民的旅游心理容量。一般情况下,说到旅游心理容量我们主要指的是旅游者的心理容量,而忽略了旅游目的地居民的心理容量。最近几年,在一些旅游目的地发生过一些"恐怖事件"和对游客的不友好行为。针对这些事件,一些人把它们归罪于当地居民的素质。其实,不能简单地看待这些问题,居民素质是一方面的原因,但也应看到,大量游客的涌入,扰乱了当地居民的生活节奏:购物排队、道路拥挤,加之游客的行为往往具有伦理脱离倾向,这一切都对当地居民产生了不利影响,天长日久,居民便不能容忍这种状况,从而导致他们采取过激行为来对待游客。

资料来源:范玉翔.旅游目的地居民的旅游心理容量超载问题初探.山东省经济管理干部学院学报[J],2004(3)。

2. 旅游资源容量

这是在保持旅游资源质量的前提下,一定时间内旅游资源所能容纳的旅游活动量。如九寨沟2005年的统计数据显示:宾馆共有18 019个床位;观光车共有座位6342个,瞬时运载能力为6342人,每天平均运转3次,则容量为19 026人;沟内唯一餐厅可同时容纳4000人吃饭,按人均就餐时间40分钟计,则11:00至14:00

就餐人数可达18 000人,等等。

3. 旅游生态容量

指在一定时间内旅游地域的自然生态环境不致退化的前提下旅游场所所能容纳的旅游活动量。一般生态旅游环境系统都有一定的纳污自净能力,即通过稀释、扩散、挥发、沉降等物理作用,氧化和还原、分解、吸附、凝聚等化学作用,以及吸收和降解等生物作用来解除污染物,使生态环境系统达到自然净化,保持生态系统的平衡和稳定。但是,如果生态环境系统长期或超量接纳外部尤其是人为的强制输入,这种稳定性就会被破坏,平衡关系被打乱,生态系统将陷入自萎状态,自动调节能力下降,最终可能导致整个生态系统的崩溃。同样是九寨沟,我们对其生态容量在计算时应遵循《风景名胜区规划规范》中的生态原则,如针叶林地每公顷2~3人,阔叶林地每公顷4~8人,九寨沟的森林面积以30000公顷计,针阔叶林比例以7:3算,则九寨沟的生态容量应为10.2万人。

4. 旅游的经济发展容量

指一定时间一定区域范围内经济发展程度所决定的能容纳的旅游活动量。旅游作为一个产业,是与国民经济其他部门密切相关的,旅游的接待能力依赖于当地的经济发展水平。5A级景区井冈山是红色旅游目的地,红色旅游对井冈山的经济发展起到了很大的促进作用,其生产总值由1978年的3676万元增至2009年的25.53亿元;全年财政收入由1978年的219万元,增至2009年的2.76亿元。2009年,城镇居民可支配收入达14 016元,农民人均纯收入达4391元,城乡居住条件明显改善。随着井冈山经济建设的深入推进,井冈山的基础设施得以改善,旅游接待能力和档次也大幅提升。到2009年,井冈山已拥有旅游接待床位13 000多张,接待馆店130多家。井冈山风景名胜区面积已达261.43平方公里,分为11个景区,76处景点,460多个景物景观。2009年,井冈山接待国内外游客412.06万人次,实现旅游总收入29.65亿元,同比分别增长12.3%、13.3%,旅游门票收入超亿元。

5. 旅游的地域容量

旅游的地域容量指旅游接待地区的人口构成、宗教、信仰、民情风俗、生活方式等所决定的当地居民可承受的旅游者数量。20世纪20年代末,美国生物学家洛克博士多次来到素有"女儿国"之称的泸沽湖畔,从采集动植物标本到研究摩梭文化,并写下了《中国西南的摩梭王国》,他的走访并没有影响摩梭人的生活和观念。然而,今天随着大量旅游者的进入,摩梭人的生活在强烈的外来文化冲击下已经发生了变化。保护泸沽湖原始的文化特色必须限制外来旅游者的数量,不能超出当地的地域容量。

旅游目的地的可持续发展关键就是旅游容量管理和对旅游者的约束问题,体现的是"量力而行、适度开发"的发展理念。

（二）加强宣传教育管理

旅游活动都涉及旅游者、旅游从业人员和当地居民，对这些人群甚至对全体国民都要加强旅游可持续发展的宣传教育，培养其环境保护意识，使其接受可持续发展的观念和原则。

（三）推行《全球旅游伦理规范》

世界旅游组织（WTO）预测全球国际旅游在21世纪前20年将增长两倍，为了实现旅游地居民的最大利益和尽可能减少旅游对环境和文化遗产的负面影响，WTO深信需要一个《全球旅游伦理规范》，在新世纪到来之时为世界旅游的利益相关者提供一个"参照框架"和"游戏规则"。1997年，在伊斯坦布尔召开的WTO大会决定成立特别委员会，负责起草《全球旅游伦理规范》（以下简称《规范》）。随后，由来自葡萄牙、马来西亚、巴西、埃及、伊朗和梵蒂冈的代表组成特别委员会，筹备起草《规范》文本。经过近两年的努力，在WTO秘书长弗朗加利的主持下，通过广泛征求WTO各地区委员会和执行委员会、联合国相关机构、非政府组织和产业代表的意见，于1999年夏完成了《规范》的最终文本。1999年10月，《规范》文本在世界旅游组织第十三届大会上获得107个与会成员的一致通过，并于2001年12月21日得到联合国大会决议（A/RES/56/212）的核准。

通过推行《全球旅游伦理规范》，将逐步建立起一个尊重自然、包容差异、兼顾各方、和谐发展的旅游环境，以促进旅游业向稳定、健康、繁荣与可持续的方向发展。可以预料，《全球旅游伦理规范》的推行，也保障了旅游目的地的可持续发展。

（四）健全相关法律体系

我国2013年10月已经出台了一部国民期盼已久的《旅游法》，在旅游基本法的基础上还要制定并不断完善与之相配套的系列法律法规，其次是制定正确的旅游地区的组织、旅游市场开发、旅游产品规划、旅游技术等相关系列法律法规，并实施旅游保障政策、旅游体制保障体系等，以从立法层面来保障旅游目的地的可持续发展。

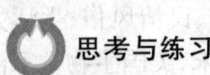
思考与练习

一、填空题

1. 旅游目的地按空间范围大小不同，可以分为国家旅游目的地、区域性旅游目的地、城市旅游目的地和_____。

2. 巴特勒认为旅游地生命周期一般经历探索阶段、_____、发展阶段、_____、停滞阶段、衰落阶段或复苏阶段。

3. 旅游对目的地社会文化的积极影响有：一、_____。二、促进科学技术的发展和人们生活水平的提高。三、促进对外文化交流，增进相互了解。

4. 可持续发展的内涵包括_____、资源使用的限制和公平。

二、单项选择题

1. 可持续发展的定义为："既满足当代人的需要，又不对后代人满足其需要的能力构成危害的发展"，该定义最早来源于（　　）。
   A.《我们共同的未来》
   B.《21 世纪议程》
   C.《旅游业持续发展行动战略》
   D.《可持续旅游发展宪章》
2. 以下不属于本书介绍的旅游目的地形象的定位方法是（　　）。
   A. 领先定位法
   B. 比附定位法
   C. 逆向定位法
   D. 特色定位法

三、判断题

1. 比附定位指的是在形象定位时强调并宣传定位对象是旅游者心中第一位形象的对立面和相反面，同时开辟一个新的易于接受的心理形象阶梯。
2. 旅游地生命周期演化模型是由奥地利旅游学家巴特勒提出的。
3. 旅游目的地的发展过了停滞阶段后，必然走向衰落阶段。
4. 对旅游目的地而言，游客人数越多收入越高，因此旅游目的地居民喜欢游客人数大幅度增加。

四、问答题

1. 旅游目的地的生命周期有几个阶段？
2. 旅游业可持续发展的目标是什么？

五、实训项目

1. 以小组为单位（5～10 人），调查当地某个旅游目的地的旅游发展现状，探讨旅游发展给当地带来的经济、社会文化和环境的变化，并就实现旅游地旅游业的可持续发展提出意见。
2. 讨论："无烟工业"观点认为旅游业不像工业或其他产业那样对环境造成污染，把全班同学分成"赞同方"和"反对方"分别进行材料收集，并论述各自的观点。

参考文献

[1] 刘锋.刘锋讲旅游[M].北京:旅游教育出版社,2013.7.

[2] 张金霞.旅游学导论[M].北京:北京大学出版社,2012.10.

[3] 朱华.旅游学概论(双语,第二版)[M].北京:北京大学出版社,2012.8.

[4] 张杰,陈岩.旅游学概论[M].格致出版社,上海:上海人民出版社,2013.9.

[5] 周敏慧.旅游概论[M].北京:中国纺织出版社,2009.

[6] 杨强.旅游学导论[M].北京:中国人民大学出版社,2007.

[7] 苟胜东.旅游学概论[M].北京:中国发展出版社,2009.

[8] 李肇荣,曹华盛.旅游学概论(第1版)[M].北京:清华大学出版社,2006.

[9] 郭胜.旅游学概论(第2版)[M].北京:高等教育出版社,2009.

[10] 吴必虎,宋子千.旅游学概论[M].北京:中国人民大学出版社,2009.

[11] 韩宾娜.旅游教育概论[M].天津:南开大学出版社,2010.

[12] 姜德源,韩燕平.旅游学概论[M].北京:北京理工大学出版社,2010.

[13] 周晓梅.旅游学概论[M].北京:清华大学出版社,北京交通大学出版社,2010.

[14] 周武忠.旅游学概论[M].化学工业出版社,2009.

[15] 李梅乐.旅游概论[M].华中科技大学出版社,2010.

[16] 王琦.新编旅游概论[M].北京:清华大学出版社,2009.

[17] 孙洪波.旅游概论新编[M].武汉:华中科技大学出版社,2008.

[18] 李长秋,姜明新.旅游概论[M].重庆:重庆大学出版社,2008.

[19] 河南省职业技术教育教学研究室.旅游概论[M].北京:高等教育出版社,2011.

[20] 徐永清,孙权.旅游学概论[M].郑州:河南科学技术出版社,2009.

[21] 李瑞.旅游学[M].北京:北京大学出版社,2013.

[22] 徐明.旅游概论[M].北京:中国铁道出版社,2010.

[23] 徐学书.旅游资源开发与保护[M].南京:东南大学出版社,2009.

[24] 张广瑞,刘德谦.2007年:中国旅游发展分析与预测[M].北京:社会科

学文献出版社,2007.

[25] 沈小君,吴繁.旅游业务操作师[M].北京:中国劳动社会保障出版社,2009.

[26] 王仲君.旅游市场营销实用教程.[M].天津:南开大学出版社,2010.

[27] 舒伯阳.实用旅游营销学教程[M].武汉:华中科技大学出版社,2008.

[28] 刘新静.世界遗产教程[M].上海:交通大学出版社,2010.

[29] 邹统钎.遗产旅游管理经典案例[M].北京:旅游出版社,2010.

[30] 邹统钎.旅游目的地管理[M].北京:高等教育出版社,2011.

[31] 秋玲,丁蕾.后现代社会的旅游新趋势[J].人文地理,2007(5).

[32] 李云鹏.以信息化和电子商务促进我国旅游产业地位提升[J].旅游学刊,2007(10).

[33] 马耀峰,李永军.中国入境旅游流的空间分析[J].陕西师范大学学报,2000(9).

[34] 徐克帅,朱海森.国外旅游季节性现象研究述评[J].人文地理,2010(1).

[35] 郭晓东,肖星,房亮.新休假制度对国内旅游流时空结构及旅游开发的影响分析[J].旅游学刊,2008(5).

[36] 马耀峰,李永军.中国入境旅游流的空间分析[J].陕西师范大学学报,2009(9).

[37] 张佑印,马耀峰,赵现红.中国一级城市入境旅游流时空演变模式分析[J].城市瞭望,2008(2).

[38] 丁正山.城市旅游流的空间结构与集散研究[D].南京师范大学博士论文,2004.

[39] 吴楚材.如何界定生态旅游的概念[J].湖南林业,2010(3).

[40] 刘浩波,谭淑端.生态旅游概念辨析[J].经济师,2010(6).

[41] 唐卫东.生态旅游内涵及基本特征探析[J].消费导刊,2010(4).

[42] 吴宝宏,孙永平.浅谈我国旅游容量超载问题及解决措施[J].沈阳教育学院学报,2003(3).

[43] 郭华,郭彩霞.生态旅游环境容量的测算与调控[J].旅游发展研究,2008(1).

[44] 徐建国,李梓,李志雄.旅游环境承载力及其调控研究[J].青岛职业技术学院学报,2008(3).

[45] 王志明.高校旅游伦理教育的内容探讨[J].乐山师范学院学报,2008(12).

[46] 范玉翔.旅游目的地居民的旅游心理容量超载问题初探[J].山东省经济管理干部学院学报,2004(3).

[47] 吴茂青.生态旅游与可持续发展[J].丽水学院学报,2006(12).

[48] 韩健.旅游伦理关系问题探析[J].经济研究导刊,2009(17).

[49] 张书海.浅论旅游伦理[J].中共郑州市委党校学报,2004(6).

[50] 江丽芳,王晓云.从生态旅游到低碳旅游——旅游可持续发展实践的深化[J].中国集体经济,2010(6).

[51] 刘洪鹏,乔瑞华.论我国旅游资源保护法律制度的缺失与完善[J].内蒙古农业大学学报(社会科学版),2007(2).

[52] 朱普选.西藏旅游资源的地域特色及其开发评价[J].西藏民族学院学报(哲学社会科学版),2002(1).

[53] 李志起.谁为中国式申遗埋单[J].中国经济周刊,2010(33).

[54] 凌常荣,刘庆.旅游目的地开发与管理[M].北京:经济管理出版社,2013.

[55] 覃江华,蔡平.延长桂林旅游地生命周期的对策[J].桂林旅游高等专科学校学报,2006(4).

[56] 田言付,朱沁夫.旅游学概论[M].上海:南开大学出版社,2012.

[57] 王昆欣,钟泓.景区规划原理与实务[M].北京:中国旅游出版社,2012.

[58] 范高明.旅游景区服务与管理[M].厦门:厦门大学出版社,2012.